코로나19를 넘어서는
기독교교육

코로나19를 넘어서는 기독교교육

2020년 11월 10일 초판 1쇄 인쇄
2020년 11월 17일 초판 1쇄 발행

지 은 이 | 김난예 김도일 김성중 김영미 김재우 김정준 김정희 남선우 박미경
          박신배 손문 오성주 옥장흠 이규민 이원일 이종훈 장유정 조은하
책임편집 | 김정준
펴 낸 이 | 김영호
펴 낸 곳 | 도서출판 동연
등   록 | 제1-1383호(1992년 6월 12일)
주   소 | 서울시 마포구 월드컵로 163-3
전   화 | (02) 335-2630
팩   스 | (02) 335-2640
이 메 일 | yh4321@gmail.com

코로나19를 넘어서는 기독교교육

김정준 책임편집
김난예 김도일 김성중 김영미 김재우 김정준 김정희
남선우 박미경 박신배 손문 오성주 옥장흠 이규민
이원일 이종훈 장유정 조은하 지음

동연

책을 펴내며

2020년 코로나 바이러스19 전염병과 생태계 파괴의 위협과 위기 속에서 전 세계가 새로운 삶의 패러다임으로 전환하기 위해 모든 분야에서 최선의 노력을 하고 있는 처지입니다.

한국적 상황에서 저출산과 현장의 교회교육의 위기를 맞이하면서 주일학교의 종말을 예고한 지 오래되었습니다. 교회교육 현장 전문가와 학회의 기독교교육 전문가들이 4차산업혁명 시대에 미래 대안을 찾기도 전에 COVID-19이라는 전염병으로 엎친 데 덮친 상황이 되었습니다. 정부의 '사회적 거리 두기' 일환으로 비대면 모임을 권장하였고, 그나마 교회에서 유지해오던 신앙공동체에서 대면 주일학교마저도 멈추는 지경에 이르러 한국의 주일학교 교육 위기를 더욱 가속화되어 가고 있는 현실입니다.

교회교육은 교회의 미래입니다. 아무리 어렵고 힘든 시기에도 주일학교는 한국교회 역사 속에서 멈춘 적이 없으며, 멈출 수도 없는 사명입니다. 지난 8월 20일 본 학회는 제35회 한국기독교교육학회 춘하계 통합 학술대회에서 계속해서 하나님께 긍휼과 지혜를 구하며 "포스트 코로나바이러스 시대에 교회 교육의 위기와 대안"을 모색하고자 60여 년을 지켜온 한국기독교교육학회가 역사적으로 처음으로 온라인 학회를 개최하였습니다. "콘택트"(contact)시대에서 "온택트"(ontact)시대를 반영하며 온라인(Zoom) 실시간 화상회의를 통해 전국의 기독교교육학자들이 미래세대를 위한 교회교육의 대안을 제시하였습니다.

　　그뿐 아니라 이에 발맞춰 금번 저희 학회 학술출판위원회(김정준 위원장)는 18명의 한국 기독교교육 전문가 교수들이 함께 지혜를 모아 코로나19 이후 시대에 위기 극복을 위한 교회교육의 대안을 찾기 위한 귀한 글을 편집하여 출판하게 되었습니다. 우리는 지금 위기적 상황에서 먼산 바라보듯 코로나 바이러스가 멈추기를 기다리기보다 이 책을 통해 '전통'과 '변화' 속에서 새 시대에 도전해 오는 문제들의 해답을 찾아 실천하며 재창조의 역사를 열어가야 합니다.

　　다시 한번 한국기독교교육학회 출판위원들에게 감사의 말을 전하며 바쁜 가운데서도 기도하는 마음으로 지혜를 담아 귀한 글을 써주신 18명의 학자 여러분들에게 이 자리를 빌려 진심으로 감사를 전해드립니다. 부디 위기에 처한 주일학교교육을 살리기 위해 헌신의 노력을 다하고 계신 현장의 전문가들과 목회자와 교사들에게 이 책을 통해 위기 극복과 미래 대안으로 교회교육이 회복하여 부흥의 불길이 다시 일어나길 간절한 마음으로 기도하며 소망합니다.

제35대 한국기독교교육학회

회장 오 성 주

머 리 말

21세기 인공지능(AI)으로 대표되는 제4차 산업혁명시대 기술과학을 발판으로 인류는 '테크노피아'(technopia)를 꿈꾸며 앞만 보고 달려왔습니다. 그러나 2020년 2월 한국 사회는 중국 후베이성 우한시(武漢市)에서 시작된 인수공통감염 독감의 변종 코로나19(COVID-19) 바이러스의 유입과 확산에 따라 국가와 모든 활동은 거의 차단되거나 마비가 되었습니다. WHO에서는 2020년 3월 11일 '팬데믹'(Pandemic), 곧 전염병의 '세계적 대유행'을 선언하였습니다. 이제 세계 시민들은 안전을 위하여 가능한 모든 것을 단절하고, 중지해야 하는 상황에서 생활의 큰 혼란과 경제적 어려움을 겪게 되었습니다. 그야말로 정신적 대공황, 패닉(panic)이 따로 없습니다.

여기에 모든 종교, 물론 기독교회도 예외는 아닙니다. 주일성수와 예배, 새벽기도회, 수요예배, 금요기도회, 소모임, 성가대, 교회학교 등 교회에서 이제까지 자유롭게 누리던 모든 것은 국가와 방역 당국의 지침에 따라 제한되고 중지되어야 했습니다. 여기에 대하여 그리스도인들은 많은 것들을 생각하고 성찰해야 했습니다.

21세기 미생물 독감 변종 코로나19 바이러스의 세계적 확산이 거침없이 테크노피아를 향해 달려온 인간들의 삶을 잠시 멈추게 하였습니다. 아마 하나님께서는 당신의 사랑하는 자녀들에게 잠시 너희가 걸어왔던 길, 그 뒤를 돌아보라고 하시는 것 같습니다. 하나님의 말씀과 깊은 기도 속에서 너희들의 현재를 성찰하고, 또한 앞으로 나아갈 미래가 어떤 모습이어야 하는지를 그려보라고 하시는 것 같습니다.

본서는 그동안 한국기독교교육학회에서 활동하시던 18명의 회원 교수, 연구자, 목회자들이 중심이 되어 글을 모았습니다. 여기에 두 분의 원고는 바쁘신 사역 중에도 본서의 취지에 공감하시고 구약성서를 연구하신 박신배 교수님, 안과 전문의로서 병원에서 의료 활동을 하시는 이종훈 원장님께서 기꺼이 귀한 옥고를 보내주시어 동참하셨습니다. 본서는 무엇보다 2020년에 등장한 코로나19 전염병이라는 상황에서 교회와 기독교교육 현장에 다가온 어려움을 어떻게 극복해낼 수 있을지를 검토하면서 대안을 찾아보려고 노력한 결과물들입니다.

본서에 참여하신 집필자님들은 하나님께 자신의 삶을 기꺼이 헌신하신 그리스도인들이십니다. 이분들은 단지 책에서 얻어진 지식만 아니라 몸으로 실천하면서 학문과 삶의 현장에 변화와 성숙을 이끌어 주시는 분들입니다. 바쁘신 일정 가운데 시간을 들여 본서를 집필해주신 김난예, 김도일, 김영미, 김재우, 김정준, 김정희, 김성중, 남선우, 박미경, 박신배, 손문, 옥장흠, 이규민, 이원일, 이종훈, 오성주, 장유정, 조은하 박사님들께 깊은 감사를 드립니다.

본서는 3부로 구성되어 있으며 17편의 글로 구성되어 있습니다. 1부는 코로나19 시대, 성서 및 인간 이해라는 주제로서 5편의 글이 실려 있습니다.

제1장은 구약 성서학자 박신배 박사님(KC대)의 글 "코로나19 시대, 성서(구약)의 전염병의 신학적 의미: 기독교교육적 전망에서"입니다. 이 글은 코로나19 시대, 온라인, 비대면 방식의 언택트 교육이 활발해진 시대에 코로나19 바이러스 전염병의 의미를 구약성서에 등장하는 전염병, 곧 출애굽기의 10가지 재앙과 관련하여 그 의미를 탐구합니다. 필자

는 오늘날 코로나19의 전염병 상황을 하나님께서 한국교회에 내재된 비성서적, 비본질적, 이단적 요소들을 척결하는 기회로 바라봅니다. 그리고 성서의 가르침에 따라 신앙공동체와 가정공동체의 본질을 회복하고, 사회적 약자를 배려하며, 기독교교교육 공동체와 인프라를 새롭게 구축하는 기회가 되어야 한다고 제안합니다.

제2장은 오랫동안 유대교 탈무드를 연구한 옥장흠 박사님(한신대)의 "유대교 미쉬나 토호롯의 율법교육을 통한 코로나19의 극복 방안"은 유대교의 구전 토라(Oral Torah)인 탈무드 미슈나의 제6권 토호롯(정결법)의 12개 마섹톳의 내용을 중심으로 유대인들이 어떻게 정결한 생활을 추구해왔는지를 살펴봅니다. 유대인들이 하나님 앞에서 정결한 삶을 위하여 '구분'하고 '분리'하면서, 준수해야 하는 미슈나 토호롯의 규정들은 오늘날 코로나19의 팬데믹 상황을 극복하는데 도움을 줄 수 있는 내용으로 다섯 가지 방안을 제시하고 있습니다.

제3장은 닥터홀 기념 성모안과 병원에서 봉직하고 계신 의사 이종훈 원장님께서는 주님을 섬기는 신실한 그리스도인으로서 "의학적 관점으로 본 100년 만의 팬데믹"에서 코로나19 시대, 의학적 관점에서 전염병의 의미를 소개해 줍니다. 원장님은 전염병의 역사에서 전개된 미생물 바이러스의 내용과 의미를 살펴보면서, 인간의 탐욕으로 빚어진 인수공통 감염병 코로나19에 대처하는 그리스도인의 신앙적 관점과 자세를 상기시켜주고 있습니다.

제4장은 이규민 박사님(장신대)의 글 "코로나19 시대, 통전적 인간 이해와 청지기 교육"입니다. 박사님은 오늘의 상황을 코로나19와 함께 살아가야 하는 '위드(with) 코로나' 시대로 규정합니다. 이러한 '코로나19 시대'가 요청하는 인간 이해에 기초한 교육을 '크리스천 청지기 교육'

으로 탐색합니다. 코로나19 시대가 요청하는 인간은 5차원적 성장, 곧 육체적, 정신적, 영적, 사회적, 환경적-생태적 성장이 중요합니다. 이러한 토대 위에 개혁주의 전통에 입각한 기독교교육학자 와이코프(D. Campbell Wyckoff)의 '보도자 원리'(Reporter's Principle)에 따라 크리스천 청지기를 위한 교육적 원리를 제안하였습니다.

제5장은 박미경 박사님(호서대)의 글 "코로나19와 주일성수와 예배의 문제"입니다. 박사님은 현재 코로나19의 상황, 곧 확산과 재확산이 반복되면서 일상회복은 언제일지 예측하기 힘든 어려운 상황에서 한국교회와 그리스도인들이 성찰해야 할 "주일성수와 예배의 문제"를 탐구합니다. 코로나19 상황에서 기존 대면 예배에서 확장된 형태의 온라인 예배와 가정예배, 더 나아가 다양한 장소에서 그리스도인들이 지켜야 할 예배자의 삶을 검토합니다. 코로나19 시대, 성도들은 기존 지역 성전 중심의 예배만 아니라 자신들의 일상에서 하나님과 만남이 이루어지는 마음과 태도의 중요성을 강조합니다.

2부는 코로나19 시대, 교회교육의 과제와 새 패러다임이라는 주제로 6편의 글이 실려있습니다.

제6장은 김정희 박사님의 글 "포스트 코로나 시대, 온라인 교회교육에 대한 이해"입니다. 박사님은 코로나19가 한국 사회와 교회에 준 영향에 대해 살펴보고, 이를 통해 한국교회가 어떤 목회의 성격과 방향을 가져야 하는지에 대하여 탐색하고 있습니다. 본 글은 특히 온라인과 뉴미디어를 활용한 영상목회의 필요성에 대해 강조하고 있습니다.

제7장은 이원일 박사님의 글 "코로나19와 교회교육 커리큘럼: 미디어 리터러시 핵심 역량"입니다. 박사님은 기독교교육 연구에 커리큘럼 주제에 천착하여 오랫동안 연구해 오셨습니다. 본 글은 코로나19 시대

교회교육 커리큘럼에서 미디어 리터러시의 개념과 접근 방식의 유형들은 무엇이며, 핵심 역량과 관련된 하위 영역 그리고 그 세부 내용들에 대하여 논의하고 있습니다.

제8장은 남선우 박사님(열림교회)의 글 "코로나19와 교회학교 교사의 역할"입니다. 박사님은 교육공학을 전공하시고 오랫동안 대학과 목회 현장에서 교육과 목회사역을 감당해 오셨습니다. 본 글은 코로나19 시대 속에 다가온 위기를 도전과 기회로 변화시킬 수 있는 교회학교의 새로운 패러다임으로서 교회학교의 중요한 축이자, 구성요소인 교회학교 교사를 중심으로 변화된 교회학교 상황에 따른 역할을 역량 중심으로 논의하고 있습니다.

제9장은 김정준 박사님(성공회대)의 글 "위드 코로나19 시대, 노인 영성교육의 새 방향"입니다. 박사님은 영성교육을 전공하고 그동안 시대적 이슈들(한류문화, IS테러리즘, 노인교육, 제4차 산업혁명 등)을 연구해 왔습니다. 본 글에서는 코로나19 시대에 한국교회 노인 신자들이 경험하고 있는 어려움을 덜어드릴 수 있는 영성교육의 방안을 모색하고 있습니다.

제10장은 장유정 박사님(백석대)의 글은 "코로나19가 가져온 기독교 학교의 뉴노멀: 테크놀로지, 어떻게 활용할 것인가?"입니다. 박사님은 코로나19 시대, 뉴노멀로 등장한 테크놀로지 활용에 있어서 나타날 수 있는 문제점들을 검토합니다. 기독교 학교 교육에 있어서 테크놀로지를 받아들이는 범위와 활용은 다를 수 있습니다, 하지만 성경적 해석에 기초한 테크놀로지의 수용과 활용 그리고 그 가치를 공유하는 것의 중요성을 강조합니다.

제11장은 김재우 박사님(백석대)의 글 "코로나19가 만든 캠프의 새

로운 패러다임"입니다. 박사님은 대학에서 교수 사역과 함께 교회 현장에 필요한 교회교육의 다양한 프로그램 개발에도 참여하고 있습니다. 본 글에서는 코로나19가 예배 이외에 영향을 끼친 여름성경학교나 수련회와 같은 캠프행사의 대안적 방안을 모색합니다. 박사님은 특별히 '꿈이 있는 미래'에서 코로나19로 여름 캠프 진행이 어려운 한국교회를 위해 개발한 '여름 캠프 5G 시스템'(5G VBS System)을 소개하고 있습니다.

3부는 코로나19 시대, 기독교교육의 과제와 새 전망이라는 주제인데, 6편의 글이 실려있습니다.

제12장은 김난예 박사님(침신대)의 글 "코로나19로 영성적 삶을 회복하는 기독교교육의 과제"입니다. 박사님은 본 글에서 코로나19로 숨조차 제대로 쉴 수 없는 이 시대에 사회에 희망을 주고 세상을 구원하는 생명에 필수불가결한 영성적 삶이 무엇이며, 어떻게 영성적 삶을 회복할 수 있는지를 논의하고 있습니다. 어느덧 사회로부터 비난과 조롱의 대상으로 전락한 한국교회, 여기에 코로나19로 더 힘들어진 한국교회의 진정한 회복은 기독교의 참된 영성을 회복하는 데 있다고 강조합니다.

제13장은 김성중 박사님(장신대)의 글 "코로나19 시기 이후의 기독교교육의 방향"입니다. 박사님은 코로나19 시기 이후 한국교회의 기독교교육 방향의 기반이 될 수 있는 이론을 세 가지, 곧 아가페적 만남, 카테키시스 이론, 디아코니아 이론으로 소개합니다. 그리고 코로나19 이후 기독교교육의 구체적인 방향을 아가페적 만남의 이론에 기초하여 자연환경과의 만남, 가족 구성원 간의 만남, 세계 시민 간의 만남, 온라인을 통한 만남을 중시하는 기독교교육으로 제안합니다. 카테키시스 이

론에 기초하여 이단의 공격에 대응하는 기독교교육을 제안합니다. 마지막으로 디아코니아 이론에 기초하여 사회를 위한 봉사와 섬김의 기독교교육, 그리고 데이터를 기반으로 한 섬김의 기독교교육을 코로나19 시대 한국교회의 기독교교육의 새로운 방향으로 제안하였습니다.

제14장은 김영미 박사님(한남대)의 글 "포스트 코로나 시대, 교육목회의 성찰과 패러다임 전환"입니다. 한국교회는 코로나19 이전부터 '4차 산업혁명'과 '고령화 혁명' 등 사회의 변화와 위기를 맞이하여 여러 대안을 모색하는 중이었습니다. 하지만 그 대안은 부족하고 오히려 교육목회 현장은 대사회적 신뢰성 추락, 저출산 고령화에 따른 교회학교 인원의 감소, 교회들 사이에 양극화, 앎과 삶의 분리 등 많은 난제를 갖고 있다고 지적합니다. 이러한 상황에서 코로나19와 마주한 한국교회 교육목회의 패러다임 전환은 공적신앙을 회복하는 교회공동체, 다음세대 신앙의 대잇기를 꿈꾸는 것이어야 한다고 제안합니다.

제15장은 김도일 박사님(장신대)과 조은하 박사님(목원대) 두 분이 공동으로 저술하신 글 "코로나19와 기독교 생태교육 — 교회 환경 교육을 중심으로"입니다. 두 분 박사님은 현재 코로나19의 상황은 인류가 그동안 지구의 환경을 파괴해온 결과에 따른 예견할 수 있는 결과라고 지적합니다. 이제라도 인간 중심의 욕망으로 자연을 파괴한 것을 반성하고 회복시키려는 생태적 노력에 힘을 기울여야 할 것을 주장합니다. 이를 위하여 환경 교육에 대한 관심을 적극적으로 기울여야 하며 교회는 창조신앙의 복원의 차원에서도 환경 교육에 관심을 가져야 합니다. 본 글은 코로나19 시대 기독교 생태교육의 과제로서 환경 교육의 중요한 핵심 역량들을 제시하고 있습니다.

제16장은 오성주 박사님(감신대)의 글 "코로나 바이러스 위기와 인

포데믹(infodemic) 극복을 위한 교회교육적 대안"입니다. 박사님은 코로나19 시대 우리를 위협하는 악성 코로나 바이러스와 함께 사람들에게 피해를 주고 방역을 저해하는 '거짓말 바이러스'의 위험성을 지적합니다. 그것은 인터넷이나 사회적 관계망(SNS)을 통하여 유통되는 '가짜 뉴스'(Fake News)와 '허위사실 유포'입니다. 이러한 잘못된 정보들이 "전염병처럼 급속도록 퍼져나감(인포데믹스)"으로 사회는 혼란에 빠지게 됩니다. 박사님은 코로나19 시대 이러한 개인적, 사회적 병리 현상을 진단하면서 인포데믹을 극복하기 위한 기독교교육의 대안을 제안합니다.

마지막 제17장은 손문 박사님(연세대)의 글 "코로나19 이후의 기독교교육의 지속 가능성"입니다. 박사님은 현재 코로나19 바이러스의 위험성은 건강과 보건의 위협이 외교 정책과 무역 전쟁으로 전이되는 현상, 타자에 대한 분리와 두려움이 가장 나쁜 결과로 나타나는 시대적 상황이라고 지적합니다. 이러한 위험한 시대적 상황에서 코로나19 이후의 기독교교육은 타자를 포용하고 소수자를 수용하는 방향이 되어야 할 것으로 전망합니다. 특히 타자를 포용하고 소수자를 수용하는 기독교교육의 지속 가능성은 교사의 소명과 책무, 나눔과 실천이 매우 중요한 과제가 될 것입니다. 이러한 관점에서 토마스 그룸(Thomas Groome)의 공유적 실천과 나눔, 조이스 머서(Joyce Ann Mercer)의 생태적 지속 가능성 이론에 기반한 교사의 역할은 우리에게 많은 통찰을 제공해 줍니다.

2020년 제36대 회장 오성주 박사님은 본 연구가 진행되고 책이 나올 수 있도록 여러 가지 지원을 해 주셨습니다. 본서가 나오기까지 여러 모로 도움을 주신 역대 회장 김도일, 이규민, 조은하, 김난예, 임창호 박사님들께도 모든 집필자를 대신하여 감사를 드립니다. 특히 어려운 가운데에서도 한국기독교교육학회에 관심과 애정을 갖고 도서출판 동연 김영호 사장님께서 기꺼이 많은 수고와 헌신을 해주심으로 본서가 나올 수 있게 되어 진심으로 감사를 드립니다.

　부디 본서가 코로나19 팬데믹 상황을 맞이하여 혼란을 겪고 있는 교회와 목회자들, 기독교교육 현장과 지도자들 그리고 대학과 대학원에서 기독교교육을 연구하고 공부하는 학생들에게 큰 도움이 되기를 바랍니다. 이 책을 통하여 코로나19 바이러스와 함께 살아가며, 신앙으로 이 고통과 어려움을 이겨내기 위하여 고군분투(孤軍奮鬪)하고 있는 교회와 기독교교육 현장에 하나님의 놀라운 은총과 지혜가 함께 임하시기를 기도합니다.

2020년 11월
김정준
한국기독교교육학회 제36대 출판기획위원장

차 례

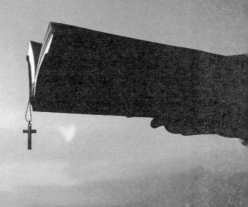

1부

코로나19 시대,
성서 및 인간 이해

코로나19 시대, 성서(구약)의
전염병의 신학적 의미
— 기독교교육적 전망에서

박신배(KC대학교)

I. 들어가는 말

포스트 코로나(post COVID-19)시대에 우리는 무엇을 준비할 것인가? 앞으로 초인플레이션(현금 가치 하락) 시대가 올 수 있으며 그로 인해 극도의 양극화 심화 현상이 일어난다. 또 디지털 사회로 초급격한 변화가 이뤄져 디지택트(digitact) 시대가 되고 비대면(untact) 시대로 변화될 것이다. 그래서 교육 환경도 혼합형 교육(비대면 70%, 직접 대면 30%)으로 교육, 실무 전문가가 환영받는 시대가 열린다. 그래서 디지털 콘텐츠(내용)를 잘 생산하며 이러한 시대를 미리 준비한 사람이 각광을 받게 되기에 기독교 전문가와 신학자들은 교육의 새로운 전망에서 시대에 맞는 바른 기독교교육의 재정립이 필요하다. 그래서 그 전의 전통적

학교의 모습이 바뀌고 플립 러닝(flipped education)이나, 혼합형 교육(blended learning)이 필요한 시대가 된다. 그래서 앞으로는 온라인과 오프라인 교육이 병행되는 시대가 된다. 이러한 때에 구약(성서)의 전염병이 무엇을 의미하고 어떤 신학적 의미가 있는지, 인류의 문화와 틀을 바꾸어 놓고 있는 이 코로나19 시대의 현상을 보면서 새로운 시대를 준비해야 할 것이다. 따라서 구약이 말하고 있는 전염병의 본질과 신학적 의미를 파악하며 그 전염병의 현상을 구약신학적인 면에서 묻고 새로운 교육 환경과 기독교적 교육 전망에서 바람직한 기독교교육의 미래와 변화된 교육 현실에서 바른 교육의 의미에서 신학적인 답을 추구하고자 한다.

II. 구약의 전염병

하나님은 이스라엘 백성이 말씀과 토라(율법)에 불순종할 때에 심판으로 인한 재앙으로 폐병과 열병, 대적에게 쫓기는 징벌을 내리겠다고 한다.

> 내가 이같이 너희에게 행하리니 곧 내가 너희에게 놀라운 재앙을 내려 폐병과 열병으로 눈이 어둡고 생명이 쇠약하게 할 것이요 너희가 파종한 것은 헛되리니 너희의 대적이 그것을 먹을 것임이며(레 26:16).

마찬가지로 하나님은 이스라엘이 율법과 말씀에 불순종으로 인해 저주하시겠다고 한다.

여호와께서 폐병과 열병과 염증과 학질과 한재와 풍재와 썩는 재앙으로 너를 치시리니 이 재앙들이 너를 따라서 너를 진멸하게 할 것이라(신 28:22).

오늘날 코로나19 바이러스는 폐병의 일종으로서 죽음에 이르게 하는 무서운 전염병으로 발병되어 일주일에 죽음에 이르게 할 수 있는 치명적인 것이라 한다. 여기서 이 전염병이 갖는 병 증세가 결핵, 폐결핵(tuberculosis)과 유사하여 결핵균에 감염되어 일어나는 급성 또는 만성 전염병이다. 허파 · 콩팥 · 창자나 뼈 · 관절 · 피부 · 후두 따위에 침투하며 결핵 수막염, 흉막염, 복막염을 일으키고 온몸에 퍼지기도 한다. 이 현상이 구약성서에 어떻게 나오는지 살필 수 있다.[1]

코로나19 바이러스는 폐결핵과 같은 증상을 유발한다. 폐결핵 증상은 호흡기 관련 증상과 전신 증상으로 구분할 수 있다. 호흡기 증상은 기침이 가장 흔하며, 가래나 피 섞인 가래 등이 동반된다. 병이 진행되어 폐의 손상이 심해지면 호흡 곤란이 나타난다. 흉막이나 심장막을 침범하였을 때는 흉통을 호소하기도 한다. 전신 증상으로는 발열, 야간 발한, 쇠약감, 신경과민, 식욕 부진과 그에 따른 체중 감소, 소화 불량, 전신마비 등이 나타난다(네이버). 이 전염병, 폐병은 schah epheth(2번), schachefet으로 나타난다. 시편 기자는 시편 106편에서 이스라엘 역사 속에서 하나님이 인도하셨던 것을 기억하며 찬양한다. 거기서 재난과 재앙이 일어난 원인이 우상 숭배를 하고 불신앙적인 행동을 했기 때문이라고 말한다.

---

1 Verginia S. Daniel and Thomas M. Daniel, *Old Testament Biblical References Tuberculosis*. Clinical Infectious Diseases, 29(6): 1557-1558.

> 그들이 또 브올의 바알과 연합하여 죽은 자에게 제사한 음식을 먹어서 그 행위로 주를 겨노하게 함으로써 재앙이 그들 중에 크게 유행하였도다(시 106:26-27).

> 그들이 또 므리바 물에서 여호와를 노하시게 하였으므로 그들 때문에 재난이 모세에게 이르렀나니 이는 그들이 그의 뜻을 거역함으로 말미암아 모세가 그의 입술로 망령되이 말하였음이로다(시 106:32-33).

또한 스가랴서는 예루살렘과 이방 나라들이 초막절 감사제에 참여하게 되지만 애굽은 하나님이 비를 내리지 않아 나일강이 마르고 처참한 재앙이 내린다고 한다.

> 예루살렘을 친 모든 백성에게 여호와께서 내리실 재앙은 이러하니 곧 섰을 때에 그들의 살이 썩으며 그들의 눈동자가 눈구멍 속에서 썩으며 그들의 혀가 입속에서 썩을 것이요. … 또 말과 노새와 낙타와 나귀와 그 진에 있는 모든 가축에게 미칠 재앙도 그 재앙과 같으리라(슥 14:12, 14).

오늘날 일어나고 있는 코로나19 바이러스는 인간에게 대한 심판으로 동물에게까지는 이르지 않았다. 여기서 재앙은 하마게파(hamagepha)로 사용되고 있다. 그러나 마콰크(maqaq)가 9번 사용되고 있고, 네메크(nemek)는 현대 히브리어로 재앙과 재난으로 사용된다.

스가랴서는 이 재앙이 불신앙에서 초래된 것으로 열방도 초막절 준수와 여호와 성전 신앙, 성결을 강조하고 있다.

만일 애굽 족속이 올라오지 아니할 때에는 비내림이 있지 아니하리니 여호와께서 초막절을 지키러 올라오지 아니하는 이방 나라들의 사람을 치시는 재앙을 그에게 내리실 것이라 애굽 사람이나 이방 나라 사람이니 초막절을 지키러 올라오지 아니하는 자가 받을 벌이 그러하니라 그 날에는 말방울에까지 여호와께 성결이라 기록될 것이라 여호와의 전에 있는 모든 솥 제단 앞 주발과 다름이 없을 것이니(슥 14:18-20).

온 민족, 열방이 다 여호와 하나님을 믿어야 함을 스가랴서는 말하고 있다. 오늘날 일어나는 전 세계의 전염병을 통해 하나님은 회개하고 하나님께 돌아올 때 그 내린 전염병이 그치고 다시 사람들이 평상의 일상으로 돌아갈 수 있음을 말한다.

에스겔서도 우상숭배로 인해서 재앙이 와서 2중(3중) 처벌, 칼과 전염병으로 심판을 받게 될 것을 말한다.

너희가 칼을 믿어 가증한 일을 행하며 각기 이웃의 아내를 더럽히니 그 땅이 너희의 기업이 될까보냐 하고… 너는 그들에게 이르기를 주 여호와께서 이같이 말씀하시되 내가 나의 삶을 두고 맹세하노니 황무지에 있는 자는 들짐승에게 넘겨 먹히게 하고 산성과 굴에 있는 자는 전염병에 죽게 하리라(겔 33:26-27).

결국 이 재앙은 하나님을 떠나서 신앙을 갖지 않고 불신앙적으로 살아가는 이유라는 것을 말한다.

그런즉 인자야 너는 이스라엘 족속에게 이르기를 너희가 말하여 이르되 우리의 허물과 죄가 이미 우리에게 있어 우리로 그 가운데에서 쇠퇴하게 하니 어찌 능히 살리요 하거니와(겔 33:10).

결국 전염병의 관건이 신앙이냐 불신앙이냐, 하나님을 잘 믿느냐, 아니면 이 세상을 따라가느냐 하는 선택을 요구한다.

창세기부터 인간의 심판에 노아 홍수의 재앙(창 6-9장)으로 시작되는 전설(LEGENDS) 사화를 이야기함으로써 오경의 제사장 기자(P)는 창조와 홍수, 출애굽과 열 가지 재앙, 바빌론 포로 시대의 무지개와 할례, 안식일 언약을 통해 새로 언약 공동체를 강조한다. 에스라, 느헤미야와 역대기 기자와 더불어, 에스겔, 학개, 스가랴와 동시대에 함께하면서 심판 시대에 구원과 희망의 언약을 제시하고 있다.[2]

III. 출애굽과 열 가지 재앙 ― 전염병

이스라엘 놀은 열 가지 재앙의 기사에 앞서 세 개의 주요 기사의 서언으로 나누어진다고 말한다.[3] 첫째 모세에게 나타난 하나님의 계시와 구속의 선포(출 6:2-8), 르우벤과 시므온과 레위와 그들의 후손들의 족보 목록(6:14-25), 바로의 사명과 전염병 그리고 재앙의 말과 목적의 설명(7:1-6)이 나온다.

---

2 Hermann Gunkel, tr. by William F. Albright, *The Legends of Genesis* (New York: Schocken Books, 1966), 145-160.
3 Israel Knohl, *The Sanctuary of Silence* (Minneapolis: Fortress, 1995), 61.

바로가 너희의 말을 듣지 아니할 터인즉 내가 내 손을 애굽에 뻗쳐 여러 큰 심판을 내리고 내 군대, 내 백성 이스라엘 자손을 그 땅에서 인도하여 낼지라 내가 내 손을 애굽 위에 펴서 이스라엘 자손을 그 땅에서 인도하여 낼 때에야 애굽 사람이 나를 여호와인 줄을 알리라 하시매(출 7:4-5).

이러한 현상이 오늘날도 그대로 일어나고 있지 않은가?

조엘 에렌크랜즈와 드보라 샘손은 출애굽의 열 가지 재앙을 통해 전염병의 현상을 말한다.4 출애굽기 7-12장은 이 열 가지 재앙이 애굽에 일어나는 것을 자세히 보도한다. 첫째 나일강의 물이 피바다로 바뀌어서 모든 물고기가 죽게 된다(출 7:14-25).

나일강의 고기가 죽고 그 물에서는 악취가 나니 애굽 사람들이 나일강 물을 마시지 못하며 애굽 온 땅에는 피가 있으나… 애굽 사람들은 나일강 물을 마실 수 없으므로 나일강 가를 두루 파서 마실 물을 구하였더라(출 7:21, 24).

이 물의 심판은 치명적인 것이다. 생명수를 마실 수 없다는 것은 심각한 재앙이다. 먹을 양식, 물고기를 먹을 수 없는 것도 심각한 것이다.

나일강의 고기가 죽고 그 물에서는 악취가 나리니 애굽 사람들이 그 강물 마시기를 싫어하리라 하라(출 7:18).

---

4 Ehrekranz N. Joel, M. D. and Sampson, Debrah A. Ph. D.(2008). *Origin of the Old Testament Plagues: Explications and Implications*. The Yale Journal of Biology and Medicine, 81, 31-42.

오늘 일어나는 호흡기 질병, 코로나19는 공기와 침을 통해 전달되어서 이를 막기 위해 마스크를 하고 사는 시대가 되었다. 애굽의 핏물의 전염병과는 다르지만, 심각성은 유사하다고 말할 수 있다.

두 번째 재앙은 개구리가 나일강을 떠나서 건조한 땅, 애굽의 가정을 공격하는 것이다. 개구리가 쌓여서 큰 악취가 나는 것은 오늘 코로나19 바이러스가 코로 전염되는 것과 유사하지 않은가?

> 개구리가 나일강에서 무수히 생기고 올라와서 네 궁과 네 침실과 네 침상 위와 네 신하의 집과 네 백성과 네 화덕과 네 떡 반죽 그릇에 들어갈 것이며… 사람들이 모아 무더기로 쌓으니 땅에서 악취가 나더라(출 8:3, 14).

이제는 파충류 생물이 인간의 가정을 공격하는 것이다. 오늘 보이지 않는 코로나19 바이러스, 폐렴 전염균이 인간을 공격함으로 많은 사람이 전염병으로 죽어가고 있다. 통계적으로 185개 나라에서 세계의 55만 명이 죽고, 1200만 명이 확진자가 생겼고 우리나라는 13,300명이 이 전염병에 걸려 죽어가고 있다.

세 번째 재앙은 티끌이 이가 되어 사람과 가축을 공격하게 된다. 이 이가 작은 곤충으로서 사람과 동물을 괴롭히고 공격하게 된다.

> 그들이 그대로 행할 새 아론이 지팡이를 잡고 손을 들어 땅의 티끌을 치매 애굽 온 땅의 티끌이 다 이가 되어 사람과 가축에게 오르니(출 8:17).

작은 곤충과 큰 곤충이 인간과 동물을 괴롭히는 전염병의 변종 형태라고 말할 수 있다. 이 코로나19 바이러스도 중국 우한에서 시작된 것으로서 박쥐에게서 기원되었다고 한다. 이 전염병이 누구를 향해 심판의 칼로 사용되고 있는가? 출애굽의 전염병─티끌이 이로 변하는─ 작은 곤충의 공격은 애굽 백성을 향하는 심판의 도구였던 것이다. 오늘 전 세계의 코로나19 바이러스는 누구를 향하는 것일까? 불경건하고 하나님의 말씀을 듣지 않은 교만한 사람들인가?

네 번째 재앙은 큰 곤충인 파리의 공격이었다. 애굽 사람과 애굽 땅과 궁전에만 파리떼가 있었다.

> 여호와께서 그와 같이하시니 무수한 파리가 바로의 궁과 그의 신하의 집과 애굽 온 땅에 이르니 파리로 말미암아 그 땅이 황폐하였더라(출 8:24).

여기서 제사의 문제가 제기된다.

> 모세가 이르되 그리함은 부당하니이다 우리가 우리 하나님 여호와께 제사를 드리는 것은 애굽 사람이 싫어하는 바인즉 우리가 만일 애굽 사람의 목전에서 제사를 드리면 그들이 그것을 미워하여 우리를 돌로 치지 아니하리이까(출 8:26).

출애굽의 목적은 여호와께 예배를 드리는 것에 목적이 있었다. 그래서 일어나는 애굽에서 열 가지 재앙은 하나님께 예배하는 것이 목적이었다. 하나님께 예배하는 이스라엘의 경배를 위한 것이었다. 오늘날 사회적 거리 두기니 생활 속 거리 두기를 하며 코로나19 바이러스 전염병이 확대되는 것을 막는다는 명목으로 교회에서 소모임 중지까지 행정명령을 하는 상태이다. 성경과는 너무도 판이하게 다른 상황이 펼쳐지고 있다. 애굽에 일어나는 전염병의 재앙은 이스라엘 사람들이 광야에 가서 예배를 드리게 하는 데 그 목적이 있는 것과는 상반(相反)되고 있다. 구약의 예배는 제사를 통해 제물을 드리는 것이다. 희생제물의 가치는 피를 통해, 선물과 화친(화목), 속죄(화해)에 이르는 종교적 가치를 가진다.5 이스라엘 백성은 하나님의 관계를 회복하는 제사를 드리겠다고 하는 것이다.

> 우리가 사흘 길쯤 광야로 들어가서 우리 하나님 여호와께 제사를 드리되 우리에게 명령하시는 대로 하려 하나이다 바로가 이르되 내가 너희를 보내리니 너희가 너희의 하나님 여호와께 광야에서 제사를 드릴 것이나 너무 멀리 가지는 말라 그런즉 너희는 나를 위하여 간구하라(출 8:27-28).

다섯째 전염병은 동물 간의 전염병으로 심한 돌림병으로 많은 가축의 떼죽음이 일어난다. 이 전염병은 목장의 다양한 가축이 죽은 현상이 일어난다. 이 동물 유행병(epizootic)은 병이 동물 간에 유행(동시에 전염 발생)하는 것으로서, epidemic 동물(가축) 유행병이다. 그런데 신기하게도 이스라엘의 가축은 전염병이 일어나지 않는다. 애굽의 가축만이 병들어 죽은 기이한 현상이 일어난다.

> 이튿날에 여호와께서 이 일을 행하시니 애굽의 모든 가축은 하나도 죽지 아니한지라 바로가 사람을 보내어 본즉 이스라엘의 가축은 하나도 죽지 아니하였더라 그러나 바로의 마음이 완강하여 백성을 보내지 아니하니라(출 8:7).

---

5 롤랑 드보/이양구 역, 『구약시대의 종교 풍속』(서울: 나단출판, 1993), 136-155.

신앙의 세계는 인간의 이성으로 이해할 수 없는 기적적인 현상이 일어난다. 과연 이스라엘 가축에는 보이지 않는 영적 오로라, 하나님의 항체(抗體)가 형성된 것인가? 오늘날도 이러한 기이한 현상이 하나님의 백성들에게는 동일하게 일어나리라 본다. 그래서 언택트(Untact) 시대에 원격적 교육은 바로 참 그리스도인의 교육, 기독교교육의 본질이 무엇인지 간파하여 신약 성경이 말하는 초대 그리스도의 교육, 예수 인격적 교육 정신과 철학을 파악하여 전달하고 교육할 수 있는 교육적 과정과 시스템을 만들어야 할 것이다.

여섯째 재앙은 짐승과 인간을 공경하는 악성 종기의 발생이었다. 오늘날도 우한 폐렴(코로나19) 바이러스 전염병이지만 이 재앙의 상황에서 열 가지 재앙 현상이 동일하게 일어난다고 볼 수 있다.

> 요술사들도 악성 종기로 말미암아 모세 앞에 서지 못하니 악성 종기가 요술사들로부터 애굽 모든 사람에게 생겼음이라 그러나 여호와께서 바로의 마음을 완악하게 하셨으므로 그들의 말을 듣지 아니하였으니 여호와께서 모세에게 말씀하심과 같더라(출 8:11-12).

재앙과 질병은 더 끓어 올랐다(Boils afflict). 하나님의 종, 모세와 아론은 하나님이 일으키는 전염병의 재앙 속에서 구원의 길이 계속 열리고 출애굽의 큰일이 벌어지고 있는 것을 목격하지만 한편, 애굽의 요술사들이 흉내를 내고 요술을 부려서 기적을 부리는 바람에 바로의 마음을 완강해지고 있었다. 악은 점점 더 악하게 되는 것인가. 악의 뿌리는 뽑기가 쉽지 않은 것을 보게 된다. 재앙의 강도는 더 깊어졌고, 천재지변의 재앙으로 높아만 갔다. 이러한 재앙을 통한 하나님의 선택은 이스라

엘 백성을 바로의 소유에서 취하여 내는 것이었다.[6]

이 재앙을 통해 알리고 싶은 것은 하나님의 존재이다. 이 하나님은 온 세상의 주가 된다는 것과 진정한 하나님과 완전한 우주의 신이다. 이 재앙을 통해 이집트의 신들의 형상에게 노예의 신인 하나님이 우상을 파멸하게 하고, 하나님을 알리고자 했다(출 6:7).[7] 두 번째로 전염, 우박, 메뚜기, 어둠의 재앙들은 구별 요소가 있어서 이집트인과 히브리인들의 구별하여 하나님이 자기 백성을 보호하고 구원하기 위해 다른 민족들과 백성들을 구별하신다. 세 번째로 이집트가 이러한 혼란 속에 있는 것이 지도자 파라오의 그릇된 지도력에 있다는 것을 보여준다. 지도자가 재앙을 감당할 수 없는 것을 빨리 깨닫고 포기하고 돌아설 수 있는 용기가 필요한 것이다.[8] 오늘날 재앙이 일어나는 원인과 그 뜻이 무엇인지 알고 종교적 지도자와 정치적 지도자는 헤아려서 이 재앙을 멈추어야 한다.

일곱째 재앙은 특히 심한 천둥 번개, 해일이 일어나고 폭풍우가 내리면서 우박이 쏟아지기 시작하였다. 추수 시기에 수확물을 거둘 수 없을 정도로 추수 물을 멸하게 된 것이다.

우박이 내림과 불덩이가 우박에 섞여 내림이 심히 맹렬하니 나라가 생긴 그때로부터 애굽 온 땅에는 그와 같은 일이 없었더라(출 9:23).

또 구별적인 심판 현상이 일어난다. 애굽은 우박 천지이지만 이스라엘 사람이 있는 고센 땅은 피해가 없는 것이다(출 9:25-26).

---

6 Seock-Tae Sohn, *The Divine Election of Israel* (Michigan: William B. Eerdmans, 1991), 35.
7 이용호 · 조갑진, 『성서의 이해』, (부천: 서울신학대학교출판부, 2019), 95.
8 이용호 · 조갑진, 『성서의 이해』, 96.

그때에 보리는 이삭이 나왔고 삼은 꽃이 피었으므로 삼과 보리가 상하였으나 그러나 밀과 쌀보리가 자라지 아니한 고로 상하지 아니하였더라(출 9:31-32).

남겨둔 곡식으로 인해 하나님의 주권과 심판을 인정하지 않고 아직도 교만한 애굽 사람들에게 여덟 번째 재앙은 메뚜기 재앙이었다. 강풍이 불어서 메뚜기가 늘어서 남은 곡식을 먹어버려 다 제거하게 된다. 애굽의 바로는 이스라엘 장정만 나가라는 타협안을 제시한다. 아이들과 여인들. 남녀노소, 양과 소를 데리고 나가겠다는 요구를 거절한다(출 10:9-11). 그러니 하나님이 바로 메뚜기 재앙으로 심판하신다. '

모세가 애굽 땅 위에 그 지팡이를 들매 여호와께서 동풍을 일으켜 온 낮과 온 밤에 불게 하시니 아침이 되매 동풍이 메뚜기를 불어들인지라(출 10:13).

오늘날 일어나는 현상과 너무도 유사하다. 인도에서 중국 운남성까지 불어 닥친 메뚜기 떼의 공격을 점점 더 하나님의 주권에 대한 거부와 교회 핍박으로 인한 하나님의 심판이 점점 강화되는 현실 속에서 중국은 무신론적 공산 체제와 이데올로기의 안방 지키기에 여념이 없다.

아홉 번째 재앙은 온통 어둠 천지인 세상이다. 모든 빛이 사라지고 감지할 수 없는 어둠이 지배한다. 애굽 땅에 흑암이 덮인다.

그 동안은 사람들이 서로 볼 수 없으며 자기 처소에서 일어나는 자가 없으되 온 이스라엘 자손들이 거주하는 곳에는 빛이 있었더라(출 10:22).

여기 하나님의 백성에게는 신비한 일이 벌어진다. 빛이 없는 흑암 천지인데 유독 고센 땅, 이스라엘이 사는 지역에는 빛이 있었다 한다. 신앙의 세계도 이와 똑같다. 완악한 바로는 다음 세대를 보장하는 아이는 데리고 가도 좋은 데 가축들은 남겨두고 가라 한다. '하나님 여호와께 드릴 제사와 번제물을' 가져가야 한다는 모세의 주장은 바로에 의해 거절된다(10:25).

드디어 마지막 10번째 재앙은 인격적 재앙이다. 바로의 장자가 희생당하는 죽음 앞에 이제는 손을 들고 마는 바로 왕이다.

애굽 온 땅에 전무후무한 큰 부르짖음이 있으리라(출 11:6).

애굽의 첫 장자들, 첫 생축들이 죽는 어마한 사건이 벌어지니 바로가 조건 없이 이스라엘 백성들은 가축을 들고 그들의 소유를 다 가지고 남녀노소, 다 나가라는 것이다. 드디어 출애굽의 해방이 일어나는 것이다. 오늘날 일어나고 있는 열 가지 재앙 가운데 신앙적인 해방의 사건은 무엇일까? 기독교교육적인 해방 교육, 영적 해방은 무엇이며 유월절, 무교절 사건은 무엇인가?

내가 애굽 땅을 칠 때에 그 피가 너희가 사는 집에 있어서 너희를 위하여 표적이 될지라 내가 피를 볼 때에 너희를 넘어가리니 재앙이 너희에게 내려 멸하지 아니하리라(출 12:13).

애굽의 첫 장자와 생축은 다 죽고 이스라엘 사람들과 생축은 생존하는 사건이 벌어지며 유명한 이스라엘의 해방절, 유월절(무교절) 축제가 생성되는 것이다. 10번째 재앙은 새로운 구원사건을 불러온다.[9] 문설주에 피를 발라서 구원이 일어난다. 그것이 바로 예수 그리스도 보혈의 피임을 알게 된다. 오늘날 일어나는 코로나 전염병은 어떤 해방의 사건을 우리에게 예고하고 있는가? 1-5번째 재앙은 피에서 생축에 이르는 전염병이 연결되어 있으며 나일강의 유혈 사태로 물고기가 죽고 나일강의 죽어가는 재앙이었다. 열 번째 재앙으로 장자, 어린아이가 죽는 것을 통해 상징적으로 믿지 않은 인류의 후손과 인류의 심판을 말하고 있다. 또 경작한 작물과 생축(가축)이 피해를 보고 모기와 파리 곤충을 통해 사람과 가축이 심판받는 일이 벌어진다. 또 출애굽기 8:16-20절에 티끌이 이가 되는 사건을 통해 4번째 재앙의 원인인 파리 재앙이 된다. 그리고 출애굽기 8:12-15 개구리(하체파르데임) 재앙을 통해 이(모기, 쇠파리, 키님kinim) 재앙으로 연결되는 것을 본다. "쇠파리 떼를 그들에게 보내어 그들을 물게 하시고 개구리를 보내어 해하게 하셨으며"(시 78:45). 연결된 재앙들이 애굽의 자연 현상에서 자연스럽게 일어나는 재난인 것을 보게 된다. 5-10번째 재앙은 동물 유행병(epizootic)이며 가축들이 죽는 것으로서 5번째 재앙과 10재앙에서 가축이 죽거나 사는 대조되는 일(애굽의 가축과 이스라엘의 가축)과 또 상반된 일을 본다(출 9:3). 이스라엘의 가축은 사는 일, 이는 오늘의 부와 재물, 재화를 의미하는 것이다. 7-9번째 재앙은 천재 재앙이다.[10] 이는 부정한 것(위험한 것)과 거룩함이 구별되고 분리는 사건으로서 유월절 사건과 안식일 등 구약의 거룩과 성결의 정화를 보여준다.[11]

오늘 일어나고 있는 이 재앙의 모습들을 보면서 우리는 출애굽의 재

---

9 박신배, 『구약이야기』 (서울: KC대학교 출판국, 2020). 356.
10 박신배, 『구약이야기』, 49.
11 John G. Gammie, *Holiness in Israel* (Minneapolis: Fortress, 1989), 22-41.

앙처럼 열 가지 재앙의 새로운 모습을 보게 된다.

> 그의 맹렬한 노여움과 진노와 분노와 고난 곧 재앙의 천사들을 그들에게 내려
> 보내셨으며 그는 진노로 길을 닦으사 그들의 목숨이 죽음을 면하지 못하게
> 하시고 그들의 생명을 전염병에 붙이셨으며(시 78:49-50).

이 전염병이 바로 출애굽 시대의 재앙의 전염병과 유사한 것임을 알게 된다. 하나님의 심판과 해방 사건이 오늘도 똑같이 재앙과 전염병을 통해서 일어나고 있다. 결국 하나님의 심판인 것이다.

> 내가 그 밤에 애굽 땅에 두루 다니며 사람이나 짐승(베헴마)을 막론하고 애굽
> 땅에 있는 모든 처음 난 것을 다 치고 애굽의 모든 신을 내가 심판하리라 나는
> 여호와라(출 12:12).

애굽의 모든 신들을 심판하는 사건인 것이다. 열 가지 재앙의 주제는 이 우상 신들을 부수는 작업이었다. 열 개의 신들을 무너뜨리는 것이 열 가지 재앙이었다. 어떤 위대한 나라도 주와 같은 하나님을 가지고 있지 못하다는 사실을 보여준다. 이 재앙을 통해 오직 하나님만이 위대하는 사실을 알려준다.[12] 오늘 우리는 우리 시대의 우상이 제거되기 위해 전염병의 심판이 일어나고 있다는 사실을 주시할 필요가 있다. 이 전염병의 실체와 하나님의 심판에 대한 질문은 우리가 연구하고자 하는 대답을 찾고자 하였으며 그 원인과 결과를 설명하고자 하지만 비역사적인

---

12 G. E. Wright, *The Old Testament Against Its Environment* (London: SCM Press, 1953), 9-41.

요소와 신비적 요소가 성경에 내재되어 있다는 사실을 염두에 두어야한다.[13] 그래서 그러한 관점에서 성서에 나타난 전염병의 현실과 재앙을 두고 올바른 신학적 해답과 기독교교육적 열쇠를 찾아야 할 것이다.

IV. 나가는 말

이번 코로나 사태는 21세기 세계를 가르는 분기점이 될 것이라 말한다. 종교의 변화가 크게 일어났고 그동안 이단적 요소들, 자본주의형 교회 모습들이 본질이 아니기 때문에 붕괴되는 현상을 목격하고 있다. 그동안 가졌던 교회의 종교 권력, 불평등, 위계적 제도가 무너지는 것을 보았다. 초대교회, 신약 성경에서 말하는 교회의 모습이 아닌 것은 도태되고 만다는 진리의 현상을 보게 된다.

사회와 공동체주의가 가족 공동체를 붕괴하였는데 가족 가치가 심화되고 사회적 약자들도 공동체의 가족으로 새롭게 배려할 수 있는 가치 개념이 필요하게 되었으며, 국가나 기업의 역할이 가족과 공동체의 유익을 추구하는 것으로서 종교의 역할이 중요하게 대두되게 된다. 우리는 구약의 전염병과 출애굽기의 열 가지 재앙을 보면서 공동체의 위기 속에서 신앙공동체의 구원과 해방 사건으로 일어나고 있는 코로나 전염병의 현상을 파악했다. 신앙공동체의 신학적 의미를 묻고 우리는 그러한 기독교교육 공동체로서 의미를 가지고 기독교교육의 환경을 만들고 기독교교육 체계를 새롭게 만들 수 있는 인프라를 구축해야 할 때

---

13 Martin Noth, tr. by Stanley Godman, *The History of Israel* (London: Adam & Charles Black, 1958), 1-2.

임을 알게 되며, 논자는 구약학의 입장에서 그 본질과 본문(Text)을 제공하였다.

유대교 미쉬나 토호롯의 율법 교육을 통한 코로나19의 극복 방안

옥장흠(한신대학교)

I. 들어가는 말

2019년 12월, 중국 우한에서 시작된 신종 코로나 바이러스(COVID: Corona Virus Disease)19는 급속도로 전 세계로 확산되어, 전 세계가 흔들리고 있다. 그 이유는 바이러스 즉 전염병에 대한 근본적인 원인과 이를 해결하기 위한 대안과 해결책이 없기 때문이다. 세계사에서 전염병의 역사를 살펴보면, 3세기경의 키프리안 시대에 전염병이 무려 20년 간 지속되었으며, 로마에서는 하루에 5천 명이 사망하기도 하였다. 14-17세기에는 흑사병이 유럽 전체를 덮쳐 인구의 1/3이 사망하였고, 특히, 종교개혁시대에도 흑사병이 유행하여 종교개혁가 츠빙글리, 루터, 칼뱅 등도 전염병에 걸리게 되었으며, 죽음의 길에서 삶의 길로 바뀐 사람들이다. 또한 수많은 사람이 전염병으로 죽었다. 현대에 들어와서는 스페인 독감(1918), 에볼라(1976), 사스(2003), 메르스(2015)가 있었다(안명준 외, 2020, 참고). 그러나 이러한 전염병들이 크게 유행할 때, 생존 능력이 뛰어난 사람들이 있었는데, 그들이 바로 유대인들이었다. 그들은 전 세계를 떠돌아다니면서 고난을 받았으며, 민족 전체의 생존의 어려움을 수차례에 겪었지만, 그들은 생존하는 능력이 뛰어났다. 전염병이 유행할 때 그들은 전염병에 매우 강하였다(옥장흠, 가스펠투데이 2020. 8. 22). 그들은 유대교 경전인 '미쉬나'라고 하는 여섯 권의 율법이 있다. 그중에서 가장 마지막 책인 토호롯(정결함)에 근거하여 정결한 생활교육을 하였기 때문이다. 특히 유대인들은 하나님이 미쉬나를 통해서 명령한 율법을 자신들의 삶의 자리에서 철저히 지킴으로서 생존하게 되었다. 특히, 이러한 관점에서 유대인들은 전염병이 크게 유행할 때 어떻게 생존하게 되었는지, 그 구체적인 방법이 무엇인지를 살펴봄으로, 유대인들의 미쉬나 토호롯(정결)의 율법 교육을 통해서 코로나19를 극복할 수 있는 방안을 구체적으로 살펴보고자 한다.

II. 유대인의 율법 교육

구약성서에서 율법은 토라(torah)로 불려졌는데, 그 의미는 '가리키다', '지시하다'라는 의미이며 율법이란, 제사장이나 선지자의 지시나 가르침을 의미하며, 어떤 규정, 법, 법령집을 가리킨다. 일반적으로 율법이란 말을 사용할 때는 하나님이 주신 법(法)이라는 의미로 사용하고 있다(서홍교, 2003, 51). 토라(미쉬나)는 구약성경(히브리 성경) 타나크의 토라로 모세 5경을 의미하기도 하며, 구약성서 전체를 의미하거나 때로는 종교적 가르침의 전반적인 면을 의미하기도 한다. 그러나 토라라는 의미는 하나님의 백성들이 하나님의 백성으로 살아가는 방법을 가르치는 율법이다. 토라는 정의와 사랑에 찬 친절의 윤리를 개관해 주고 있다. 또한 토라는 의식(儀式)과 성일(聖日), 축제일(祝祭日), 예배와 식전(式典)의 적절한 형식도 규정해 준다. 이것은 교회법과 시민법, 형법의 규범을 알려주며, 종교적, 가정적, 사회적, 박애주의적, 정치제도를 규정해 준다(Steinberg, 1996, 29). 구체적으로, 십계명(출 20:2-17, 신 5:6-7), 언약법전(출 20:22-23:19), 성결법전(레 17-26장), 신명기법전(신 4:44-30:20), 제물에 관한 규정(레 1-7장), 정결에 관한 규정(레 11-15장) 등이 있다. 법률은 "만약에 ∼하면, ∼할 것이다"(If ∼ then)라는 조건법 형식과 "∼해라"의 단언법의 두 가지 형식이 있다(김영진, 2005, 23). 토라는 이스라엘이 시내 산에서 받은 이래로 세상 끝날 때까지 순종해야 할 계시된 율법, 계명을 의미한다.

프랑크 크레제만은 전통적으로 토라는 율법이라는 개념으로 받아들였다. 구약시대의 일상생활에서 토라라는 말은 어머니(잠 1:8, 6:20)와 아버지(4:1-2)가 자녀에게 삶의 길을 가르쳐주고, 죽음에 이르는 타락을 피하도록 경고하기 위해 주는 훈계를 지칭하였다. 또한 교훈과 지침, 가르침과 규범 설정, 격려와 요구 등을 포괄한다. 토라는 평신도에게 주는 사제의 훈계(렘 18:18; 겔 7:26)를 가리키는 전문적인 용어이다. 그리고 지혜 교사(잠 7:2, 13:14)나 예언자들(사 8:26, 20, 30:9)이 제자들에게 주는 가르침을 의미하기도 한다. 신명기에서 토라는 하나의 포괄적이고, 문서화된 하나님의 뜻을 나타내는 중요한 개념으로 사용된다(신 4:44-45, 30:10, 31:9). 여기에서 토라는 이야기와 율법을 모두 포괄한다(Cruesemann, 1995, 12).

토라의 삶을 사는 유대인들의 삶은 첫째로 고려하는 것은 윤리적인 문제, 즉 신실하게 행동하였는가이다. 둘째로 토라를 공부하되 마음 내키는 대로 하지 말고 인생의 수양으로 날마다 체계적으로 해야 한다는 것이다. 셋째는 한 가정의 부양이다. 독신생활과 성생활을 삼가는 것은 죄스러운 일로 여겨졌으며, 오히려 자손을 낳는 인간의 창조적 능력을 최대한 발휘하라는 것이 하나의 계명이었다. 넷째로 생각해야 할 것은 매일 청렴한 윤리에 따라 사는 것만으로 충분하지는 않다는 점이다. 그러므로 경건한 자는 보다 높은 목표에 마음을 두고 자기의 행위를 잘 추스르면서 구원을 대망하도록 요구되었던 것이다. 지혜와 통찰, 이것들이 덕목을 완성시키는 것이다(Neusner, 1992, 72-73).

그런데 우리 그리스도교에서는 이러한 율법 교육을 가볍게 여기고 있다. 특히 이 관점은 사도 바울의 율법에 대한 측면을 잘못 이해한 데에서 나온 것으로 보여진다. 바울은 율법을 지킴으로 구원을 받는 것은 어렵기 때문에 예수 그리스도를 믿음으로 우리가 의롭게 되어서 구원을 받는다고 하였다. 이 관점은 신학적으로 칭의론적 관점이다. 그러나 그리스도인들은 사도 바울이 율법을 거부하지는 않았다는 사실을 간과해서는 안 된다. 그리스도인들이 예수 그리스도를 믿음으로 의롭게 되는 은혜를 값없이 받았으니, 그리스도인들도 이웃들에게 값없이 받은 은혜를 베풀며 살아야 한다는 점을 바울은 또한 강조하였다. 그러나 상식적으로 하나님이 예수 그리스도를 통해서 우리를 구원시켜 주시려고 하신 은혜를 우리는 감사하면서 그 은혜를 갚기 위한 노력을 해야 한다는 사실을 잃어버리고 살아가는 것이다. 또한 예수 그리스도는 율법을 폐하러 온 것이 아니라 율법을 완성하러 왔다는 사실을 올바로 이해하고 하나님께서 우리에게 값없이 베풀어 주신 하나님의 은혜에 감사하는 삶을 살아야 한다는 점이다(옥장흠, 2014, 82).

Ⅲ. 유대교 경전 토호롯의 텍스트

먼저 유대교 경전인 미쉬나의 구조와 내용을 살펴보고, 토호롯(정결) 내용을 자세히 살펴보고자 한다.

1. 미쉬나의 구조

미쉬나는 '반복하다'는 뜻을 가진 히브리어 동사 샤나(shana)에서 유래하였다(Neusner, 1984, 28). 그러므로 미쉬나란 의미 자체가 '반복하여(외워서) 배운다'는 뜻을 가지고 있다. 이것은 구두로 전승된 율법들을 나타내고 있다. 미쉬나를 편집한 사람들은 '타나임' 시대의 학자들이

〈그림 1〉 유대교 경전 미쉬나의 구조[1]

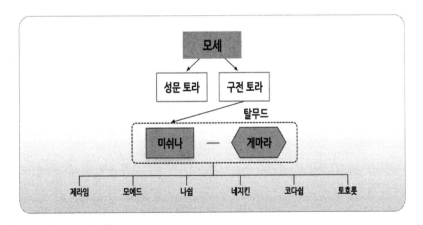

1 출처: 최창모 · 최중화(2018), "미쉬나: 개론적 소고," 한국중동학회 춘계학술대회 발표자료, 4.

며, 거의 500년에 걸쳐 형성되고 전승되어 내려온 구전 율법의 총체라고 할 수 있다(Neusner, 1973, 4). 미쉬나의 구성은 세데르(seder)로 불리는 6개의 부분으로 나뉘는데, 이것은 다시 마섹톳(masseket 또는 아람어로 messekta)으로 세분된다. 또한 미쉬나는 제라임, 모에드, 나쉼, 네찌킨, 코다쉼, 토호롯 6권의 책으로 구성되어 있다. 구체적인 내용은 위 〈그림 1〉과 같다.

2. 미쉬나의 내용

미쉬나의 내용은 미쉬나는 6권의 책으로 구성되어 있으며, 구체적인 미쉬나의 내용은 다음 장 〈표 1〉과 같다.

3. 미쉬나의 전염병 관련 텍스트

미쉬나 텍스트 중에서 코로나19를 극복하는데 도움이 될 만한 텍스트로서 연구자는 토호롯(정결법)을 임의로 선택하여 그 텍스트의 내용을 구체적으로 설명하고자 한다.

1) 미쉬나 토호롯의 내용

토호롯 텍스트의 내용은 켈림(Kelim), 오홀롯(Oholoth), 네가임(Negaim), 파라(Parah), 토호롯(Teharoth), 미크바옷(Miqwaoth), 닛다(Niddah), 마크쉬린(Makshirin), 자빔(Zabin), 테불 욤(Tebul Yom), 야다임(Yadaim), 우크찜(Uqtzim)으로 구성되어 있으며, 구체적인 내

<표 1> 유대교 경전 미쉬나의 내용[2]

1권	제라임 (11 마쎅톳)

제라임(זרעים, Zeraim)이란 '씨앗'이라는 뜻이다. 이렇게 이름을 붙인 이유는 이 쎄데르가 농업 관련 법규를 다루고 있기 때문인데, 그 외에도 유대교에서 드리는 기도와 축복문들, 십일조 등과 관련된 법규들도 다루고 있다.

2권	모에드 (12 마쎅톳)

모에드(מועד, Moed)라는 이름은 정한 '절기'를 가리키는데, 안식일에 실행할 수 없는 노동은 무엇 인지, 유월절과 속죄일, 장막절, 새해 첫 날 등 유대 명절들을 어떻게 지켜야 하는지에 관련된 법규를 다루고 있다.

3권	나쉼 (7 마쎅톳)

나쉼(נשים, Nashim)이란 '여인들'이라는 뜻이다. 이 부분은 가족생활과 관련된 법규들을 다루는데, 약혼과 결혼과 이혼 관련법, 죽은 형의 형수와 관련된 수혼법 등을 설명한다. 그 외에도 법적 효력이 있는 맹세 관련법과 금욕적인 생활을 하는 나실인 관련 법규를 다루고 있다.

4권	네지킨 (10 마쎅톳)

네지킨(נזיקין, Nezikin)이란 '손상, 피해'라는 뜻이다. 민법과 형법에 관련된 다양한 법규들을 다루고, 또 산헤드린(Sanhedrin) 의회에서 재판을 진행하는 요령과 외국인과 거래하는 법이 주제가 된다. 그리고 유대 현인들이 남긴 지혜의 가르침들과, 공동으로 드리는 속죄제 관련 법규를 다루고 있다.

5권	코다쉼 (11 마쎅톳)

코다쉼(קדשים, Qodashim)은 '거룩한 것들'을 다루는 부분이므로, 토라에 기록되어 있는 제사와 제물, 성전에 관련된 다양한 법규들, 그리고 음식법 관련 법규를 다루고 있다.

6권	토호롯 (12 마쎅톳)

토호롯(טהרות, Tohorot)은 '정결'이라는 뜻이기 때문에, 어떤 물건이 정결하거나 부정한 성격을 규정하는 법규를 다루고 있다. 예를 들어 사용하는 그릇의 정결과 부정, 사체에 접촉했을 때의 규정 으로 피부병이 났을 때, 부정을 씻는 정결례, 여성의 월경, 유출병, 손이나 열매에 관련된 정결과 부정의 규칙을 다루고 있다.

---

2 출처: 최창모 · 최중화(2018), 『미쉬나: 개론적 소고』, 3.

용은 다음 〈표 2〉와 같다.

〈표 2〉 토호롯 텍스트의 내용3

표제	의미	장	내용	관련 성구
켈림 (כלים)	그릇들	30	다양한 그릇과 도구의 정결함과 부정함에 관한 규칙	레 11:29-35, 15:4-6, 9-12, 19-27, 민 19:14-15, 31:19-24
오홀롯 (אהלות)	천막들	18	시체가 사람과 물건을 부정하게 만드는 현상을 논의(특히 시체가 다른 사람이나 물건을 덮어서 가리거나 그 반대인 경우 부정이 전이되는 과정을 다룸)	민 19:11, 14-16, 22
네가임 (נגעים)	피부병들	14	피부병을 진찰하고 격리시키고 정결하다고 선포하는 과정을 설명	레 13:1-59, 14:1-53, 신 24:8
파라 (פרה)	암소	12	붉은 암소를 태워서 정결례에 사용하는 '속죄의 물'을 만드는 과정	민 19:1-14, 17-21, 31:23
토호롯 (טהרות)	정결함	10	음식에 관한 다양한 정결법 규정들을 설명	
미크바옷 (מקואות)	웅덩이들	10	정결례를 시행하는 다양한 물웅덩이와 물에 관한 논의	레11:31-32, 36, 15:13, 16, 민 31:23
닛다 (נדה)	월경	10	월경 중이거나 출산한 여인들에 관한 규정	레 15:19-30, 18:19, 20:8, 12:1-8
마크쉬린 (מכשירין)	준비하기	6	음식이 부정해질 수 있는 조건으로 어떤 액체에 젖는 현상을 설명	레 11:34, 38
자빔 (זבים)	유출병자들	5	유출병 관련 규정과 유출병자를 어떻게 대하는지에 관한 논의	레 15:1-15

---

3 출처: 윤성덕(2019), "미쉬나 제6권 토호롯: 하나님께서 창조하신 인간은 어떤 권위를 가질까," 「기독교사상」 727, 122-136.

테불-욤 (טבול יום)	그날 담 근자	4	어떤 사람이 정결례장에서 몸을 물에 담그어 씻었지만 아직 저녁 이 되지 않아 온전히 정결하지 않 은 상태와 그 관련법	레 11:32, 22:6-7
야다임 (ידים)	손들	4	손이 정결하고 부정해지는 조건을 설명	
우크찜 (עוקצים)	줄기들	3	음식, 특히 열매와 그 열매가 달린 줄기에 관한 정결법 규정을 소개	

토호롯은 12개의 마섹톳으로 구성되어 있으며, 그 구체적인 내용은
다음과 같다.

(1) 켈림(Kelim, 그릇들)

켈림은 그릇의 정결법으로 그릇의 사용에 대한 규정과 설명이다. 히
브리 성경(구약성경, 씌여진 토라)의 레위기 11장 32-35절에 근거를 두
고 있으며, 부정한 것을 그릇에 담지 말라는 규정이다. 그 구체적인 내용
은 다음과 같다.

부정한 짐승들이 죽었을 때에, 나무로 만든 어떤 그릇에나, 옷에나, 가죽에
나, 자루에나, 여러 가지로 쓰이는 각종 그릇에나, 이런 것에 떨어져서 닿으
면, 그 그릇들은 모두 부정을 탄다. 이렇게 부정을 탄 것은 물에 담가야 한다.
그것은 저녁때까지 부정하다. 저녁이 지나고 나면, 그것은 정하게 된다. 그
죽은 것이 어떤 오지그릇에 빠지면, 그 그릇 안에 있는 것은 다 부정하게 된
다. 너희는 그 그릇을 깨뜨려야 한다. 요리가 된 젖은 음식이 그 안에 있었다
면, 그것도 모두 부정하게 된다. 어떤 그릇에 담겼든지, 물이나 다른 마실 것
은 모두 부정을 탄다. 이런 것들의 주검이 어떤 물건에 떨어지면, 그 물건은
부정을 탄다. 가마든지, 화로든지, 모두 깨뜨려야 한다. 그것들은 부정해서,

너희까지도 부정을 타게 할 것이다(레 11:32-35).

(2) 오홀롯(Oholoth, 천막들)

미쉬나 오홀롯은 천막들이라는 의미로 제의적 부정에 관한 규례로서, 성경의 민수기 19장 11절에 근거를 두고 있다. 민수기 19장 11절은 "어느 누구의 주검이든, 사람의 주검에 몸이 닿은 사람은 이레 동안 부정하다"라고 하였으며, 또한 22절에서는 "부정한 사람이 닿은 것은 무엇이든지 부정하며, 그것에 몸이 닿은 사람도 저녁때까지 부정하다"라고 하면서, 주검이 부정하다는 것을 설명하고 있다

(3) 네가임(Negaim, 피부병들)

미쉬나 네가임은 피부병(나병의 부정함)에 대한 규례로서, 레위기 13장 1-46절과 14장 1-32절에 자세히 설명하고 있다. 먼저 악성 피부병에 감염된 사람은 제사장에게 데려가야 한다. 제사장은 그의 살갗에 감염된 병을 살펴보아야 한다. 제사장은 다 살펴본 뒤에, 그 환자에게 "부정하다"고 선언하여야 한다(레 13:2-3). 또한, 악성 피부병에 걸린 사람은 입은 옷을 찢고 머리를 풀어야 한다. 그는 자기 코 밑 수염을 가리고 "부정하다, 부정하다" 하고 외쳐야 한다. 병에 걸려 있는 한, 부정한 상태에 머물러 있게 되므로, 그는 혼자 따로 살아야 한다고 성경은 가르치고 있다(레 13:45-46). 그리고 그 환자의 악성 피부병이 나았으면, 제사장은 사람들을 시켜서, 그 환자를 정결하게 하는데 사용할 살아있는 정결한 새 두 마리와 백향목 가지와 홍색 털실 한 뭉치와 우슬초 한 포기를 가져오게 한다. 그리고 제사장은 사람들을 시켜서, 그 두 마리 새 가운데서 한 마리를 잡아서, 생수가 담긴 오지 그릇에 담게 한다. 악성 피부병

에 걸렸다가 정결하게 된 그 사람에게 일곱 번 뿌린다. 그런 다음에, 제사장은 그에게 '정결하다'고 선언하고, 살아있는 새는 들판으로 날려보낸다. 정결하다는 선언을 받은 그 사람은 옷을 빨고, 털을 모두 밀고, 물로 목욕을 하면, 정결하게 된다. 그리고 진으로 돌아온 뒤에, 그는 이레 동안 장막 바깥에서 살아야 한다. 이레째 되는 날에, 그는 다시 털을 모두 밀어야 한다. 머리카락과 수염과 눈썹까지, 털을 다 밀어야 한다. 그런 다음에, 옷을 빨고 물로 목욕을 하면, 그는 정결하게 된다. 여드레째 되는 날에, 그는 흠 없는 숫양 두 마리와, 흠 없는 일 년 된 어린 암양 한 마리와 곡식 제물로 드릴 기름 섞은 고운 밀가루 십분의 삼 에바와 기름 한 록(약 0.31리터)을 가져 와야 한다(레 14:4-10). 미쉬나 네가임, 즉 구약성경 레위기의 규정은 이스라엘 백성이 악성 피부병에 걸리게 되면, 부정하게 되고, 악성 피부병이 다 나았다고 할지라도, 반드시 정결 예식을 거쳐야 한다고 가르친다.

(4) 파라(Parah, 암소)

파라는 붉은 암소를 태워서 정결례에 사용하는 '속죄의 물'을 만드는 과정을 다루는 규례로 민수기 19장 1-10절, 17-21절에 근거를 두고 있다.

> 주께서 모세와 아론에게 말씀하셨다. 다음은 나 주가 명하는 법의 율례다. 너는 이스라엘 자손에게 말하여, 흠 없는 온전한 붉은 암송아지, 곧 아직 멍에를 메어 본 일이 없는 것을, 너에게 끌고 오게 하여라. 너는 그것을 제사장 엘르아살에게 주어라. 그러면 그는 그것을 진 밖으로 끌고 가서, 자기가 보는 앞에서 잡게 할 것이다. 제사장 엘르아살은 그 피를 손가락에 찍고, 그 피를 회막

앞쪽으로 일곱 번 뿌려야 한다. 그 암송아지는 제사장이 보는 앞에서 불살라야 하며, 그 가죽과 고기와 피와 똥을 불살라야 한다. 제사장은 백향목과 우슬초와 홍색 털실을 가져와서, 암송아지를 사르고 있는 그 불 가운데 그것들을 던져야 한다. 그런 다음에 제사장은 자기의 옷을 빨고, 물로 몸을 씻어야 한다. 그렇게 한 다음에야 그는 진 안으로 들어올 수 있다. 그 제사장의 부정한 상태는 저녁때까지 계속될 것이다. 그 암송아지를 불사른 사람도 물로 자기의 옷을 빨고, 물로 몸을 씻어야 한다. 그의 부정한 상태는 저녁때까지 계속될 것이다. 암송아지 재는 정결한 사람이 거두어서, 진 바깥 정결한 곳에 보관하여야 한다. 그것은, 이스라엘 자손 회중이 죄를 속하려 할 때에, 부정을 씻어내는 물에 타서 쓸 것이므로, 잘 보관하여야 한다. 암송아지 재를 거둔 사람도 자기의 옷을 빨아야 한다. 그의 부정한 상태는 저녁때까지 계속될 것이다. 이것은 이스라엘 자손 및 그들과 함께 사는 외국인들이 언제까지나 지켜야 할 율례이다(민 19:1-10).

그렇게 부정하게 되었을 때에는, 붉은 암송아지를 불사른 재를 그릇에 떠다가, 거기에 생수를 부어 죄를 씻는 물을 만든다. 그렇게 한 다음에, 정한 사람이 우슬초를 가져와서, 그것으로 이 물을 찍어, 장막 위에와 모든 기구 위에와 거기에 있는 사람들 위에와 뼈나 살해당한 자나 죽은 자나 무덤에 몸이 닿은 사람 위에 뿌린다. 정한 사람이 사흘째 되는 날과 이레째 되는 날에, 부정한 사람에게 이 잿물을 뿌려 준다. 그러면 이레째 되는 날, 부정을 탄 그 사람은 정하게 된다. 그는 옷을 빨고 물로 몸을 씻는다. 저녁때가 되면, 그는 정하게 된다. 그러나 부정을 탄 사람이, 그 부정을 씻어버지 아니하면, 그 사람은 총회에서 제명되어야 한다. 정결하게 하는 물을 그의 위에 뿌리지 아니하여 그 더러움을 씻지 못하면, 주의 성소를 더럽히는 것이기 때문이다. 이것은 그들이 언제까지나 지켜야 할 율례이다. 정결하게 하는 물을 뿌린 사람도 자기의 옷을 빨아야 한다. 정결하게 하는 물에 몸이 닿아도, 그는 저녁때까지 부정하다. 부정한 사람이 닿은 것은 무엇이든지 부정하며, 그것에 몸이 닿은 사람도 저녁때까지 부정하다(민 19:17-22).

(5) 토호롯(Teharoth, 정결함)

토호롯은 음식들과 관련하여 다양한 음식들의 정결에 대한 규정과 설명이다. 특히 개인 및 공중 정결에 관한 규례를 제시하고 있다.

(6) 미크봐옷(Miqwaoth, 웅덩이들)

미크봐옷은 부정한 사람이 정결하게 되려면, 정결예식을 거쳐야 한다. 정결하게 하는 제의적 목욕탕에 관한 규례로 레위기 15장 13절에 근거를 두고 있다. "고름을 흘리는 남자가 나아서 정결하게 되려면, 이레 동안 기다렸다가 옷을 빨고, 흐르는 물에 목욕을 하여야 한다. 그런 다음에야 정결하게 된다"고 가르치고 있다.

(7) 닛다(Niddah, 월경)

닛다는 월경 중이거나 출산한 여인들과 관련된 규정들을 다룬다. 레위기 15:19-30; 18:19; 20:8; 12:1-8에 근거를 두고 있다. 레위기 15장 19-33절은 성적인 관계는 월경 기간 동안에 일어나서는 안 된다. 청결 혹은 '지바의 날'에는 여자는 성적 관계를 가져도 된다. 그러나 월경 주기가 시작하자마자 하나의 핏방울은 월경자의 핏방울에 대한 그녀의 신분에 있어서 변화를 표시한다. 닛다의 율법은 그 기간이 시작하는 되는 점에 관하여 불명확한 실례를 들고, 그 순간에 여자와의 성적 관계에 참여하는 남자의 신분에 대한 특별한 언급, 처리하는 방법을 설명하고 있다. 닛다는 어떠한 처녀의 유출에 관한 불결함과 그러한 동일한 문제와 관련하여 의심의 경우에 관한 율법을 설명하고 있다. 이러한 유출물은 월경의 피, 유산 등이다. 여자들은 이스라엘 사람, 사마리아 사람, 사두개인 등으로 분류된다. 여자를 아침에, 황혼에 그리고 성적 관계를 가지기 전에 조사해야 한다. 만약에 핏방울이 남자의 옷에서 발견된다면, 그 남자는 월경하는 여자와 성관계를 가진 것으로 가정된다(Neusner, 2006, 1-2).

(8) 마크쉬린(Makshirin, 준비하기)

미쉬나 마크쉬린은 감염되기 쉬운 음식에 대한 규례로서, 구약성경 레위기 11장 34절, 38절에 근거를 두고 있다. 성경은 레위기 11장 34절을 보면, "요리가 된 젖은 음식이 그 안에 있었다면, 그것도 모두 부정하게 된다. 어떤 그릇에 담겼든지, 물이나 다른 마실 것은 모두 부정을 탄다"고 하였으며, 38절에는 "그러나 그 씨가 물에 젖어 있을 때에, 이런 것들의 주검이 그 씨에 떨어지면, 그 씨는 너희에게는 부정한 것이 된다"고 지적하면서 부정한 음식에 대해 설명하고 있다.

(9) 자빈(Zabin, 유출병자들)

자빈은 하혈, 즉 유출병에 대한 규정과 유출병자를 어떻게 대하는지에 대해 설명한다. 자빈은 구약성경 레위기 15장 1-33절에 근거를 두고 있다. 레위기 15장에서 남자가 부정하게 된 경우(레 15:1-18)와 여자가 부정한 경우(레 15:19-33)에 대해 설명하고 있다. 레위기 15장을 보면, "너희는 이스라엘 자손에게 말하여라. 그들에게 이렇게 일러라. 어떤 남자가 성기에서 고름을 흘리면, 그는 이 고름 때문에 부정하다"는 것이다. 그러므로 눕는 자리, 앉는 자리, 잠자리에 닿은 사람, 남자가 뱉은 침이 깨끗한 사람에게 튀기거나, 타고 다니는 안장, 깔았던 어떤 것에 닿은 사람들은 부정하다는 것이다. 그리고 물로 목욕을 하여야 한다. 그래도 그는 저녁때까지 부정하다는 것이다.

(10) 테불 욤(Tebul Yom, 오염된 자)
테불 욤은 시체에 닿은 사람의 부정함에 대한 규례로서, 레위기 11장 32절은 이 율법에 대해 자세하게 다루고 있다.

이것들이 죽었을 때에, 나무로 만든 어떤 그릇에나, 옷에나, 가죽에나, 자루에나, 여러 가지로 쓰이는 각종 그릇에나, 이런 것에 떨어져서 닿으면, 그 그릇들은 모두 부정을 탄다. 이렇게 부정을 탄 것은 물에 담가야 한다. 그것은 저녁때까지 부정하다. 저녁이 지나고 나면, 그것은 정하게 된다(레 11:32).

또한 레위기 11장 6-7절에서도 부정한 것이 닿으면 부정하다고 가르치고 있다. 곧 이런 부정한 것에 닿은 사람은 해가 질 때까지 부정하다.

해가 진 다음에라도, 물로 목욕을 하지 않으면, 그는 그 거룩한 제사음식을 먹지 못한다. 해가 지고 정하게 된 뒤에는, 자기 몫으로 받은 그 거룩한 제사음식을 먹을 수 있다(레 11:6-7).

(11) 야다임(Yadaim, 손들)
야다임은 손의 부정함에 대해 다루고 있고, 손이 정결하고 부정해지는 조건을 설명하고 있다.

(12) 우크찜(Uqtzim, 줄기들)

우크찜은 음식 특히 열매와 그 열매가 달린 줄기와 관련된 정결법 규정을 설명하고 있다. 특히 식물의 줄기나 열매에 오염된 경우에 관한 규례이다.

IV. 토호롯의 율법 교육을 통한 코로나19의 극복 방안

앞 장에서 제시한 유대교 경전 미쉬나 토호롯의 율법 교육을 통해 코로나19의 극복 방안을 모색하고자 한다.

1. 그릇 정결법

유대인들의 경전 미쉬나 토호로트의 켈림은 그릇 정결에 대한 규정을 제시하고 있으며, 테불 욤은 시체에 닿은 사람은 부정하다는 규례이다. 또한 구약성경의 레위기와 민수기에 역시 그릇 정결 규정을 가르치고 있다(레 11:29-35; 15:4-6, 9-12, 19-27; 민 19:14-15; 31:19-24). 다양한 그릇과 도구의 정결함과 부정함에 관련된 규정으로, 부정한 것을 담았던 것은 모두 폐기되어야 한다. 구약성경의 레위기 11장 6절에서는 부정한 것이 닿은 사람은 해가 질 때까지 부정하기 때문에 물로 목욕을 해야 한다. 레위기 11장 32절에는 부정 탄 것은 저녁이 지나야 정하게 된다고 가르쳐주고 있다. 유대인들은 이렇게 위생 관념이 철저하다. 불결한 음식이나 부정한 그릇을 절대로 사용하지 않는다. 이제 코로나19를 예방하기 위해서는 철저한 위생 관념이 필요하다. 특히, 현대인들이 사용하는 대부분의 용기는 플라스틱, 일회용품 등 형광물질이 담긴 용기들을 많이 사용하고 있다. 이러한 물질들의 사용이 암(癌)이 생기는 원인이라고 전문가들은 지적하고 있다. 우리가 건강하게 살기 위해서는 친환경 용기들을 사용하여야 한다.

2. 부정한 것의 접촉금지법

유대인들의 경전인 미쉬나 토호로트의 오홀롯, 네가임, 닛다, 자빔은 부정한 것의 접촉금지에 대한 율법들이다. 먼저 오홀롯은 시체가 사람과 물건을 부정하게 만드는 현상에 대해 설명하고 있다. 네가임은 피부병(나병 등)에 걸렸을 때, 피부병을 진찰하고, 격리시키고, 정결하다고 선포하는 과정을 설명한다. 다음으로 닛다는 월경 중인 여자나 출산한 여인들에 관한 규정이다. 마지막으로 자빔은 유출병과 관련한 규정과 유출병자를 어떻게 대해야 하는지에 대한 설명이다. 이렇게 유대인들은 하나님의 백성으로 살기 위해서는 근본적으로 정결해야 한다는 것이다. 특히 민수기 12장을 보면, 미리암과 아론이 하나님의 종인 모세를 비난함으로 미리암이 악성 피부병에 걸리게 되었다. 그래서 7일 동안 진 밖에 가두었다가 피부병이 치유된 다음에 진지에 돌아오도록 하나님께서 모세에게 명하였다. 또한 악성 피부병이 나았을지라도, 정결예식을 해야 한다. 레위기 13장에서 15장에 정결예식을 하는 사례와 방법을 구체적으로 가르쳐주고 있다. 따라서 정결예식을 해야만 부정에서 거룩하게 되는 것이다. 신약성경 누가복음 10:29-37에 나오는 사마리아 사람의 비유에서도 대제사장이나 레위인은 사람이 죽어가는 것을 보고 그냥 지나쳤다고 한다. 그러나 사마리아 사람은 착하고 대제사장이나 레위인은 나쁘다고 한다. 유대교의 관점에서 보자면, 이것은 잘못된 해석이다. 대제사장이나 레위인은 주검을 만지면 정결 예식을 해야 하고, 이러한 일에 주의를 해야 한다고 율법은 가르치고 있다. 그러므로 성경의 가르침과 같이 전염병에 걸리면 격리해야 한다. 질병관리본부에서는 어떤 사람이 코로나19 양성으로 판정이 되면 격리시킨다. 그리고 의심이 되는 경우는 2주 동안 격리된다. 이처럼 유대인들은 격리를 통해 정결해진다고 생각을 한다.

3. 정결음식법

유대인들의 경전인 미쉬나 토호롯의 토호롯, 마크쉬린, 우크찜은 정결음식과 관련된 율법들이라고 할 수 있다. 먼저 토호롯은 먹는 음식의 정결규정에 대하여 설명하고 있다. 다음으로 마크쉬린은 음식이 부정해지는 조건들에 대해 설명하고 있다. 또한 우크찜은 음식 중에 열매와 그 열매가 달린 줄기에 대한 정결규정을 설명하고 있다. 이러한 까다로운 음식 규정에 맞추어 유대인들은 정결한 음식만 먹는다. 먹어도 되는 정결한 음식과 먹어서는 안되는 부정한 음식이 있다. 유대인들은 외국 여행을 할 경우에도 반드시 코셔(Kosher)라고 하는 정결 음식만 주문하여 먹는다. 정결음식에 대한 규정은 구약성경의 레위기 법전(레 11장)에 명시되어있다. 먹을 수 있는 동물과 먹을 수 없는 동물(레 11:2-8), 먹을 수 있는 물고기와 먹을 수 없는 물고기(레 11:9-12), 먹을 수 있는 새와 먹을 수 없는 새(레 11:13-22) 등이 있다. 또한 유대인들은 피를 먹지 않는다. "생명이 있는 피를 흘리게 하는 자는, 내가 반드시 보복하겠다. 그것이 짐승이면, 어떤 짐승이든지, 그것에게도 보복하겠다. 사람이 같은 사람의 피를 흘리게 하면, 그에게도 보복하겠다. 사람은 하나님의 형상대로 지음을 받았으니, 누구든지 사람을 죽인 자는 죽임을 당할 것이다"(창 9:4-6). 유대인의 음식 중에서 고기와 우유는 함께 먹지 않는다. "너희는 염소 새끼를 그 어미의 젖에 삶지 말지니라"(신 14:21, 출 23:19). 따라서 유대인들은 정결한 음식만을 먹으면서 살아가고 있다. 그들만의 독특한 음식을 먹는 것이다. 특히 현대인들이 몸에 좋다고 생각하는 목록들 가운데는 성서에서 금지된 부정한 동물들(예컨대 천산갑, 박쥐와 같은 것들)이 있다. 이번 코로나의 발원지 중국 우한에서는 성서에서 금지된 부정한 동물들을 사람들이 먹음으로 코로나가 발병되었다는 주장도 있다.

4. 정결예식법

유대인들의 경전인 미쉬나 토호로트의 파라, 미크바 옷은 부정한 것에서 벗어나기 위해서는 정결예식을 해야 한다는 율법들이라고 할 수 있다. 먼저 파라는 정결예식을 하기 위해서는 붉은 암소를 태워서 정결례에 사용하는 속죄의 물을 만드는 과정에 대해서 설명하고 있다. 또한 미크바 옷은 정결례를 시행하는 물 웅덩이와 물에 대해 설명하고 있다. 정결예식을 하는 구체적인 방법을 레위기 14:1-32에는 악성피부병에 걸린 환자가 정결하게 되는 방법과 정결예식에 대해 설명하고 있다. 또한 33절에서 56절은 집에 악성 곰팡이가 생겼을 때, 정결하게 되는 방법과 정결예식에 대해 설명하고 있다. 레위기 15장 1절에서 18절은 남자가 부정하게 되는 경우, 19절에서 26절은 여자가 부정하게 되는 경우를 설명하고, 27절에서 33절은 남자와 여자가 정결하게 되는 과정을 설명하고 있다. 이러한 정결예식은 하나님께 정결예식을 통해서 인간이 정결해지는 것이지만, 우리의 마음과 육체가 정결하면 인간은 병에 걸리지 않는 것이다.

5. 손의 정결법

유대인들의 경전인 미쉬나 토호로트의 야다임은 손의 정결에 대해 가르쳐주는 율법이다. 유대인들은 육체의 정결, 특히, 손의 정결을 종교적 의무로 간주하였다. 탈무드 베라코트에서, "누구든지 하늘나라와 인연을 맺으려면 첫째로 배설하고, 다음에 손을 씻고, 성물함에 손을 얹고 기도를 드려야 한다"(베라코트 15a), "손을 씻는 것을 대수롭지 않게 여기는 사람은 파문될 것이다"(베라코트 19a)라고 강조하였다. 또한 탈무드 소타에서는 "손을 씻지 않고 떡을 먹는 사람은 간음한 사람과 같다"(소타 4b). 또 미쉬나 토호로트는 개인 및 공중 정결에 관한 규정이고, 미쉬나 미크봐오크는 정결하게 하는 제의적 목욕탕에 관한 규정(레 15:13)이다. 이렇게 유대교에서는 하나님이 거룩하시기 때문에 하나님 앞에 나아가기 위해서는 거룩해야 한다는 것을 율법으로 명시해 놓고 가르치고 있는 것이다. 현대 의학에서도 손만 잘 씻어도 질병을 예방한다. 최근의 질병관리본부에서 코로나19를 극복할 수 있는 중요한 방법 중의 하나가 30초 이상 손씻기이다. 이를 통해 코로나를 예방하기 위한 방법으로 제시하였다.

V. 나가는 말

　지금까지 유대교의 경전인 미쉬나 토호롯과 구약성서를 중심으로 유대인의 정결문화를 간략하게 소개하였다. 유대교 경전의 미쉬나는 하나님의 백성으로 살아가는 방법으로 제1권에서는 농사짓는 방법, 제2권에서는 안식일과 절기를 지키는 방법, 제3권에서는 가정생활에 관련된 규정들, 제4권에서 사회생활과 관련한 민법과 형법들에 대해서 설명하고 있다. 제5권은 제사와 제물, 성전에 관한 다양한 법을 제시하고 있다. 마지막 제6권은 정결에 대해서 가르쳐주고 있다. 이러한 규정들을 율법으로 제정하여 지키게 함으로 하나님과의 계약이 성립되는 것이다.

　또한 유대인들은 세계의 역사 속에서 많은 고난을 받아왔으며, 민족의 전체가 죽음의 직면에 처했을 때에도 그들은 율법(토라)을 지키면서 살아왔다. 이제 우리는 그들의 삶에서 배워야 할 것들이 많이 있다고 생각된다. 특히 유대인들이 전염병에 강한 것은 율법을 지키면서 살아왔기 때문이다. 토호롯의 정결법은 중앙방역대책본부에서 코로나19를 예방하기 위한 수칙들을 이미 유대인들은 지키면서 전염병에 강하게 살아왔던 것이다. 이제 우리들은 코로나19 전염병의 늪에서 빨리 헤쳐나와야 한다. 또한 이 보다 더 강력한 재앙이 닥쳐왔을 때라도 생존전략이 필요하다. 그렇게 하려면 유대인의 삶 속에서, 유대민족이 가지고 있었던 생존의 비밀인 '구별'을 터득해야 할 것이다.

의학적 관점으로 본 100년 만의 팬데믹

이종훈(닥터홀 기념 성모안과)

내가 보매 청황색 말이 나오는데 그 탄 자의 이름은 사망이니 음부가 그 뒤를 따르더라 그들이 땅 사분의 일의 권세를 얻어 검과 흉년과 사망과 땅의 짐승들로써 죽이더라(요한계시록 6장 8절).

I. 전염병으로 본 의학의 역사

인류의 역사는 질병과의 투쟁의 역사, 특별히 전염병과의 투쟁의 역사라고 말할 수 있다. 인류는 오랜 기간 질병을 신이 내린 형벌로 생각해 의료도 초자연적인 영역을 다루는 성직자의 몫이었다.

히포크라테스(B.C. 460?-377?)가 '의학의 아버지'로 추앙받는 이유는 질병을 신이 내린 형벌로 여기는 인식을 벗어나 자연과학의 자세로 치료할 수 있다고 접근한 공로 때문이다. 재미있는 것은 당시로서는 파격적인 '교리'를 펼친 히포크라테스에 대해 알려진 사실이 별로 없다는 것인데, 어찌 되었건 히포크라테스 시대부터 그리스 여러 지역에 '전업 의사'들이 나타나기 시작한다. 히포크라테스가 활약하던 때의 성경 시대는 제2의 모세 '에스라'가 활동하던 시대로 유추되고, 우리나라는 고조선시대로 생각된다.

의학을 종교로부터 독립시킨 사람이 히포크라테스라면, 갈레노스(129-199)는 의학을 학문적으로 집대성한 사람이다. 근대 의학에 미친 실질적인 영향력만 놓고 보면 갈레노스의 영향이 더 크다. 철학자로 비유하자면, 히포크라테스는 플라톤, 갈레노스는 아리스토텔레스에 해당할 것이다. 갈레노스는 로마 시대에서 근대에 이르는 1,600년간이나 근대 의학을 지배한 '의학의 황제'다. 하지만 천하의 갈레노스도 전염병 앞에서는 어쩔 수 없었는데, 바로 그가 모시던 로마의 황제가 로마를 덮친 전염병으로 죽는다. 그 황제가 바로 철학자로 황제의 자리까지 오른,『명상록』의 저자 아우렐리우스(120-180)다. 영화〈글래디에이터〉에서 주인공 막시무스를 총애했던 황제로 초반에 등장하기도 한 그를 사망으로 몰고 간 전염병은 천연두로 추정된다.

인류를 괴롭혀온 전염병 퇴치에 가장 큰 공헌을 한 사람은 단연 파스퇴르(1822-1895)다. 파스퇴르가 전염병의 원인이 미생물임을 밝혔기 때문에 의사가 아닌 화학자이자 미생물학자임에도 '현대 의학의 아버지'라고 불리는 명예를 얻었다.

파스퇴르 이후 질병을 연구한 과학자들은 병원체인 미생물의 정체를 밝혀냈는데, 가장 대표적인 것이 바이러스와 세균이다.

1차 세계대전(1914-1918) 동안 총에 맞아 죽은 사람보다 다쳐서 세균 감염이 되거나 전염병으로 죽은 사람이 훨씬 많다. 1943년, 사실상의 최초의 항생제인 페니실린의 대량생산이 가능해진 후 2차 세계대전

(1939-1945)에서야 질병으로 인한 사망자가 전사자보다 적어진다.[1] 하지만, 1947년 페니실린에 내성을 가지는 세균이 등장하기 시작했고, 다시 인류는 새로운 항생제를 개발해야 했다. 이후 인류와 병원성 미생물 간의 '도전과 응전'은 예수님 재림 때까지 계속될 것이다.

II. 세균, 바이러스

파도 파도 끝이 없는 우주와 세포의 세계는 유사한 점이 많다.

갈릴레오가 망원경을 통한 천문학적 발견을 기록한 『별들의 전령』(*Sidereus Nuncius*)을 쓴 것이 1610년이고, 비슷한 시기인 1665년 로버트 훅은 현미경의 도움으로 세포를 처음 발견한다. 그가 본 것은 식물세포의 죽은 세포벽이었는데, 살아있는 세포를 현미경으로 처음 관찰한 사람은 안톤 반 레벤후크였다. 그는 1683년 단세포 생물인 세균을 최초로 관찰한다.

그로부터 약 250년 후인 1939년, 세균보다 10-100배 정도 작은 바이러스를 인간이 전자현미경을 통해 직접 눈으로 확인한다. 그러니까 인간이 바이러스를 확인한 것은 아직 채 100년이 되지 않는데, 그동안 과학은 바이러스를 포함함 미생물과 세포에 대해 많은 것을 알아냈지만, 과학의 역사를 볼 때 이제 막 인간이 이쪽에 눈을 뜬 정도일 것이다. 1960년대에 DNA 구조가 밝혀지면서 비로소 본격적인 분자생물학의 시대가 열린다.

---

1 아노 카렌 『전염병의 문화사』 (서울: 사이언스북스, 2001), 13-14

하나님이 창조하신 지구 천지 만물에 미생물이 없는 곳이 없다. 지구 상에 살고 있는 모든 생물의 총량을 합치면, 미생물이 적어도 80% 이상 이다. 지구상의 모든 동물을 한쪽 저울에 쌓고, 모든 미생물을 다른 쪽 저울에 쌓는다면 미생물이 훨씬 무거울 것이다. 지구의 최종 포식자는 인간이 아니라 미생물이고, 어쩌면 지구는 미생물의 행성인지도 모른 다. 미생물의 세계는 또 하나의 소우주로 그 수는 은하계의 별보다 많다 고 알려져 있지만 우리가 알고 있는 미생물은 전체의 1%도 되지 않을 수 있다.

아담이 선악과를 먹기 전에는 모든 것이 선했듯이 원래 세균과 바이 러스는 인간은 물론이고 지구에 없어서는 안 될 유익한 존재들이다. 인 간의 몸 안에도 약 1.5kg, 그러니까 뇌의 무게에 달하는 미생물이 살고 있고 대부분 우리 몸에 유익하다. 그리고 미생물이 없다면 지구는 하루 만에 분해되지 않은 시체들로 쌓일 것이고, 지구 생태계의 순환고리는 바로 중단될 것이다. 지금까지 알려진 약 100만 종의 미생물 중에서 약 1,500종만이 인간에게 질병을 일으킨다고 알려져 있다. 전체로 볼 때 그 수는 미미하지만 인류 사망 원인 1/3이 미생물이라는 통계는 인류를 긴장시키기에 충분하다.

먹을 것만 있으면 독자적으로 생존하고 번식할 수 있는 세포의 모든 특징을 갖춘 단세포 생물인 세균과는 달리 바이러스는 무척이나 독특한 존재다. 세포가 가진 복잡한 구조물 없이, 후손을 남길 유전물질과 유전 물질을 싸고 있는 단백질 껍질로만 구성된 바이러스가 생물인지 무생물 인지도 논란이다. 세포 밖에 있으면 어떠한 일도 할 수 없는 비활성적인 존재인데, 다른 세포 안으로 침투에 성공하면 숙주세포의 시스템을 해 킹해서 그 시스템을 이용해 증식하고 다시 배출된다. 세균 감염은 인간에게 치명적일 때가 많지만, 항생제라는 강력한 무기로 인간은 대응할 수 있다. 바이러스 감염은 감기가 대표적인데, 인체의 면역으로 저절로 좋아지는 경우가 대부분이지만, 만약 치료가 잘 되지 않는 바이러스에 감염이 되면 이야기는 달라진다. 바이러스는 항생제로 치료되지 않는데, 숙주세포 속에 숨어 활동하기에 치료하기도 관찰하기도 연구하기도 무척이나 갑갑하다. 인류를 괴롭히는 전염병의 원인이 대부분 바이러스인 이유다.

III. 인수공통감염병(人獸共通感染病, Zoonosis)

도대체 인류에게 주기적으로 찾아오는 치명적인 전염병들은 어디에서 오고 어떻게 사라지는 것일까? 21세기만 하더라도 2002년 사스, 2009년 신종플루, 2012년 메르스, 2019년 코로나19 등 발생 주기는 점점 더 짧아지고 있고 WHO는 21세기를 '전염병의 시대'라고 규정지었다.

인류를 위협할 전염병은 인수공통감염병이라는 데 이의를 제기할 전문가는 없다. 원래 미생물들은 특정 생물종만을 숙주로 삼는데, 인수공통감염병은 원래 동물 몸에만 살아야 할 미생물이 종간전파를 통해 인간을 감염시키며 생긴 병이다. 가축보다는 야생동물이 문제인데, 신종 전염병이 모두 인수공통감염은 아니지만 대다수는 그렇다.

인수공통감염병의 병원체는 대부분 바이러스이지만, 세균인 경우도 있다. 진드기가 매개가 되는 라임병, 쯔쯔가무시병 등이 있는데, 다행히 사람 간 감염은 일어나지 않는다. 역시 문제는 바이러스다.

퓰리처상을 받은 인류학자 제러드 다이아몬드는 기념비적인 베스트셀러『총·균·쇠』에서 "도시의 발생은 병원균 입장에선 맘 놓고 증식할 수 있는 엄청난 행운이었다"라고 말한다.

인간들은 인구가 늘고 문명이 발달하면서 자연을 훼손하며 대도시를 짓고, 좁은 공간에서 가축을 대규모로 사육해 왔다. 이때 야생동물들의 공간은 축소되고 환경오염과 기후변화는 이들을 더욱 갈 곳이 없게 만들었다. 당연히 야생동물들을 숙주로 삼던 바이러스도 새로운 숙주를 찾든지 멸종하든지 해야 하는데, 대량 사육되고 있는 가축과 대도시의 밀집된 인간은 이들에게 '신천지'가 아닐 수 없다.

물론 신천지에 적응하는 것은 이들에게도 목숨을 건 모험이다. 새로운 침입자를 적으로 인식하는 숙주의 정밀한 면역시스템과 치열한 싸움을 벌여야 하기 때문이다. 바이러스 감염 시 고열이 나는 것은 바이러스 침입에 숙주의 면역시스템이 싸우고 있다는 뜻이고, 숙주에게 심한 병이나 죽음을 가져오는 것도 바이러스가 숙주에게 완전히 적응되지 않고 극도의 불안 상태에 있는 결과다. 숙주가 죽으면 자신도 죽는 것이기에, 숙주를 살리면서 자신이 증식, 배출되는 방법을 찾는 것이 바이러스의 목적이다.

골치 아픈 것은 인수공통감염에 성공한 바이러스가 다시 동물 몸에 숨어 명맥을 유지하면서 변이를 일으켜 다시 인간들을 공격한다는 것이다. 가끔 찾아와 유행을 일으킨 후 바람처럼 몸을 숨기는 에볼라가 그 전형적인 예이다. 세계 곳곳에는 우리가 알지 못하는 이런 바이러스들이 많을 것이다. 동물의 몸속에서 계속 변이를 일으키기 때문에 효과적인 백신을 만들기도 어렵다.

이런 바이러스들이 사람을 감염시키고, 이후 사람 간 전염을 일으키는 방법을 터득한다면 문제는 심각해진다. 게다가 교통의 발달로 인간 몸에 올라탄 바이러스는 비행기를 타고 하루 만에도 전 세계로 퍼질 수 있다. 대표적인 인수공통감염병인 계절 독감, 에이즈는 사람 간 전파까지 성공한 후 아예 인간에 뿌리를 내리고 장기적으로 인류를 위협하고 있다.

에이즈 바이러스는 최근 연구에서 이미 1908년경부터 원숭이, 고릴라로부터 사람들을 산발적으로 감염시킨 것이 밝혀졌고, 1980년대부터 동성애와 주사기를 통해 폭발적으로 인간 사이 감염이 시작되면서 3천만 명의 사망자를 내고도 여전히 기세가 꺾이지 않고 있다. 숙주를 빨리 죽여 자신도 죽는 에볼라 바이러스와 달리, 에이즈 바이러스는 숙주를 오래 살려서 자신이 증식하는 방법을 찾아내 계속 살아남고 있다. 엄청난 돈을 쏟아부었지만 에이즈 백신은 아직 없고, 시판 중인 치료제도 증상을 관리해줄 뿐 완치제는 없다.

IV. 스페인 독감 & 코로나19

계절 독감(인플루엔자) 바이러스는 남반구 북반구를 오가며 겨울이면 어김없이 찾아와 연평균 25만 명의 목숨을 거두어가고 있는, 가장 토착화에 성공한 인수공통감염 바이러스다. 1918-1919년 당시 세계 인구의 약 2%인 5천만 명을 사망하게 했다는 '스페인 독감'이 어떻게 시작되었고, 어떻게 종식되었는지는 아직도 많은 부분이 미스터리다. 스페인 독감의 원인이 인플루엔자 바이러스에 의한 것이었다는 것도 에스키모의 동결된 시체를 통해 2005년에 비로소 밝혀졌다. 독감 바이러스는 10-40년 주기로 변이를 일으켜 대유행을 했는데, 스페인 독감 (1918-1919), 아시아 독감(1957-1958), 홍콩 독감(1968-1969), 신종플루(2009-2010)가 그것이다.

독감 바이러스는 전 세계 물새에게서 흔하게 존재하지만, 물새는 독감에 걸리지 않는다. 하지만 사람, 돼지 그리고 닭에 전염되었을 때 주로 문제가 된다. 그리고 종과 종 사이를 이동하면서 변이를 일으키고, 2중 3중의 감염을 일으키기도 한다.

1998년부터 돼지독감 바이러스가 인간을 드문드문 감염시키다가 2009년에는 사람 사이의 감염이 시작되어 전 세계에서 18,500여 명의 목숨을 앗아갔다. 바로 '신종플루'다. 미국 양돈협회의 로비로 '인간 돼지독감' 대신 '신종플루'라는 그럴듯한 이름을 얻었다. 조류 독감 바이러스는 조류와 사람을 감염시켜 높은 치명률을 남겼는데, 아직 사람 간 감염은 보고되지 않고 있다. 만약 사람 간 감염 능력을 얻는다면 치명적인 팬데믹(pandemic)이 일어날 수도 있을 것이다. 그래서 닭과 오리에 조류독감이 유행하면 그 많은 가금류를 모조리 살처분할 수밖에 없는 것이다.

코로나 바이러스는 최근 가장 뜨겁게 부상하고 있는 인수공통감염 바이러스다. 이 바이러스의 보유숙주[2]로는 박쥐가 언급되고 있고,

2 보유숙주: 어떤 과학자는 '자연숙주'라고도 한다. 병원체를 몸속에 장기적으로 갖고 있으면서도 거의 또는 전혀 증상을 나타내지 않는 동물종을 말한다. 생태계가 안정적이라면 바이러스가 보유숙주의 몸속에 들어가 조용히 평화롭게 증식한다. 하지만 어떤 이유이든 바이러스가 막다른 골목에 몰려 후손을 남기지 못할 경우 보유숙주를 벗어나 종간전파라는 도박에 모든 것을 걸고 인간의 몸으로까지 뛰어들기도 한다. 증식숙주(중간 숙주): 몸속에서 바이러스나 기타 병원체가 대량 증식한 후 엄청난 양으로 외부에 바이러스를 방출하는 동물종. 보유숙주와 불운한 희생자 사이에 연결고리 역할을 한다. 모든 인수공통감염체가 인간을 감염시키기 위해 반드시 증식숙주가 필요한 것은 아니다. 보유숙주에서 바로 감염되는 경우도 있다. 하지만 이 숙주개념도 아직 가설적 도구에 불과하다. 데이비드 콰

1930년대 닭에서 처음으로 발견된 이후 개·돼지·조류 등의 동물에서 발견되었으며, 1960년대에는 사람에서도 발견되었다. 원래 가벼운 감기를 일으키는 3대 바이러스 중 하나였는데, 돌연변이된 변종이 나와 2002년 사스, 2012년 메르스를 일으켜 당시 급성 폐렴으로 인한 치사율이 각각 10%, 35%에 달했다. 그리고 2019년, 증세가 없는 잠복기에도 전염력이 있고 전파속도도 훨씬 빠른 돌연변이 변종이 나타나 '코로나19'로 드디어 팬데믹을 일으켰다. 사스 바이러스는 현재 다시 나타나지 않아 없어진 것으로 판단하고 있지만, 지금도 어떤 동물의 세포 안에서 조용히 변이를 일으키고 있는지 아무도 모를 일이다. 메르스는 지역적인 풍토병으로 남아있다.

용어 정리부터 한다면 새로운 변종 코로나 바이러스인 SARS-CoV-2가 야기한 감염병이 '코로나19'(COVID-19)이다. 기존의 6개 코로나 바이러스에 변종이 하나 추가되어 7개의 코로나 바이러스가 확인된 것이다.

유전자 조사로 사스 바이러스와 89.1% 일치해 명칭이 SARS-CoV-2로 명명되었다. 바이러스 명칭은 '국제 바이러스 분류학 위원회'가 2015년 세계보건기구 지침에 따라 결정한다. 유전자 분석을 통한 돌연변이의 정도와 임상증상 등을 고려해 어떠한 기준을 넘어서면 변종이라고 간주해 새로운 이름을 부여한다.

언론에서 신종 코로나 바이러스라고 부르는데, 엄밀하게 말하면 변종이다. 그리고 바이러스가 진화되었다고 관성적으로 말하는데, 진화가 아니고 돌연변이다. 진화라는 용어를 쓰려면 종간의 변화가 있어야 한다. 가령 코로나 바이러스가 인플루엔자 바이러스가 되던지 단세포

먼, 『인수공통 모든 전염병의 열쇠』 (서울: 꿈꿀자유, 2017), 46-47.

생물로 변하든지 해야 한다. 아무리 코로나 바이러스가 변이를 일으킨다 하더라도 코로나 바이러스 변종일 뿐이다. 진화와 돌연변이를 섞어서 쓰는 관행으로 그렇게 쓰고 있지만 돌연변이는 진화가 아니다. 돌연변이는 인간을 포함한 유전자를 가진 생명체에는 언제고 일어날 수 있는 현상이다.

스페인 독감 팬데믹이 벌어졌던 1918-1919년에 우리나라에서도 엄청난 사람들이 사망했다. 1918년 조선총독부 통계연감에 의하면 759만의 조선 인구 중 38%가 감염(288만 4천 명 감염, 14만 명 사망, 사망률 0.8% 사망)되었고, 100명당 한 명꼴로 사망했다고 한다. 현재 미국에서 극렬하게 벌어지고 있는 흑인 인권운동과 1919년 삼일운동 사이에는 연관성이 많다고 개인적으로 생각한다. 참아왔던 불만이 죽음이 일상이 된 팬데믹 상황에서 어떤 계기로 폭발했다는 점에서 그런 유추가 가능하다.

V. 코로나19 & 인수공통감염병의 미래

코로나19는 1918년 스페인 독감 이후 100년 만에 찾아온 진정한 의미의 팬데믹이고 문명사적 대 사건이다. 1948년 정식으로 발족한 세계보건기구(WHO)는 1968년 홍콩 독감과 2009년 신종플루에 대해 팬데믹을 선언한 적이 있지만, 감염자 규모나 전염범위 그리고 사망률을 따져본다면 진정한 의미의 팬데믹, 즉 전 지구적 감염이라고 하기에는 부족함이 있다. 스페인 독감은 인류가 바이러스의 실체를 모를 때 생긴 일이었고, 100년 만의 코로나19 팬데믹은 그동안 감염병에 대한 안일한 생각을 가졌던 인류에 경종을 울렸다. 스페인 독감 이후 계절 독감이 인류를 지속 괴롭힌 것처럼, 앞으로 코로나19는 계절 코로나가 되어 주기적으로 우리를 찾아올 확률이 높다.

문명인이 인수공통감염병의 단골 중간숙주인 박쥐, 사향고양이, 뱀을 접촉할 일은 별로 없다. 하지만 이들이 한자리에 모일 만한 장소가 있다면 이야기는 달라진다. 중국의 우한(武汉)이나 광둥성(广东省)에 있는 야생동물 판매점 같은 곳 말이다. 야생동물을 삶거나 구워서 먹는다고 해서 바이러스에 노출되기는 어렵다. 문제는 야생동물을 도살하거나 조리하는 과정에서 바이러스에 감염될 수 있다는 점이다.

바이러스 전염병이 돌면 자연면역으로 병을 이기고 항체를 획득한 사람들이 나오게 된다. 물론 백신을 접종해 인위적인 항체를 만들 수도 있다. 하나님이 인간에게 부여한 자연면역은 어떤 백신보다도 강력하고 복잡하다. 항체를 획득한 사람이 많아지면 집단면역이 형성되고, 대략 60%의 인간이 면역을 갖게 되면 갈 곳이 없게 된 바이러스가 확산의 정점을 찍고 하락세로 돌아선다. 바이러스는 숙주가 죽으면 자신도 죽기 때문에 전염이 진행될수록 영리하게 자신을 약화시킨다. 1976년 처음 등장했던 에볼라 바이러스는 치사율이 90%에 육박했지만, 2015년에는 54%로 낮아졌다. 하지만 독성과 전파력 사이의 이 이론도 도그마로 받아들일 수 없고, 조건에 따라 달라질 수도 있다는 연구도 있다. 광견병이나 에이즈는 시기의 차이는 있지만 거의 대다수 숙주를 죽이는데, 이것은 자신들의 목적, 즉 증식해 다른 숙주로 옮겨가게 되면 죽인다는 것이다. 이런 논란은 바이러스에 대한 인간의 분석과 응전이 아직 완전하지 않다는 증거다.

병원성 바이러스로부터 해방되는 것은 백신을 개발해 병에 걸리지 않게 하거나, 병에 걸렸을 때 치료할 수 있는 치료제를 개발하는 것인데, 어느 것 하나 쉽지 않다. 이제까지 인류가 완전 정복해 종식된 바이러스는 천연두 바이러스가 유일하다. 한때 세계 사망 원인의 10%를 차지할 정도로 위협적이었던 천연두는 백신의 보급으로 1977년 지구상에서 완전히 사라졌다. 두 번째로 소아마비 바이러스가 종식을 앞두고 있다 하지만 아직은 아니다. 지금도 매년 수십만 명 목숨을 앗아가는 독감도 독감 바이러스가 매년 변이를 일으키고 백신의 효과도 오래가지 않기 때문에 매년 백신을 반복해 맞아야 한다.

인수공통감염 바이러스의 숙주인 모든 동물을 죽이지 않는 이상 앞으로 바이러스 감염을 완벽히 차단할 방법은 없다. 인간이 천연두 바이러스를 정복할 수 있었던 이유는 바로 인수공통감염이 아니고 인간만을 감염시키는 바이러스이기에 가능한 일이었다. 인간이 자연계의 일부로 살아가는 이상 인수공통감염은 피할 수 없다. 구약성경에도 인수공통감염은 기록되어 있는데, 사무엘상 5-6장에 기록된 유대인과 블레셋 사람의 떼죽음도 페스트가 원인이었을 가능성이 많다.[3] 레위기 11장에 기록된 식용금지 동물의 리스트가 대부분 최근에 밝혀진 인수공통감염병의 동물 숙주라는 놀라운 사실도 인류를 향한 하나님의 경고와 사랑이라고 생각된다.[4] 중세 유럽에서 페스트가 유행했을 때, 게토에 사는 유대인들의 피해가 적었던 이유 중의 하나가 레위기 11장을 철저하게 지킨 결과라는 생각도 해 본다. 페스트의 매개체가 쥐인데 레위기 11장에는 쥐를 부정하다고 기록되어 있다. 당시에 쥐는 주위에서 아주 흔하게 볼 수 있었기에 페스트균의 매개체로 의심하지 못했다.[5]

---

3 이종훈 · 이노균, 『성경 속 의학 이야기』 (서울: 새물결플러스, 2015), 127-145
4 이종훈 외, 『기독교와 마주한 전염병』 (서울: 다함, 2020), 63-64
5 페스트가 쥐와 관계가 있다는 것은 1894년 홍콩에서 그 병이 유행했을 때 쥐에서 흑사병

VI. 결론

인류를 위협할 감염병은 거의 대부분 인수공통감염병이라고 할 수 있다. 경험해 보지 못한 감염병이 출현할 때마다 인류는 그 알 수 없는 전개 때문에 긴장하지 않을 수 없다. 그럴 때 인류가 해야 할 일은 지역적인 유행 때 빨리 감염병을 알아차리고 정직하게 공개해 전 세계적인 유행병으로 번지는 것을 조직적으로 차단하며, 짧은 시간 내에 진단법과 백신과 치료법을 개발하는 것이다. 중국이 작년 12월, 신속하고 정직하게 대처했다면 지역적인 감염으로 끝났을 코로나19를 숨기고 통제하다가 이런 사달이 났다.

차후로는 세계 어디든 새로운 감염병이 발생하면 초반부터 적극적인 대처와 투명한 공개가 있을 것으로 예측된다.

더불어 성도들은 더욱 간절히 기도하고, 크리스천 의사들은 치료에 힘쓰며, 욥이 그랬듯이 하나님의 주권적인 역사를 눈으로 뵈올 날을 기대하는 것이 아닐까 한다.

이스라엘 백성이 가나안땅에 들어가 처음 소산물을 먹은 다음 날부터 하늘의 만나가 멈추었다(수 5:12). 하나님의 축복인 의학이 해결할 수 있는 부분은 의학의 도움을, 의학의 한계를 넘어선 부분은 하나님의 도움을 구하는 것이 성경적인 질병관이 아닐까 한다.

코로나19를 가장 잘 대처한 국가로 대만이 꼽히고 있다. 발생지인 중국과 지척에 있으면서도 가장 잘 대처한 이유는 어떠한 정치적 고려 없이 의학적인 견지에서 대처했기 때문이다.

간균을 발견하고, 다시 몇 년 후 쥐벼룩에 의해 그 균이 전염된다는 사실을 밝혀낸 후에야 비로소 밝혀졌다. 그전에는 자연 발생한다고 믿어졌다. 데이비드 콰먼, 『인수공통 모든 전염병의 열쇠』(서울: 꿈꿀자유, 2017), 645

대만은 사스(SARS)의 경험을 '반면교사'로 삼았는데, 2003년 5월 대만에서는 신규 사스 감염자 수가 연일 최고치를 경신해 일일 기준 중국 본토 감염자 수를 추월했다. 대만은 코로나19 초반부터 중국 입국을 제한했다. 대만이 WHO 회원국이 아니고 정치적인 변방이고 질투심 때문에 의도적으로 세계언론에서 소외된 감이 있지만, 감염병 치료의 최고 원칙은 접촉을 막는 것이다.

우리나라가 대처를 잘했다고 세계가 찬사를 보내고 있지만, 의학적인 견지에서 볼 때 초기 바이러스 유입을 차단하지 못해 많은 감염자와 사망자를 낸 사실은 차후에 대만처럼 반면교사로 삼아야 할 것이다. 하지만 우리나라 의료진과 관계부처들이 메르스의 경험도 있었고 엄청난 환자를 일사불란하게 통제하고 접촉한 사람들을 선제적으로 검사한 것은 인정해야 한다. 우리나라 의료진들은 낮은 보험수가로 인해 평상시에도 외국 의료진들이 놀랄 엄청난 수의 환자들을 소화해 왔기에, 이번 사태로 환자들이 폭증한 상황에서도 선방할 수 있는 내공이 있었다고 본다. 하지만 미국이나 유럽 의료진들은 평상시 그들의 진료 스타일상 그러한 내공이 없었기에, 폭증하는 환자를 대처하기 어려웠을 것이라고 생각된다. 또한 우리나라뿐만 아니라 각국의 정치적인 상황이 의학적인 대처에 우선되는 경우가 많다는 것도 차후 냉혹한 비판을 받아야 한다.

현재 WHO에서 코로나19의 유일한 치료제로 인정한 '렘데시비르'는 미국 제약사 길리어드사이언스가 2013-2016년 서아프리카의 에볼라 유행 당시 에볼라바이러스의 치료제로 개발하다가 효능을 입증하지 못하면서 개발이 중단된 약이었는데, 뜻밖에도 이번 코로나19에 효과가 나타나 WHO에서 공식 치료제로 긴급 승인했다. 또한 한때 우한보다도 더 감염자가 많았던 대구가 선방할 수 있었던 결정적인 요인이 '동산병원'이 국립이나 공립이 아닌 사립병원임에도 거점병원 역할을 잘 해 준 덕택인데, 동산병원은 1899년 미국 선교사가 세운 선교병원이다. 놀랍게도 작년 4월에 성서로 병원 이전을 해서 원래 동산병원 병실에 여유가 있었기에 가능한 일이었다.

이때를 위함이 아닌지 누가 알겠느냐(에스더 4:14).

세상 사람들은 우연의 일치라고 할지 모르겠으나, 렘데시비르와 동산병원은 환란 중에도 긍휼을 베푸시는 하나님의 은혜라고 생각한다. 사실상의 인류 최초의 항생제인 페니실린도 플레밍의 우연한 발견으로 시작되었다고 하지만, 이 역시 하나님의 은혜였을 것이고 그런 예는 엄청나게 많다.

제약회사에서도 단기간에 사용되는 항생제나 발병을 예측하기 힘든 바이러스성 질환에 대한 백신이나 치료제 개발보다는 만성적인 질환에 사용되는 의약품을 개발하는 것이 경제적인 타산에서 유리하겠지만, 여러 가지 장치를 마련해서 이런 약을 개발하는 것에도 힘을 실어주어야 할 것이다. 또한 임상 의사들의 역할도 중요하겠지만, 미생물을 연구하고 백신과 치료제를 개발해 결국 상황을 종식시킬 수 있는 과학자들에게 더 큰 응원과 지원이 있어야 할 것이다.

마지막으로 역사가 토인비의 〈청어이론〉으로 인수공통감염병의 존재 의미를 언급할까 한다.

토인비는 그의 기념비적인 저서 『역사의 연구』(*A Study of History*)에서 인류의 역사를 '도전과 응전'의 논리로 설명하였다. 외부나 자연의 도전에 효과적으로 응전했던 민족과 문명은 살아남아 번창하였고, 그 반대는 멸망하였다. 고대 문명의 발상지는 대부분 가혹하리만큼 척박한 환경이었고, 이 고난을 해결하며 문화를 발전시켜 찬란한 문명을 창조하였다. 영국인들은 청어를 좋아하는데 북해에서 잡은 청어를 런던까지 운반하여 먹는다. 그런데 청어가 런던에 올 즈음에는 모두 죽어버려 값이 뚝 떨어지는데, 유독 한 어부만은 싱싱하게 살아있는 청어를 런던까지 운반해 값을 많이 받았다. 그 비결이 청어의 천적인 물메기 한 마리를 수조에 넣는 것이었다. 몇 마리는 잡아먹히겠지만, 나머지 수백 마리의 청어는 먹히지 않으려고 열심히 헤엄치다 보니 런던에 도착할 때까지 살아있더라는 것이다.

인류는 '병원성 미생물'과의 도전과 응전을 통해 의학을 발전시켰고, 특별히 '인수공통감염병'이라는 물메기를 통해서 그 일을 이루어내고 있는지도 모른다.

인간의 탐욕이 인수공통감염병이라는 판도라의 상자를 열었다고만 한다면 감상적인 넋두리일 수 있다. 제한된 지구 안에서 폭발적으로 늘어나는 인구를 감당하기 위해 자연을 파괴해 도시를 만들고, 농업의 산업화, 공장형 축산을 할 수밖에 없었다면 인수공통감염병은 피할 수 없기 때문이다.

그래서 필자는 인수공통감염병은 이러한 환경에 살아갈 수밖에 없는 인간을 살아있게 하기 위해 하나님이 인간에게 던져준 물메기라고 결론내고 싶다. 잊을 만하면 어김없이 나타나 좋았던 지구환경의 소중함, 과학 문명의 불완전성 그리고 인류는 공동운명체라는 인류애를 환기시켜 주는 그런 존재 말이다.

18세기, 산업혁명이 시작되고 교통, 기술, 과학 등이 발전하면서 현대 문명의 폐해 또한 드러나자 장자크 루소는 '자연으로 돌아가자!'를 외쳤다. 4차산업혁명에 이어 5차 산업혁명 시대에 접어든 21세기가 '전염병의 시대'가 되고 있다는 사실은 우리가 앞으로 가야 할 길에 대해 많은 것을 가르쳐주고 있다.

코로나19가 스페인 독감처럼 미스터리같이 사라질지라도, 아니라면 백신과 치료제의 개발로 해결이 될지라도, 지금 들불처럼 일어나는 정치 경제 사회 문화 그리고 종교계의 변화와 혁신의 목소리가 일장춘몽이 되지 않기를 소망한다.

코로나19 시대, 통전적 인간 이해와 청지기 교육

이규민(장로회신학대학교)

I. 들어가는 말

2020년 9월 6일 현재 전 세계의 코로나19(COVID-19) 누적 확진자 수는 27,108,470명이고 누적 사망자 수는 890,094명에 이른다. 세계보건기구(WHO)가 코로나19가 사람의 비말을 통해 전염된다고 주장했으나, 세계 32개국 과학자 239명은 세계보건기구에 공개서한을 보내 코로나19 예방 수칙을 수정할 것을 촉구한 바 있다. 코로나19는 비말 외에도 공기를 통해 전염되고, 호흡을 통해 사람들을 감염시키는 전염병임을 지적한 것이다. 이는 코로나19가 중세시대 흑사병 이후 가장 가공할만한 전염력과 파괴력을 가진 대재앙급 질병임을 보여준다(http://www.newspim.com/news/view/20200705000218).

현재 사람을 감염시키는 코로나바이러스는 7종이지만 박쥐에게는 이미 5000여 종이 있고, 아직 그 변이 정도가 제한적이지만, 코로나19

코로나19 시대, 통전적 인간 이해와 청지기 교육 _ 이규민 | 77

가 다른 코로나와 재조합하게 되면 완전히 다른 변종이 만들어진다는 것이 전문가들의 견해이다. 지금도 변종된 코로나19는 세포를 뚫고 들어가는 '스파이크' 단백질이 4배 내지 5배 가량 더 많음을 볼 수 있다. 무증상 감염이라는 '스텔스' 기능뿐 아니라 조준 사격할 타깃마저도 수시로 변이시킴으로써 코로나 치료제와 백신 개발이 어려운 것이 현 상황이다(https://www.donga.com/news/article/all/20200710/101904144/1). 생각보다는 코로나 치료와 극복이 어렵고 장기화될 전망이어서, 이제는 '포스트(post) 코로나'가 아닌 '위드(with) 코로나' 시대를 향한 성찰이 필요한 때이다.

코로나는 본래 사람에게 들어올 수 없는 동물 바이러스가 인간의 생태계 파괴로 인해 인간의 몸속으로 들어온 것이다. 이것은 인간이 스스로 초래한 재앙인 것이다. 인간과 자연환경은 서로 상보적, 공생적 관계에 놓여있음을 생각할 때, 코로나19에 대한 진지한 논의를 위해 인간 이해에 대한 성찰을 필요로 한다.

본 연구는 '위드 코로나' 시대 곧 '코로나19 시대'가 요청하는 인간 이해에 대해 그리고 그러한 이해 위에 기초한 교육, 곧 크리스천 청지기 교육에 대해 성찰해보고자 한다. 이러한 연구를 위해 다음과 같이 논의를 이끌어가게 될 것이다. 1) 인간상의 변화와 코로나19의 출현, 2) 코로나19 시대가 요청하는 인간의 5차원적 성장의 중요성, 3) 코로나19 시대와 크리스천 청지기 교육의 필요성, 4) '보도자 원리'에 근거한 크리스천 청지기 교육에 대한 고찰 및 맺는 말로 연구를 마무리하고자 한다.

그러면 인간적 특성과 코로나19의 상관성에 대해 먼저 살펴보도록 하자.

II. 인간상 변화와 코로나19의 출현

인간(人間)이라는 한자어는 문자적 의미로는 사람과 사람 사이의 '관계성' 또는 '사회적 특성'를 일컫는 말이다. 하지만 한국과 일본에서는 이것을 그냥 '사람'이라는 의미로 사용한다. '인'(人)의 상형적 의미도 상호의존성을 담고 있음을 볼 때, 기본적으로 사람 곧 인간은 철저히 관계적 존재임을 볼 수 있다.

성서의 인간 이해도 철저히 관계적이다. 하나님이 피조 세계의 '아다마'(adamah, 흙)를 취해 인간의 육체를 만드시고, 그 코에 생기를 불어넣으시니 '생령'(living soul)이 되었다고 창세기는 기록한다(창세기 2:7). 인간이 창조주 그리고 피조 세계와 떼려야 뗄 수 없는 근원적 상관성을 지니고 있음을 나타내는 말씀이다. 하나님은 아담의 갈비뼈를 취하여 하와를 만드셨고, 아담은 하와를 가리켜 이는 "내 뼈 중의 뼈요 살 중의 살"(창 2:22-23)이라고 고백하는 것을 보면, 인간은 기본적으로 창조주-자아-타인-피조 세계의 유기적 관계 속에서 살아가도록 지음받은 존재임을 볼 수 있다.

하지만, 인간의 탐욕과 이기적 특성은 이러한 관계성을 깨뜨리고 창조의 질서를 왜곡시키고 말았다. 만물의 영장으로서 인간은 하나님 형상대로 지음받았기에, 하나님의 청지기로서 피조 세계(cosmos)를 지키고 돌볼 책임을 부여받았다. 최초의 청지기 직분을 받았던 아담과 하와가 하나님의 뜻과 섭리를 거스를 때 자신과 생태계에 불행이 초래되었다(창 3:1-19).

1) 땅은 가시덤불과 엉겅퀴를 냄: 독초, 독충을 비롯한 해로운 생명체의 출현

2) 흙으로 돌아감: 끝없는 노동과 함께 죄의 결과로서 죽음을 맞게 됨

3) 최초 인간 사이의 책임 전가: 부부와 자녀 사이에 나타나는 갈등과 분열

4) 인간과 동물 사이의 싸움과 대립: 청지기와 피조 세계 사이에 일어나는 대
   립과 반목

5) 그리스도와 사탄 사이의 영적 전쟁: '사랑'의 힘과 '증오'의 힘 사이에 벌어
   지는 전쟁

이후 구약성경에만 최소 45회 이상에 걸쳐 '전염병'(pestilence)에
대해 지속적으로 경고하고 있음을 볼 수 있다. 14세기 유럽과 아시아를
파괴했던 '페스트'(Pest)란 명칭 역시 성경에서 말하는 'pestilence'와
연관된 것이다. 코로나19는 '21세기 페스트'의 의미를 담지한다. 인간
의 탐욕과 무분별한 난개발, 생태계 파괴와 전 지구화(globalization) 속
에서 인간이 스스로 초래한 재앙이요 재난인 것이다. 시대사적 관점에
서 볼 때 코로나19는 우리에게 다음과 같은 반성을 요구한다.

1) 신자유주의 경제 및 지구화 과정 속에 증폭되는 탐욕과 착취의 중단

2) 호모 사피엔스(Homo Sapiens)를 넘어 '호모 나르키수스'(Homo Nar-
   cissus), '호모 데우스'(Homo Deus)를 추구하는 인간의 자기중심성과
   오만에 대한 반성

3) 하나님의 피조 세계 및 생태계에 대한 존중 및 올바른 청지기직 수행

역사의 진행 속에서 인간은 지능, 지성, 문명, 과학을 중심으로 엄청
난 발전을 이루었다. 하지만, 이에 강력히 반기를 드는 학자가 있다. 그
는 니콜라스 머니(Nichols Money)라는 생물학자이다. 머니는 현생인

류를 '호모 나르키수스'(Homo Narcissus)로 정의한다. 즉 '자아도취적 인간'이라는 것이다. 그는 『이기적 유인원』(*The Selfish Ape*)이란 저서를 통해 다음과 같이 일갈한다. "호모 나르키수스. 그는 지구 생물권을 완전히 파괴한 나머지 자신을 멸종의 길로 몰아넣고 있다. 지구 온난화와 환경 파괴로 지구는 이미 말기암 환자와 같은 처지에 놓여있다"(Money, 2020, 172f).

하나님의 형상(Imago Dei)대로 지음 받은 청지기(steward)로서 사명과 본분을 잊은 채, 호모 나르키수스, 심지어 호모 데우스(Homo Deus)로 변질될 때 피조 세계는 깨어지고 뒤틀릴 수밖에 없다(Harari, 2017). 그 결과 나타난 것이 '21세기 페스트', 코로나19이다. 이처럼 인간의 자기 이해는 피조 세계 속에 심대한 영향을 주고 있다. 그렇다면 "코로나19 시대에 요청되는 인간의 정체성 및 자기 이해는 무엇일까"에 대해 살펴보기로 하자.

III. 코로나19 시대의 5차원적 인간 성장

구약의 창세기와 신약의 복음서는 다음과 같은 인간의 모습을 보여준다. 첫째, 인간은 영-혼-육의 전인적 존재이다. 인간의 몸은 흙의 형상을 한 물질적 존재이지만 그 코에 하나님의 생기를 불어넣을 때 "생령"(living soul)이 되었다(Loder, 1998, 18-26). 둘째, 둘째 아담으로 오신 그리스도는 인간 성숙과 성장의 모델을 보여주신다. "예수는 지혜와 키가 자라가며 하나님과 사람에게 더욱 사랑스러워 가시더라"(눅 2:52). 이 말씀은 인간이 이루어야 할 성숙과 성장의 네 차원을 제시해

준다(이규민, 2018, 113-118).

1) '키'가 자람: 육체적 성장

2) '지혜'가 자람: 정신적 성장

3) '하나님'에게 사랑스러워 감: 영적 성장

4) '사람'에게 사랑스러워 감: 사회적 성장

인간은 위의 네 차원의 상호 긴밀하고 균형감 있는 성장을 필요로 한다. 이는 헨리 나웬의 『자라나가기』(*Reaching Out*)에 나오는 4차원적 성장과 궤를 같이 한다(Nouwen, 1986). 나무의 비유를 들자면 땅 속 뿌리를 향한 성장은 자신의 내적, 육체적 성장(morphe)이라면, 하늘을 향한 성장은 영적 성장(pneuma), 왼쪽은 정신적 성장(psyche), 오른쪽은 사회적 성장(sociality)을 향한 것이다.

한편, 헨리 나웬이 언급하지 않은 또 하나의 차원, 즉 '나무와 숲 전체와의 상관성'을 가리켜 '환경적-생태적' 관계성이라 부를 수 있다. '환경적-생태적' 건강성에 대한 의식과 교육 없이는 다른 모든 것이 잘 되어도 건강한 성장은 기대할 수 없다. 전체 숲이 황폐화되는 상황에서, 한 그루 나무의 건강은 무의미하거나 무력화될 수밖에 없기 때문이다. 나무는 숲 생태계를 위해, 숲 생태계는 나무의 건강한 성장을 위해 상보성의 관계를 유지해야 한다.

나무가 건강하게 자라려면 위의 5가지 성장이 균형 있게 통전적으로 이루어져야 한다. 이러한 '5차원적 성장'은 나무의 뿌리, 가지, 높이뿐 아니라 생태계 전체가 일종의 '관계 그물망'(web of relationships)을 이루어야 함을 보여준다. '5차원적 성장'의 관점에서 볼 때, 코로나19 팬데믹은 하나님과의 영적 관계성, 이웃과의 사회적 관계성, 생태계와의 환경적 관계성 왜곡에서 생겨난 것임을 볼 수 있다(이규민 외, 2020, 297-299).

한편, 리처드 오스머는 그의 저서 『신앙교육을 위한 교수방법』(*Teaching for Faith*)에서 '신앙'의 제(諸) 차원에 대해 다음과 같이 제시한다 (Osmer, 1992). 첫째, 지적 차원으로서 '믿음'(belief), 둘째, 정서적 차원으로서 '관계'(relationship), 셋째, 의지적 차원으로서 '헌신'(commitment), 넷째, 초월적 차원으로서 '신비'(mystery)가 그것이다. 이 네 차원은 헨리 나웬의 네 차원과도 상당 부분 일맥상통한다. 즉, 이 속에 영적, 정신적, 사회적, 물리적 차원이 함께 들어있다는 것이다. 하지만, 여기에도 나웬과 마찬가지로 '환경적-생태적' 차원이 결핍되어 있음을 볼 수 있다.

하나님의 피조 세계가 '코로나19'라는 인수공통감염병으로 고통당하고 있는 이때, 크리스천 가정과 교회의 관심은 좀 더 넓고 크고 포괄적인 것이 되어야 한다. 자신, 가정, 교회의 성장과 유지라는 근시안적 관점을 넘어, '하나님의 집'(Oikos)으로서 환경과 생태계에 대한 의식을 새롭게 하는 계기로 삼아야 한다. 이는 또한 교회 및 기독교인에 대한 사회적 인정과 신뢰를 회복할 수 있는 '공적 교회'(public church)로서 위상을 회복하는 길이 될 것이다(Moe-Lobeda, 2004). 따라서, 통전적 신앙을 이루어가려면 오스머의 4차원적 교육 위에 환경적-생태적 교육을 필요로 한다.

이러한 5차원적 인간 성장이 기독교교육 및 신앙교육이 수행되어야 할 영역을 보여준다면, 그러한 5차원적 영역에서 기독교교육 및 신앙교육이 어떤 방식으로 수행되어야 할 것인가의 문제는 인식론에 기초한 기독교교육방법론을 필요로 한다. 이제 5차원적 영역 속에서 수행되어야 할 기독교교육 및 신앙교육을 위한 인식론과 방법론에 대해 성찰해 보도록 하자.

IV. 코로나19 시대와 청지기 교육의 필요성

하나님 피조 세계의 청지기로 지음 받은 인간은, 피조 세계의 일부인 동시에 피조 세계의 관리자이다. 이는 마치 그리스도가 인간인 동시에 인간을 위한 중보적 역할을 하신 '그리스도적 사역'(messianic service)과 상통한다. 창조주와 피조 세계 사이에 청지기 역할을 수행해야 할 인간은 그리스도적 모델을 통해 자신의 역할과 사역 방식(modus vivendi)을 발견할 수 있다.

그리스도적 모델은 곧 '성육신 모델'(The Incarnation Model)이라 할 수 있다. 안셀름(St. Anselm)은 『하나님이 왜 인간이 되셨나』(*Cur Deus Homo*)라는 저서를 통해 성육신의 의미를 설명해준다(St. Anselm, 2013). 하나님이 인간이 되신 이유는 자신의 형상을 따라 지음받은 인간을 죄와 죽음에서 구원해내기 위한 것이다. 구원의 방식은 그들과 같이 육체를 가지되 육체의 소욕을 이루거나 육체에 복속된 삶이 아니라, 영으로 육체를 다스림으로써 영이 지향하는 진리와 생명을 실현하기 위한 것이다. 즉 그리스도의 성육신은 철저히 구속적 사역을 위한 것이다. 여기에서 중요한 것은 그리스도의 영과 육체 사이에는 서로 나뉘거나 혼합되지 않는 유기적 결합, 역동적 연합의 특성이 들어 있다는 것이다. 그리스도론적 관점에서 볼 때, 그리스도의 영이 기본 방향과 목적을 제시한다면 육체는 그 방향과 목적을 실현, 완성시켜 준다.

그리스도의 영과 육체 사이에 나타나는 이러한 관계성과 역동성을 가장 잘 설명해주는 모델이 곧 '뫼비우스띠 모델'(The Mobius Band Model)이다. '뫼비우스띠 모델'은 폴라니(Michael Polanyi)의 과학철학적 개념을 로더(James Loder)가 '기독교교육 인식론'으로 재구조화한 것이다(Loder, 2009, 96-102). 폴라니와 로더는 다음과 같은 사실을 강조한다. 모든 심오한 진리 속에는 '양극의 관계적 일치'(biploar relational unity), '상호보완성'(complementarity), '한계적 조율성'(marginal control)이 함께 들어있다는 것이다. 그 대표적 예를 들어보자. 절대 '항상수'라 할 수 있는 '빛'의 속성은, 그 속에 정지된 '입자'(particle)와 움직이는 '파동'(wave)의 특성을 함께 가지고 있다('양극의 관계적 일치'). 입자와 파동은 서로를 필요로 하며 서로를 보완한다('상호보완성'). 이 둘은 서로 대등하지만, 시공간을 넘어 이동하는 '파동'이 시공간에 머물러 있는 '입자'에 대해 일종의 '한계적 조율성'을 가진다. 그리스도의 '양성론'에 있어서도, 시공간을 넘어선 그리스도의 영이 시공간에 복속된 육체에 대해 '한계적 조율성'을 행사한다(Torrance, 1980, 135-136).

이것은 하나님의 형상, 곧 그리스도의 형상대로 지음 받은 인간에 있어서도 마찬가지이다. 인간의 영과 육체 사이에는 '양극의 관계적 일치', '상호보완성', '한계적 조율성'이 존재한다. 인간의 영은 육체의 방향과 목적을 제시하고, 육체는 영의 방향과 목적을 실현, 완성시켜준다. 이러한 '뫼비우스띠 모델'은 3차원 실재에 대해 탁월한 설명력을 가진다. 인간이 수행하는 학문, 이론, 실천의 심오한 차원 속에 공히 '뫼비우스띠 모델'과 같은 역동성이 들어있기 때문이다. '기독교와 교육', '신앙과 학문', '계시와 이성', '초월과 내재'의 양 차원에 들어있는 '뫼비우스띠'의 역동성 때문에, 그리스도인들은 "세상 속에 살되, 세상에 속하지 않고 하나님께 속한 사람들"이라는 믿음의 고백이 가능하다(Hauerwas, 1996).

하나님-인간-피조 세계 속에 들어있는 양극의 관계적 일치는 하나님-인간, 인간-피조 세계, 하나님-피조 세계 속에도 공히 나타난다. 하나님 없는 인간, 인간 없는 하나님을 생각할 수 없는 것 처럼, 피조 세계 없는 인간이나 인간 없는 피조 세계 역시 생각할 수 없다. 그렇다면 하나님이 인간을 위해 스스로 자신을 비워 종의 형체를 가져 인간을 위해 희생하고 헌신함으로써 구속을 이룬 것처럼, 인간은 피조 세계의 보전과 보호를 위해 자신을 비워 희생 봉사할 때 비로소 생태계의 구속이 가능케 된다(McFague, 1993). 이는 곧 지구 생태계를 "하나님의 몸"(morphou Theou)로 인식할 필요가 있다는 것이다.

현재 전 세계는 코로나19로 고통당하고 있다. 한국교회와 세계교회 역시 심각한 어려움에 봉착해 있다. "그리스도께서 교회를 사랑하시고 그 교회를 위하여 자신을 주심같이 하라"는 사도 바울의 권면은, "그리스도께서 지구와 생태계를 사랑하시고 그것을 위하여 자신을 주심 같이 하라"고 그 범위와 차원이 확장되어야 한다. 교회 밖 사회와 생태계에 대한 돌봄, 희생, 봉사가 실천되지 않으면, 교회와 크리스천의 모범은커녕 자기 존재의 의미와 존속이 위협받게 될 것이다. 여기에 통전적 인간 이해에 기초한 크리스천 청지기 교육의 필요성과 중요성이 대두된다.

V. 와이코프(Campbell Wyckoff)의 '보도자 원리'에 근거한 크리스천 청지기 교육

크리스천 청지기 교육을 위한 구체적 실천 방안을 논하기 전에, 이러한 실천 방안을 위한 토대와 기본틀이 먼저 제시되어야 한다. 이러한 기본틀 없이는 신학적 정당성과 교육적 일관성을 담보하기 어렵기 때문이다. 이를 위해, 개혁전통에 입각한 대표적 커리큘럼 학자 캠벨 와이코프(Campbell Wyckoff)의 '보도자 원리'(Reporter's Principle)의 틀거리에 따라, 다음과 같이 크리스천 청지기를 위한 교육적 원리를 제시해보고자 한다(Wyckoff, 1961).

1) 교육목적(WHY)

하나님의 백성으로 하여금 피조 세계의 청지기로서, 환경과 생태계 속에 하나님의 정의, 평화, 화해, 상생, 조화가 이루어지도록 교육하고 안내하는 것을 기본 목적으로 삼는다.

2) 교육 주체 및 참여자(WHO & WHOM)

교역자, 교사, 부모는 교인, 학생, 자녀들에게 청지기 됨의 의미와 실천 방안을 가르치고 예시하고 실습에 참여하도록 초청하는 일에 주체적 책임을 맡는다. 교인, 학생, 자녀는 단순한 객체가 되거나 방관자가 되기보다는, 공동주체 및 공동참여자가 될 수 있도록 격려되며 초청되어야 한다. 교육의 주체는 교육의 책임만 수행하는 것이 아니라 스스로 청지기됨의 책임과 사명을 실천하는 모범을 보여주어야 한다.

3) 교육의 시기 및 장소(WHEN & WHERE)

크리스천 청지기 교육의 시기는 단기, 중기, 장기로 나누어 수행할
수 있다. 1개월에서 3개월 사이의 단기 집중 교육, 3개월에서 1년에 걸
친 중기 교육, 1년 이상의 장기교육 등으로 세분화하여 시행한다. 일과
적이거나 이벤트적 차원을 넘어, 청지기로서 삶이 일상이 될 수 있도록
'라이프스타일' 교육이 되어야 한다. 교회, 가정, 전문기관, 실습현장 등,
모든 장소에서 환경 및 생태계 교육이 이루어지도록 안내한다.

4) 교육내용 및 범위(WHAT)

교육내용 및 범위를 다음과 같이 대, 중, 소로 세분화하여 시행한다.

(1) 대교과 및 대주제: 하나님은 누구인가, 우리는 누구인가, 세상은
무엇인가, 하나님-우리-피조 세계의 관계성 및 JPIC(Justice, Peace &
Integrity of Creation) 교육
(2) 중교과 및 중주제: 청지기란 무엇인가, 신앙과 환경의 관계성,
사회 속의 청지기직 수행 방안
(3) 소교과 및 소주제: 가정의 청지기직, 교회의 청지기직, 청지기직
을 위한 가정과 교회의 협력, 개인의 삶 속에서 이루어져야 할 청지기직

5) 교육방법 및 실천(HOW)

강의, 세미나, 토론, 패널, 발표, 대화, 실습, 견학 등 다양한 방법을

함께 수행한다. 코로나 상황을 감안하여 온라인과 오프라인을 함께 활용하는 '블렌디드 러닝'(Blended Learning) 방식을 적극 활용한다.

크리스천 청지기 교육의 일관성, 지속성, 전문성을 위해, 교회-학교-가정 사이에 긴밀한 협력과 공조체계가 필요하다. 교회는 '말씀-예배-교육-봉사-친교', 학교는 '연구-강의-세미나-토론', 가정은 '양육-실습-적용-구체적 삶'을 중심으로 총체적, 입체적 교육을 수행할 수 있다. 이러한 총체적, 입체적 차원의 교육은, 코로나19를 넘어 '하나님의 몸'으로서 생태계를 책임있게 돌봄으로써 지속 가능한 세계를 만드는 일에 앞장서는 공적 교회의 사명을 감당하게 될 것이다(Brierley, 2006).

VI. 맺는말

인간의 영은 피조된 영이기에 '무로부터의 창조'(creatio ex nihilo)가 불가능하다. 하지만 하나님의 영은 창조의 영이기에 '무로부터의 창조'를 통해 세상을 존재하도록 이끌어내셨다 인간의 영은 인간 존재의 본질, 근원, 핵심이기에, 영이 혼과 육을 이끌어갈 때 인간 존재와 실존이 하나로 통합됨으로써 합목적적 삶을 살아갈 수 있다. 또한, 인간의 영은 그 창조자요 근원인 하나님의 영에 의해 이끌림 받을 때 비로소 창조자의 뜻과 섭리에 정향된 목적을 향해 나아가게 된다(Loder, 2009, 454-461).

코로나19는 인간의 유한성, 탐욕성과 죄성을 일깨워준다. 어찌보면 코로나19는 위험하긴 해도 인간에게 찾아온 새로운 기회이다. 노아의 대홍수, 원자 핵폭발, 생태계 붕괴 같은 총체적 파국이 오기 전에, 스스로 돌이키라는 영적 '전령사'(messenger)인지도 모른다. 코로나19는 피조 세계의 돌봄과 중보의 '청지기직'을 올바로 수행하라는 영적 각성의 메시지를 던져준다.

'청지기직'의 중요성을 일깨우는 「디 아시아 N」의 편집장, 비비엔 라이츠(Vivienne Reich)의 편지글로 본 연구를 마무리하고자 한다 (https://cafe.naver.com/rudtksgidry/6058).

코로나 바이러스가 인류에게 보내온 편지
(Corona Virus Letter to Humanity)

지구가 속삭였지만 당신들은 듣지 않았습니다.
지구가 소리를 내 이야기했지만, 당신들은 듣지 않았습니다.
지구가 소리쳐 외쳤을 때, 당신들은 오히려 귀를 막았습니다.
그래서 내가 태어났습니다….

나는 당신들을, 벌주기 위해 태어난 것이 아닙니다.
나는 당신들을, 깨우기 위해 태어났습니다.
……
지구의 이야기를 들어주세요.
당신 영혼의 소리에 귀 기울여 주세요.
더이상 지구를 오염시키는 것을 멈춰 주세요.
싸움을 멈추고,
더이상 물질적인 것에만 매달리지 말아 주세요.

그리고 이제, 이웃을 사랑하는 것을 시작해 보세요.
지구와 그 안의 모든 생물을 보살펴 주세요.

그리고 창조주를 기억하세요
그렇지 않으면 내가 다시 돌아올 수 있습니다. 그때는 지금보다 훨씬 강력한
모습으로 오게 될 것입니다.

코로나19와 주일 성수와 예배의 문제

박미경(호서대학교)

I. 들어가는 말

작년 12월 중국 우한에서 시작된 신종 코로나바이러스 감염증(이후 '코로나19') 사태로 우리나라를 비롯하여 전 세계에 많은 변화가 일어났고 앞으로 더 많은 변화가 예고되고 있다. 2020년 9월 2일 현재, 전 세계적으로 확진자는 2,550만 명을 넘어섰고, 사망자도 85만여 명을 나타내고 있다. 우리나라의 경우도 주춤했던 기세가 반전되면서 재확산이 급증되어 2만여 명의 확진자와 326명의 사망자를 기록하고 있어 치사율 1.59%에 이르고 있는 현실이다. 그동안 수많은 나라가 '이동 제한'과 '격리'를 선택함으로써 경제적으로 엄청난 위축을 겪고 있고, 노동시장의 불안, 심리적 불안감과 인종차별에 이르기까지 광범위하게 지구촌을 변화시키고 있다. 예상보다 상황이 심각해지고 있고 조속한 기간 내에 백신이나 확산이 줄어들기 힘들다는 예측들이 나오고 우리나라의 경우, 수도권을 중심으로 다시 사회적 거리두기가 강화되면서 많은 사람이 심리적으로 우울감을 느끼는 '코로나 블루' 상태에 젖어들고 있다고 보도되고 있다. 울리히 벡(2018)은 위험이 사회의 중심 현상이 되는 사회를 '위험사회'로 규정했는데, 코로나19를 통해 글로벌 위험사회로서 팬데믹을 겪고 있다고 해도 과언이 아닌 상황이다. 또한 그는 위험사회의 특징을 위험은 전염성이 강하고, 어디서든 발생할 수 있고, 안전의 가치가 평등의 가치보다 중요해지며, 과학의 발전에 비례해서 위험에 대한 인식이 높아지며, 안전이 공적으로 생산되는 소비재가 된다고 정리하고 있다(울리히 벡/김호기, 『위험사회』를 "코로나19 이후의 한국교회" 대토론회 강연에서 재인용).

이렇듯 코로나19는 우리 사회 전반에 영향을 끼쳤고, 교회 역시 예외가 아니다. 신천지 이단의 집단 감염으로 시작해서 요즈음엔 정통 교단의 목사와 성도들이 무리한 대규모 집회와 대면 예배를 강행함으로써 무더기 확진자를 양상하고 있고, 소위 감염경로를 파악할 수 없는 깜깜이 확진자도 늘어가고 있어 보건당국과 모든 국민은 긴장을 늦추지 못하고 있다. 일련의 사건들로 인해 그 어느 때보다 교회에 대한 사회 일반의 시선이 차갑다. 코로나19로 인해 사회적 접촉을 제한했던 초기에는 대면 예배를 드리는 교회의 지역주민들이 온라인 예배를 요청하는 현수막을 거는 일이 벌어지기도 했다. 8월 중순을 지나면서 다시 심상치 않은 확진자 증가세를 보이자 정부는 교회의 모임까지 적극적으로 통제하는 상황에 이르렀다. 마스크 착용이 의무화되었고, 수도권 교회들이 성전예배를 뒤로 하고 다시 온라인 예배를 드리고 있다. 온라인 예배를 드릴 수 있는 교회는 그나마 형편이 나은 것이고 여력이 없는 교회는 그저 이때가 지나가기만을 기다려야 하는 상황이 되었다.

이전 코로나 바이러스와 달리 코로나19의 빠른 확산 속도와 그 범위가 넓어지면서 코로나19를 바라보는 시선도 나뉘어졌다. 미국 디자이어링갓 대표인 존 파이퍼(2020) 목사는 코로나19는 하나님의 계획 아래 이루어진 심판이라고 말하는 반면, 영국 세인트앤드루스대학교 톰 라이트(2020) 교수는 하나님의 심판이라고 결론짓는 것은 위험한 일이고 우리는 그저 함께 애통해야 한다고 말한다. 우리나라의 경우, 처음으로 온라인 예배를 드려야하는 상황에 맞닥뜨렸을 때, 수많은 교회가 패닉에 가까운 상태였고, 또다시 온라인 예배를 드려야만 하는 상황이 되자 종교탄압이라며 대면 예배를 강행해야 한다고 목소리를 높이는 측이 있는 반면, 국민 대다수의 건강을 위해 필요한 조치이기에 따르는 것이 오히려 기독교의 사랑의 가치를 실천하는 방법이라고 말하는 이들이 있다. 어떤 논쟁과 말들이 오가더라도 중요한 것은 과연 우리가 살고 있는 지구촌이 코로나19 이전으로 돌아갈 수 있을지에 대한 염려일 것이다. 유발 하라리는 올해 3월 20일자 Financial Times에서 결코 코로나 이전의 상태로 돌아갈 수 없을 것이라고 예견하고 있다. 지금의 위험한 상황 속에서 이전으로 돌아갈 수 없다면, 오히려 새로운 기회를 모색하는 것이 자연스럽고 당연한 것이라 본다. 야마구치 슈(2020)는 예측 불가능한 미래를 돌파하기 위해서는 미래를 예측하는 것에서 머물지 않고 꿈꾸는 미래를 만들어가는 것이 절실히 요청된다고 말한다. 미래란 예측이 불가능하기 때문에 예측한다는 것 자체가 무의미하고, 예측한다고 해도 그 예측이 맞는 경우는 극히 드물다는 것이다. 따라서 교회도 코로나19 이후를 예측만 할 것이 아니라, 주님의 몸 된 신앙공동체는 과연 어떤 모습이어야 하는지, 예배드림의 의미와 성전에 모이지 못하는 상황에서 어떻게 그리스도인으로서 정체성을 세워나갈 것인지 먼저 그려보는 것이 필요하고, 이를 위한 적극적인 계획과 실행이 최우선되어야 할 것이다.

II. 코로나19로 인한 온라인 예배와 주일 성수: 예배의
자리와 시간

올해 초부터 현재까지 교회는 많은 변화를 겪고 있고, 혼란한 가운데
에서 방향을 찾고자 다양한 시도들을 하고 있다. 코로나19로 인해 교회
들이 겪은 변화들을 정리해보자면 첫째, 온라인 예배의 확산으로 성수
주일과 예배의 개념에 큰 변화가 있었다고 할 수 있다. 물리적 교회가
존재하는 지역 기반에서 온라인 네트워크 기반의 교회로 변화되고 있는
중이라고 할 수 있다. 온라인 예배에 이어 온라인 성찬을 행하는 교회들
이 늘어나면서 이에 대한 인식의 변화 및 신학적 논의도 활발하게 일어
나고 있다. 다음으로, 콘택트(contact) 약화로 인해 다양한 방식의 언택
트(untact) 모임과 교육 및 전도가 중요해지고 있다. 무엇보다 교회에
모이지 못함으로써 개인의 영성과 일상의 영성에 관심이 모아지고 있으
며 흩어지는 교회로서 역할을 고민하게 되었다는 점이다. 지탄의 대상
이 되고 있는 한국교회를 바라보며, 교회 자신인 기독교인들과 목회자
들은, 한국 사회에서 교회는 과연 어떤 영향력을 미쳐왔는지 그 어느 때
보다 명확히 드러나는 오늘의 현실 속에서, 코로나19 상황은 이제라도
교회가 사회와 어떤 관계를 맺어야 하며 어떠한 사회적 책임을 져야 하
는지 고민해야 함을 깨닫게 해주고 있다. 올해 1월, 기독교윤리실천운
동에서 발표한 〈한국교회신뢰도조사〉에서 우리나라 국민들은 한국교
회에 대해 32%만이 신뢰한다는 설문 결과는 교회의 모습을 반드시 되

돌아봐야 하는 때를 알려주는 사인과도 같다(목회데이터연구소 넘버즈 61호). 또한 코로나19 사태는 가정의 역할과 가정교회로서 정체성을 재인식시키는 기회가 되고 있다. 다음 세대 아이들이 학교도, 교회에도 모이지 못함으로써 가정에서 머무는 시간이 늘어났고 부모 역시 재택근무의 비율이 높아지면서 가정에서 온 가족이 함께 있는 시간이 늘어났다. 이 과정에서 부모의 역할이 강조되고 가정에서의 신앙교육의 중요성을 다시 자각하게 되었으며 이를 위한 교육과 지원이 필요함을 느끼고 있다.

한편, 한국기독교목회자협의회와 한국기독교언론포럼에서 실시한 〈코로나19로 인한 한국교회영향도 조사보고서〉에 의하면, 코로나19로 인해 온라인 예배로 전환한 주일에 예배를 온라인으로 드린 성도는 75%이고, 가정예배를 드린 성도는 6%로 나타났다. 예배를 드리지 않는 교인도 10%에 이르렀고 다른 교회나 방송매체를 통해 예배를 드리는 성도도 9%로 나타났다(그림 1). 대부분의 성도들이 온라인 예배에 참여했지만 우리가 또 눈여겨봐야 할 것은 가정예배를 드린 비율과 예배를 드리지 않은 수치이다. 가정예배의 비율이 기독교방송 예배나 다른 교회 온라인 예배보다 더 높게 나타나고 있다. 가정이 성전으로 역할했음을 단적으로 보여주는 수치라고 본다. 따라서 가정이 어떻게 예배 공동체로 기능할 수 있도록 도울 것인지 교회는 이를 위한 준비와 부모가 신앙의 근본적 교사로 설 수 있도록 돕는 것이 필요함을 시사해주고 있다고 하겠다. 또한 온라인 예배에 참여하지 않은 성도들과 어떻게 연결될 것인지 고민이 필요하다.

이런 상황 속에서 또 다른 논란의 쟁점은 '주일 성수'의 문제였다. 한국교회 부흥과 성장의 근간을 이루었던 가장 중요한 요인 중 하나였던 주일 성수, 즉 본인의 멤버십이 있는 교회에 출석해서 예배를 드리는 것

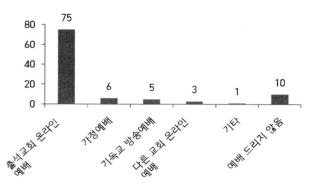

〈그림 1〉 온라인 예배로 전환한 교회의 교인이 드린 예배 유형(출처: 한국기독
교목회자협의회/한국기독교언론포럼 '코로나19로 인한 한국교회영향도 조사
보고서' 2020.4.9. 개신교인 1천명 온라인조사 2020.4.2.-4.6.)

이 온전한 주일 성수라고 가르치고 배워왔고, 개인의 신앙 성장 덕목으
로 삼아왔기에, 주일에 성전에 나갈 수 없다는 것은 큰 도전이요 논란이
었다. 설문조사에서도 볼 수 있듯이, 온라인 예배를 드린 비율이 75%였
지만, 교회출석자 중 주일예배를 본인이 출석하는 교회가 아닌 대면 예
배가 아닌 다른 채널도 가능하다고 응답자들의 55%가 답했다는 점이
다. 이 수치는 반드시 교회에서 드려야 한다고 생각하는 이들보다 14%
나 더 많은 대답이다(그림2 좌). 한편 주일 현장 예배를 중단한 교인들의
주일 성수에 대한 생각의 변화를 묻는 질문에 대한 응답은 42%를 보이
고, 꼭 교회에서 드리지 않아도 되겠다고 생각한 비율은 23%로 나타난
다(그림 2 우). 성전예배의 중요성을 인식한 측면에서는 긍정적인 변화
로 보이지만, 여전히 4분의 1 정도는 성전 예배로부터 벗어날 수 있다고
응답한 것을 기억할 필요가 있다.

김영무(2020) 박사는 코로나19로 인해 온라인 예배를 시행하는 것
은 결코 주일 성수의 문제가 아니라고 말한다. 모든 예배를 드리지 말라
는 것이 아니라 온라인이라는 채널을 통해 예배드릴 수 있도록 했기에

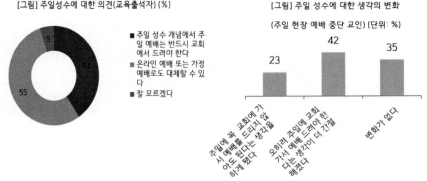

[그림] 주일성수에 대한 의견(교육출석자) (%)

- 주일 성수 개념에서 주일 예배는 반드시 교회에서 드려야 한다
- 온라인 예배 또는 가정예배로도 대체할 수 있다
- 잘 모르겠다

[그림] 주일 성수에 대한 생각의 변화

(주일 현장 예배 중단 교인) (단위: %)

주일에 꼭 교회에 가서 예배를 드리지 않아도 된다는 생각을 하게 됐다 — 23

오히려 주일에 교회 가서 예배 드려야 한다는 생각이 더 간절해졌다 — 42

변화가 없다 — 35

〈그림 2〉 코로나19를 겪으며 주일 성수에 대한 생각의 변화에 대한 의견(출처: 한국기독교목회자협의회/한국기독교언론포럼 '코로나19로 인한 한국교회영향도 조사보고서' 2020.4.9. 개신교인 1천명 온라인조사 2020.4.2.-4.6.)

주일 성수와 연관지어 생각하기보다는 플랫폼 선정의 문제라고 설명한다. 이는 바꿔 말하면 예배 채널을 다양화하는 문제이지 결코 주일을 지키느냐 마느냐의 문제는 아니라는 것이다. 따라서 교회의 고민은 주일 성수의 훼손에 대한 염려보다는 다양한 채널을 통해 어떻게 온전한 예배를 드릴까를 고심해야 할 것이다. '주일을 지킨다'는 본질적 의미를 되돌아봐야 하는 때이다. 이형규 목사는 온라인 예배와 대면 예배의 근본적인 차이가 무엇인지에 대한 신학적 성찰이 우선되어야 함을 강조한다. '그리스도의 몸을 이루려는 공동 작업이 예배'라고 할 때, 온라인 예배는 분명 한계가 있지만, "너희 몸을 하나님이 기뻐하시는 거룩한 산 제물로 드려라. 이것이 너희가 드릴 영적 예배니라"(롬 12:1-2)는 말씀에 비추어 본다면 하나님께서 기뻐하시는 예배라면 그 장소가 문제되지 않을 수 있다는 것이다. 하나님께서는 코로나19를 통하여 우리에게 새로운 가르침을 주고 계신 것 같다. 주일 성전예배를 드릴 때에만 자신을 예배자로 인식했던 어리석은 백성에게 가정에서도, 카페에서도, 회사에서도 예배자로 서야 함을 온몸으로 행하며 배우길 기대하시는 듯하다. 더 나아가 온라인 예배를 드릴 수밖에 없는 상황을 교회의 공동체성과 흩어지는 교회로서 공공성 그리고 교회의 공적 책임에 대해서 깊은 성찰을 하는 계기를 마련하는 좋은 기회로 삼아야 할 것이다.

III. 영과 진리로 드리는 예배: 하나님 임재의 자리와 시간

2020년 그리스도인들이 겪고 있는 코로나19 상황은 마치 이스라엘 백성의 바벨론 포로기를 연상시킨다. 성전중심의 신앙생활이 불가능했기에 유대인들은 회당 중심으로 신앙 형태의 변화를 통해 그들의 정체성을 지켜나갔으며 포로귀환 후에도 회당 중심의 신앙 형태가 지속되었음을 볼 수 있다. 성전에만 하나님이 계시다고 생각했던 이스라엘 백성에게 성전 파괴와 이방 땅에서의 포로 생활은 하나님께서 언제 어디서나 그들과 함께하시는 분임을 깨닫는 시간이 되었다. 오늘의 상황에 비춰볼 때, 성전에 모여 예배드리던 것에서 물리적 장소를 대체하는 온라인이라는 공간으로 이동이 이루어졌고, 성전예배를 드리는 것이 신앙생활의 주요 요소였던 것으로부터 성전 밖 일상에서 예배자로 설 수밖에 없는 상황이 되었다. 성전이 파괴되어 어찌할 바를 알지 못했던 이스라엘 백성처럼, 온라인 예배를 드리며 한국의 목회자들과 성도들은 성수주일의 의미와 신앙공동체의 본질에 대해 깊은 고민을 하게 되었다. 예배뿐 아니라 소그룹을 비롯해 모든 모임을 가질 수 없는 상황에서 우리의 나아갈 바를 찾아야만 했다. 다행히 목회자들의 빠른 대처로 온라인 예배를 드리는 교회들이 상당수에 이르고, 더 나아가 신앙공동체로서 정체성을 재정립해야 함을 직감하고 일상 속으로 들어가고자 변화를 꾀하고 있다. 또한 온라인 예배를 드리지 못하는 형편의 교회들을 돕는 모습들이 곳곳에서 나타나고 있기에 지금과 같은 상황이 반복해서 발생한다고 하더라도 그 대처능력은 점점 더 향상될 것으로 예측된다.

성도들 또한 코로나19로 인해 교회에 있지 않는 자신이 하나님의 자녀로서 어떤 모습을 하고 살고 있는지 보게 되었고, 또한 어떻게 살아가야 할지 고민하게 되었다. 목회자들 역시 목자로서 자신의 정체성과 흩어진 양떼를 어떻게 돌볼 것인지에 대해 보다 적극적으로 길을 찾아가고 있다. 위기는 또 다른 기회를 낳고 있는 중이 아닐까. 교회의 본질이 무엇인가를 생각하고 디아스포라, 흩어지는 교회로서 세상에서 어떤 모습과 어떤 역할을 해야 할 것인지 치열한 모색이 요청되는 이유이다. 건물에 모이든 모이지 않더라도 하나님의 자녀로서 살아갈 수 있는 힘을 가질 수 있도록 돕는 것이 교회의 역사적 사명이 되었다고 할 수 있다. 이것이 코로나 시대의 뉴 노멀(new normal)이 되어가고 있다. 앞서 보았던 주일 성수에 대한 설문조사 결과는 일상 영성에 대한 고민을 해야 하는 이유를 잘 보여주고 있다. 코로나19 이후, 주일예배를 꼭 교회에서 드리지 않아도 되겠다는 응답은 물리적 장소인 교회가 아닌 곳에서도 하나님의 백성으로서 정체성을 유지하며 하나님께 나아갈 수 있다고 생각의 변화를 겪고 있음을 보여주는 지표일 수 있다. 그렇기에 이 응답을 단순히 편리성만을 추구하는 것이라고 판단해서는 안 될 것이다. 그들 역시 영적 도전과 그에 대한 응전으로서 방법을 찾고 있는 중일 것이기 때문이다. 오히려 주일예배를 어느 곳에서 드리든 하나님과의 만남이 일어난다면, 오히려 그곳이 바로 성전이 될 수 있음을 가르쳐야 할 필요성을 보여주는 수치라고 본다. 축소가 아닌 확대의 개념으로 접근해야 한다고 본다. 성전에만 머물렀던 신앙을 일상까지 확장하여 온전한 그리스도인으로 살아갈 수 있도록 돕는 것, 목회의 중요한 지향점이지 않은가. 하나님의 임재가 있고 영과 진리로 예배하는 그곳에서 거룩한 만남이 이루질 때 그곳이 바로 하나님을 예배하는 예배의 자리가 되는 것이다. 성서는 많은 이들이 자신이 처해 있는 그곳을 하나님께 예배하는 자리로 구별하는 것을 보여준다. 김학철(2020) 교수는 우리에게 카이로스의 시간이 필요하다고 강조한다(CBS 잘 먹고 잘 사는 법, Ep. 24). 하나님을 깊이 만나는 시간, 이로 인해 어려움을 극복하고 인내할 수 있는 믿음을 가질 수 있는 시간이 우리에게 필요하다는 것이다. 그것이 바로 주일 성수 속에 담긴 깊은 의미일 것이다.

주학선(2018) 목사는 '영과 진리로 예배'한다는 것의 의미를 다음과 같이 설명한다. 영으로 드리는 예배는 예배의 주도권이 성령님께 있고 우리의 영이 성령님의 역사하심에 반응하는 것이며 하나님과 우리 사이의 영적 교제가 이루어짐을 의미한다는 것이다. 또한 진리로 드리는 예배는 진리이신 그리스도와 말씀 중심으로 드리는 예배를 의미한다고 말한다. 따라서 참된 예배는 하나님의 주도 하에 성령의 충만하심 그리고 예수 그리스도 안에서 생명의 진리와 사랑, 은혜의 부르심에 반응하는 것이라고 할 수 있다. 길이요, 생명이요, 진리이신 예수님. 예수님의 성육하심과 하나님의 말씀대로 온전한 예배를 드려야 한다. 요한복음의 말씀은 장소가 아닌 태도의 문제를 가르쳐 주고 있다.

> 아버지께 참되게 예배하는 자들은 영과 진리로 예배할 때가 오나니 곧 이때라 아버지께서는 자기에게 이렇게 예배하는 자들을 찾으시느니라. 하나님은 영이시니 예배하는 자가 영과 진리로 예배할지니라(요한복음4:21-24, 개역개정).

IV. 신앙의 중심축 이동: 성전에서 일상의 삶으로 확대 및 플랫폼의 다변화

지난 4월에 있었던 21대 국회의원 선거 결과, 대한민국 정치의 축이 보수에서 진보로 옮겨졌다는 글을 본 적이 있다. 20-40대는 변화된 것이 아니지만 50대의 선택이 진보로 옮겨졌다는 것이다. 여전히 지역과 연령에 따라 지지층이 갈리기는 하더라도 중도층과 부동층 그리고 50대가 진보 쪽으로 기울었음을 보여주는 결과였다는 것이다(이도영, 2020, 187). 이번 코로나19 사태를 겪으며 이제 교회는 신앙의 중심축을 성전 중심에서 일상의 삶 중심으로 확대해야만 한다. 이미 성도들은 이동 중이라고 할 수 있을 것이다. 본인이 섬기는 교회에서도 자발적인 소그룹 모임이 생겨나고 있고, 함께 성경을 읽으며 삶을 나누며 자신의 정체성을 세워가고 있는 것이다. 이전에도 강조했었지만 실천되지 못했던 삶이 신앙이 되는, 아니 되어야만 하는 시대가 왔다는 것이다.

부활주일을 기점으로 많은 교회가 다시 성전예배를 드리다가 수도권에서 거리두기 제한이 강화되면서, 기존의 대면 교육들도 온라인으로 대체하여 진행하고자 계획을 세우는 교회들이 늘고 있으며, 어린이·청소년 교회들도 온라인 콘텐츠를 개발하고 대면과 비대면 접촉을 적정 비율로 찾아가고 있는 중이다. 그 어느 때보다 미디어에 대한 의존도가 높아지고 있다. 코로나19 이전에 시간과 장소의 제약으로 함께 모여 교육과 나눔을 할 수 없었던 교회나 성도라면 이제는 온라인 채널을 통해 다양한 방식으로 만날 수 있도록 도모할 필요성이 있으며, 교회에서만 소그룹 모임을 갖고자 했던 성도들이 자신의 집을 모임 장소로 다시 내놓을 수 있는 방향으로 전환되어야 할 것이라고 생각한다. 교회의 모임과 양육 프로그램들이 줌(zoom)이나 구글 미트(meet), 카카오톡 그룹 콜 등으로 이루어지고 있다. 수도권에서 온라인 예배를 다시 드리게 되었을 때, 한 교회에서는 줌으로 온라인 예배를 드리며 성전의 대형 스크린에 가정에서 예배드리는 성도들이 등장했다. 이는 매우 상징적인 의미를 갖고 있다고 본다. 적극적으로 대처하며 새로운 길을 개척해나가는 모습에 많은 교회는 새로운 의지를 세우지 않았을까.

그러나 온라인 채널 제공만으로 모든 영적 필요를 채우기 힘들 것이다. 상황의 호전도에 따라 온·오프라인을 병행하여 모임과 교육을 진행할 필요성이 있다. 대면 사회든 비대면 사회든 인간은 홀로 살아갈 수 없는 사회적 동물이다. 교회 역시 혼자가 아닌 거룩한 성도의 무리이다. 김용섭(2020)은 언콘택트(uncontact) 사회와 초연결사회(hyper-connected society)가 서로 반대말이 아니라고 하면서, 언콘택트는 서로 단절되어 고립되기 위해서가 아니라 어떤 상황하에서도 여전히 연결되기를 위해서 선택된 트렌드라고 이해한다. 인터넷과 통신기술의 발달을 통해 다양한 플랫폼을 활용하여 함께 더불어 살아갈 수 있는 방법들이 강구될 수밖에 없는 이유이다. 온라인 예배를 통해 함께 만나지 못한 성도들 사이에서 대면 만남의 소중함을 깨닫고 온라인을 통해 소그룹 모임을 활발히 갖고 있는 경우도 교회 현장에서 늘어가고 있다. 이는 충분히 긍정할 만한 일이라 생각되고, 교회는 이런 자발적 모임들이 늘어가고 건강하게 모임을 지속할 수 있도록 돕는 방안을 찾아 지원하는 것이 필요하다고 생각한다. 더 나아가서 기독교적 가치를 실천할 수 있는 특정한 기회를 만들어서 성도들이 자원하는 마음으로 기꺼이 참여할 수 있도록 도와야 한다. 연구자의 교회에서 코로나19로 인해 어려운 지방의 미자립 교회들을 돕는 선한 계획을 제안했을 때, 주일 대면 예배에 참석하지 않는 성도들도 선한 사업에는 직접 교회에 나와서 함께 참여하는 모습을 볼 수 있었다. 하나님의 사랑을 구체화할 수 있는 일에 성도들이 움직인 것이다. 교회는 바로 이렇게 성도들이 그들의 신앙과 사랑을 실천할 수 있는 장을 열어주는 것이 필요하다고 본다.

이와 연관하여 대면하기 힘든 상황이 미래 사회에 더 빈도가 높아질 것이라는 우려는 오히려 자연스럽고 당연하게 생각된다. 그렇다면 교회는 무엇을 준비해야 할 것인가? 일상 속에서 그리스도인으로 살아가는 성도들을 돌봄에 있어 제한된 숫자의 목회자는 한계가 있다. 따라서 세상에 파송된 자들로서 평신도 리더들이 일상에서 성도들을 가까이 만나고 영적 성장과 성숙을 위한 영적 멘토로 기능하면서 목회자와 협력하는 것이 필요하다. 이를 위해서 기존의 시스템 안에서 리더 역할을 충분히 소화했던 이들을 중심으로 함께 성도들을 돌보고, 지속 평신도 리더를 발굴하고 세워 나감으로써 보다 적극적인 행보를 할 수 있도록 준비해야 할 것이다. 김용섭(2020)은 언콘택트 시대의 종교에선 상호적 관계, 수평적 관계가 중요해질 수 있다고 말하면서 일방적 권위가 아닌 신뢰에 따른 존중이 더 중요해지기 때문이라고 밝힌다. 김명실(2020) 교수 역시 지금은 십부장, 백부장, 천부장 중에 '십부장'에게 가장 큰 지도력을 부여해야 하는 때라고 말한다. 소규모로 일선에서 긴밀한 만남과 돌봄이 이루어지도록 체질 개선을 도모해야 할 것이다.

무엇보다 교회는 교회의 대사회적 이미지 쇄신에도 힘을 쏟아야 한다. 교회 역사상 사회가 어려울 때, 그리스도인들은 기꺼이 어려움을 무릅쓰는 자들이었다. 이상규에 따르면, 초기 교회가 로마에서 인정받을 수 있었던 가장 중요한 이유가 전염병이 창궐했을 때 다른 이들을 위한 목숨을 내건 사랑을 실천했기 때문이라고 밝히고 있다. 이때 그리스도

(N=1000, %)

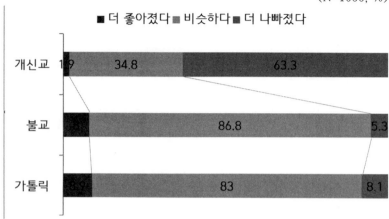

■ 더 좋아졌다 ■ 비슷하다 ■ 더 나빠졌다

개신교   1.9   34.8   63.3

불교   86.8   5.3

가톨릭   83   8.1

〈그림 3〉 코로나19 이전과 이후 종교별 신뢰도 변화 (기독교 8개 언론기관(CBS, CTS, CGN, GoodTV, C채널, 국민일보, 극동방송, 기독신문) 연합 코로나19 시대 한국교회 신생태계 조성 및 미래전략 수립을 위한 설문조사 TF '코로나19의 종교 영향도'에 대한 일반국민 조사 결과, 2020. 8. 13-20. 8일간 총 유효표본 1,000명 조사).

인들은 '파라볼라노이'(*parabolanoi*), 즉 위험을 무릅쓰는 자들이라 불렸다고 한다(이도영, 2020, 221에서 재인용). 그런데 교회는 이번 코로나19를 겪으며 오히려 위험을 일으키는 요인처럼 일반인들에게 비춰졌다. 최근 개신교 언론사 8곳이 함께 코로나19 및 종교에 관한 인식조사 결과를 발표했는데, 개신교의 평판은 민낯이 그대로 드러난 듯 형편없는 수치를 보인다. 코로나19 이전과 이후를 비교해서 종교별 신뢰도를 묻는 질문에 대해 '이전과 비슷하다.'의 비율이 높은 불교, 가톨릭과는 달리 개신교에 대해서는 '이전보다 더 나빠졌다.'고 하는 비율이 63.3%로 현저히 악화되었음을 보여준다(그림 3).

더구나 코로나19에 대응한 모습에 대해서도 개신교인들이 스스로 평가하는 것과 외부에서 바라본 수치는 큰 격차를 보인다. 코로나19

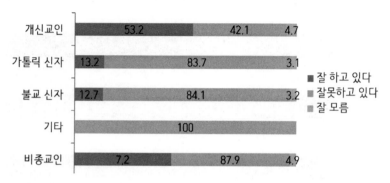

코로나19 종교별 대응 의견(응답자 종교별)

	잘 하고 있다	잘못하고 있다	잘 모름
개신교인	53.2	42.1	4.7
가톨릭 신자	13.2	83.7	3.1
불교 신자	12.7	84.1	3.2
기타		100	
비종교인	7.2	87.9	4.9

〈그림 4〉 기독교 8개 언론기관 연합과 코로나19 시대 한국교회 신생태계 조성 및 미래전략 수립을 위한 설문조사 TF '코로나19의 종교 영향도'에 대한 일반국민 조사 결과, 2020.8.13-20. 8일간 총 유효표본 1,000명 조사.

사태에 대한 개신교계의 대응에는 74%가 '전반적으로 잘못하고 있다'고 응답했고 '잘하고 있다'는 응답은 18.7%에 불과했다. 그런데 동일한 질문을 응답자들의 종교별로 나누어 그 결과를 보면 전혀 다르게 수치가 나타난다. 개신교인들은 53.2%가 '교회가 잘하고 있다'고 답한 반면, 못하고 있다는 42.1%로 줄어든 것을 볼 수 있다(그림 4). 개신교인과 비개신교인 간 현격한 인식 차를 드러냈다. 전혀 소통하지 못하고 우물 안 개구리처럼 생각해서는 안 된다. 사회와의 의사소통과 공감 및 객관적 자기성찰이 절실히 요청되는 지점이라고 할 수 있다.

기독교가 도덕의 종교는 아니지만, 비그리스도인들의 눈에 비치는 그리스도인들의 도덕적 행동은 종교를 가늠하는 중요한 잣대가 된다. 이 시점에서 최초의 교회 규범서인 '디다케'(Didache)를 기억해보자. 이는 현존하는 가장 오래된 것으로 초대교회가 어떻게 세례를 베풀었는지 알 수 있는 자료인데, 세례를 준비하면서 가장 먼저 가르치는 것은 도덕적 가르침이었다는 점이다. '두 가지 길'(Two Ways)이라고 하여 생명의 길과 죽음의 길이 있음을 알려주고 있으며, 생명의 길은 기독교적으로 바른 삶이라고 가르친다(김정, 121-122; 손원영, 88-89). 하나님을 사랑하고 이웃을 사랑하라는 가르침이라 할 수 있다. 다른 조사 결과 역시 교회 자신과 일반인들이 바라보는 교회의 모습은 괴리가 상당하다. 교회의 대 사회적 의사소통과 공감 능력의 제고가 절실히 요구된다. 이것이 부정할 수 없는 교회의 오늘 모습이다.

올해 코로나19와 관련된 기독교 서적들이 많이 출판되었는데, 그 중 대표적 저서들이 있다: 톰 라이트의 『하나님과 팬데믹』, 존 파이퍼의 『코로나바이러스와 그리스도』, 월터 브루그만의 『다시 춤추기 시작할 때까지』, 존 레녹스의 『코로나바이러스 세상, 하나님은 어디에 계실까?』. 이들이 코로나19를 바라보는 시각은 차이를 보이지만, 코로나19 시대의 그리스도인과 교회의 역할에 대해선 일치된 목소리를 내고 있다. 기독교의 본질로 되돌아 갈 것과 이웃을 향한 사랑과 헌신, 전체 공동체를 배려하는 마음이 요청된다고 말한다. 변화되어야 할 방향에 대해서도 설문조사 결과는 길을 제시해주고 있다. 이후 개신교가 사회를 위해 가장 힘써야 할 것을 묻는 질문에 응답자의 60.6%가 '윤리와 도덕 실천 운동'을, 다음으로 '사회적 약자 구제 · 봉사' 49.6%, '인권, 약자 보호 등 사회운동' 22.5%, '정부와 소통' 21.7%, 사회통합 17.2% 순으로 나타났다(그림 5).

그러나 종교에 대한 여론이 어두운 면으로만 끝나지 않음을 보여주는 조사 결과도 있다. 종교에 대한 부정적 시선은 높았지만, 종교의 대 사회적 영향력을 묻는 질문에 대한 응답은 '과거 대비 증가'가 54%로, '과거 대비 감소' 27%보다 배나 많았다. 이 수치는 여전히 종교가 우리 사회

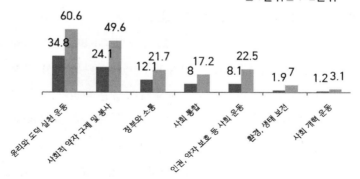

60.6
34.8
49.6
24.1
12.1 21.7
8 17.2
8.1 22.5
1.9 7
1.2 3.1

윤리와 도덕 실천 운동 | 사회적 약자 구제 및 봉사 | 정부와 소통 | 사회 통합 | 인권, 약자 보호 등 사회 운동 | 환경, 생태 보전 | 사회 개혁 운동

〈그림 5〉 코로나19 이후 개신교회가 사회를 위해 가장 힘써야 할 것 (기독교 8개 언론기관연합과 코로나19 시대 한국교회 신생태계 조성 및 미래전략 수립을 위한 설문조사 TF '코로나19의 종교 영향도'에 대한 일반국민 조사 결과. 2020. 8. 13-20. 8일간 총 유효표본 1,000명 조사).

안에서 감당해야 할 사명이 있으며 여전히 종교계를 향한 일반의 기대가 있다는 희망으로 보아야 할 것이다. 더불어 개신교회는 뼈를 깎는 자성과 변화를 꾀하지 않는다면 지금보다 더 어려운 국면을 맞이할 수 있는 엄중한 상황이라는 인식과 실천이 절대적으로 요청된다고 하겠다.

세상을 향해 파송된 자들로서, 일상의 삶 속에서 그리스도인으로 살아갈 수 있도록 교회는 성도들을 교육하고 지원하기 위한 노력이 지속하여 필요하다, 교회의 일에만 열심을 내는 성도가 아닌 일상 속 예배자로서 삶. 하나님의 사랑을 대표하는 메신저로서 거룩한 부담감을 갖고 삶으로 말씀을 살아내는 행함이 요구된다. 더 나아가 하나님 나라로의 확장이 강력히 요청된다. 청파교회 김기석 목사는 코로나19로 인해 인류는 문명사적 전환의 시기가 도래했다고 간파한다. 코로나19 시대, 하나님께서 우리에게 진정 원하시는 것이 무엇인지 귀 기울여야 한다는 것이다(CBS 〈잘 먹고 잘 사는 법〉, Ep. 39). 개신교회가 이런 문명사적 전환의 시기를 맞이했음을 직시하고 성전 중심의 삶에서 일상의 삶으로 그 중심을 확대해나갈 때 내일을 말할 수 있을 것이다. 멈춤을 통해 앞으로 나아갈 방향을 잘 설정하는 노력이 필요한 때이다.

V. 나가는 말

'포스트 코로나' 대신 '위드 코로나'라는 말을 할 정도로, 코로나19가 종식되어 우리의 일상이 회복되는 때가 쉽게 올 것 같지 않은 상황이다. 하지만 우리가 기억해야 할 것이 있다. 이 모든 고난을 온전히 인내하고 넉넉히 감내하며 교회로서 그리스도인의 정체성을 세워나간다면 결코 힘들고 무의미한 시간은 아니라는 점이다. 팀 켈러(2018)는 고통에 대해서 다음으로 답하고 있다. "고난으로 신앙을 떠나거나, 고난으로 하나님을 만나거나." 코로나19 종식을 위해 기도했으나, 주어진 현실 앞에서 새로운 도전이 주어졌다. 그렇다. 코로나19 종식을 위해 기도했으나, 주어진 현실 앞에서 새로운 도전이 주어졌다. 인생이란 '나에게 무슨 일이 일어나느냐'는 10%의 사건과 '그 일어나는 일에 내가 어떻게 반응하느냐'는 90%의 태도로 구성된다고 한다(장학일, 국민일보 2011년 5월 19일). 하나님을 만나는 기회가 되도록 해야 할 것이다. 하나님 앞에 온전한 예배자로 서며, 하나님의 시간을 구별하고, 세상을 향해 선한 영향력을 끼쳤던 우리의 근본 모습을 회복하는 기회가 된다면 또한 고난을 통해 더욱 하나님께로 가까이 가는 기회가 될 것이다. 우리를 사랑하사 성육신하신 하나님을 따라 살아가는 신앙의 회복이 필요하다. 우리 신앙과 삶의 영점조정이 필요한 때이다.

2부

코로나19 시대, 교회교육의 과제와 새 패러다임

포스트 코로나 시대, 온라인 교회교육에 대한 이해*

김정희(목원대학교)

I. 들어가는 말

2008년 글로벌 금융위기 때보다 더 위험하다고 여겨지는 코로나19는 첫 확산부터 지금까지 우리 삶의 근간을 흔들며, 전 세계 수백만 명의 생명을 위협하고 있다(이상만, 2020 참조). 코로나19의 장기화는 이후 백신이 개발된 후에도 여전히 정치적·경제적·사회문화적으로 영향을 주게 될 것이다. 그리고 그에 따른 회복탄력성도 어느 정도일지 예측하기가 어렵다. 교회도 사회와 마찬가지로 코로나19가 주는 종교계 내의 충격을 완전히 소화하고 있지 못한다.

현재 교회는 코로나19로 인해 변화하고 있는 목회구조에 대해 고민하고 있다. 코로나19가 종식되더라도 아무 일도 없었다는 듯 코로나19

---

* 본 논문은 2020년 「신학과현장」에 실린 논문을 편집한 것임을 밝힘

이전으로 되돌아가는 것은 불가능할 것이라는 사실도 알고 있다. 현장 목회와 온라인목회를 경험한 성도들에게 무엇이 더 나은 것이라고 말할 수 있지만 그럼에도 불구하고 이 둘 사이에서 다시 하나를 선택하기에는 어려움이 존재할 수도 있다. 앞으로 제2, 제3의 코로나가 발생하지 않을 것이라는 것을 예상하지 못하는 이때, 블렌디드 목회에 대한 새로운 방향이 제시되어야 한다. 특히 그동안 등한시했던 온라인 목회, 더 나아가 온라인 교회에 대한 재정의가 필요한 때이다. 그리고 그에 따른 목회자들을 양성하는 것이 앞으로 신학교와 교회의 역할이라 생각된다.

이에 본 연구에서는 코로나19가 한국 사회와 교회에 준 영향에 대해 살펴보고, 이를 통해 한국교회가 어떤 목회의 성격과 방향을 가져야 하는지에 대해 특별히 영상목회의 필요성에 대해 논하고자 한다.

II. 코로나19, 세계적 상황과 한국 상황

코로나19의 확산은 중세기 흑사병 이후 전세계를 강타한 유례없는 전염병이라고 할 수 있다. 특히 손쓸 새도 없이 확산하는 와중에 세계보건기구(WHO)의 늦장 대응은 전 세계로부터 비난을 샀다. 또한 세계보건기구가 세계적으로 감염병이 대유행할 때 선포하는 감염병 최고 경고 등급인 팬데믹(Pandemic)을 선언하면서 여러 대륙 국가들 가운데 코로나19가 창궐하고 있음을 공식적으로 인정할 때는 이미 이를 보다 확실하게 예방할 수 있는 시간적 여유를 가지지 못하게 되기도 하였다. 그로 인해 아시아, 특히 중국과 한국, 일본 등지에서 코로나19가 유행했을 때, 세계 각국이 특정 국가를 중심으로 입국 거절을 했던 것에 반해 세계보건기구의 펜데믹이 선언된 이후에는 국경 봉쇄를 통한 국가 간 이동 및 여행을 금지하고, 공공장소 폐쇄, 외출 금지 등을 통한 국민 간 이동 및 접촉이 금지되었다(최나실, 2020; 홍민정·오문향, 2020에서 재인용). 코로나19의 발병 및 확산된 과정은 다음과 같다.

- 코로나19의 최초 감염은 2019년 12월쯤 중국 우한에서 발생한 것으로 추정된다.
- 2020년 1월 한국을 비롯한 일본, 태국, 베트남 등의 아시아 지역으로 확산되기 시작하였다.
- 2020년 1월 11일 중국에서 코로나19로 인한 첫 사망자 발생한 이후 최대 명절인 춘절을 기점으로 중국 전역으로 코로나19가 확산되면서 감염자가 급격하게 증가하기 시작하였다.
- 2020년 1월 30일 세계보건기구(WHO)에서 코로나19로 인한 국제적 공중 보건 비상사태(Public Health Emergency of International Concern, PHEIC)를 선포하였다.
- 2020년 2월 유럽을 중심으로 한 코로나19의 감염이 확산되기 시작하였다.
- 2020년 3월 11일 세계보건기구(WHO)에서 감염병 최고 위험 단계인 '펜데믹(pandemic)'을 선언하였다(이은환, 2020, 6).
- 2020년 5월 11일 기준으로 전 세계의 누적 환자는 450만 명, 사망자는 30만 명에 이르고 있다.
- 2020년 8월 6일 기준으로 전 세계의 누적 환자는 1천900만415명, 사망자는 71만1천627명에 이르고 있다. 국가별 확진자 수는 미국이 497만 3천741명으로 가장 많으며, 브라질 286만 2천761명, 인도 196만 7천700명, 러시아 87만 1천894명, 남아프리카공화국 52만9천877명 순으로 나

타나고 있다(KBS NEWS 홈페이지, 2020년 8월 6일).

— 전세계적으로 코로나19 백신을 연구 중에 있다.

코로나19의 확산에 따른 한국의 대응 방안은 다음과 같다.

— 2020년 1월 코로나19의 발원지인 중국 우한시에 거주하는 중국 국적 입
  국인으로 인해 국내 최초 확진자가 발생한 이후 2020년 1월 19일부터 중
  국 우한시 입국자에 대한 검역 과정이 엄격하게 바뀌었으며, 발열 등의 증
  상 환자에 대한 검역 조사를 하고 이를 통해 확진 환자를 분류하기 시작했
  다(이은환, 2020. 9).
— 2020년 1월 코로나19의 국가 감염병 위기 경보 단계로 격상되면서 학사
  일정에도 영향을 주게 되었다. 초중고등학교의 경우는 코로나19의 전염
  확산에 대응하여 다음과 같은 학사일정을 세웠다. 첫째, 개학 전 가정 공
  지를 통해 최근 중국을 방문한 학생은 증상 유무에 상관없이 방문일을 기
  준으로 2주간 자체 등교 중지를 하도록 권고하였다. 둘째, 졸업식의 경우
  졸업생 전체가 한 공간에서 행사를 치루는 것이 아닌 각 교실에서 치루게
  하였다. 셋째, 식사 시간을 제외한 모든 수업 시간에는 마스크를 착용해야
  한다. 넷째, 등교 시 전교생과 교직원들이 발열 확인과 손 소독을 수시로 해
  야 한다(충청타임즈 홈페이지, 2020. 1. 30). 그러나 코로나19에 전염된
  학생들이 산발적으로 나타나는 관계로 잠정적 휴교를 고려하는 학교들도
  나타나는 등 학사일정이 원활하게 진행되지 않는 모습을 보이기도 했다.

대학교의 경우는 코로나19의 전염확산에 대응하여 다음과 같은 학
사일정을 세웠다. 첫째, 2020년 졸업식 및 2020학번 신입생 오리엔테

이션 및 기타 행사들이 취소되었다. 둘째, 중국 우한 출신의 신입생이나 재학생 및 중국 방문 재학생에 대한 자체 조사를 실시하였다. 중국 유학생들의 경우에는 발열과 기침 등의 증세가 없더라도 입국 후 2주간 자가격리를 권고하거나 학교 기숙사 혹은 별도의 공간에서 2주간 격리조치를 한 후에 등교하도록 조치하는 등 대학 내 감염증의 확산을 막기 위한 대책을 내놓았다(연합뉴스 홈페이지, 2020. 1. 31).

— 2020년 2월 3일 학교 등교가 시작되었지만 코로나19 확진자의 증가세로 인해 전국 336개 유·초·중·고교가 개학 연기 또는 휴업에 들어가기도 하였다(한겨레 홈페이지, 2020. 2. 3). 대학의 경우 교육부가 개강을 4주 이내로 연기할 것을 권고했다(뉴스1 홈페이지, 2020. 2. 5).

— 2020년 2월 4일 후베이성 여권 소지자와 지난 14일간 후베이성에서 체류한 바 있는 외국인에 대한 입국 제한이 실시되었다. 이후 2월 17일까지 코로나19 확진자의 숫자는 약 30명 선을 유지하기 시작하면서 비교적 안정적인 방역이 이루어지는 조짐이 보였다.

— 2020년 2월 18일 대구에서 31번 슈퍼전파자가 발생하면서 그로 인한 지역 감염 사례가 속출하기 시작하였다. 특히 31번 확진자와 연관된 대구 신천지 집단과 이만희 교주의 형 장례식장이었던 경북 청도의 대남병원 등을 중심으로 신천지 집단을 통한 지역사회 감염이 발생하기 시작했다. 코로나19 양성확진자 중 첫 사망자는 경북 청도의 대남병원에서 발생하였다(이은환, 2020, 8-9). 이후 코로나 감염은 전국적으로 확산되었으며, 병원, 교회, 콜센터 등의 소규모 집단 감염 형태가 산발적으로 나타나기 시작하였다.

— 2020년 2월 29일 코로나19로 인해 71개국에서 한국인의 입국을 제한하

였다. 이 중 한국발 입국자에 대한 전면적/부분적인 입국 금지를 하는 국가는 33곳이다(한국경제 홈페이지, 2020. 2. 29).

— 2020년 3월 11일 이탈리아와 이란을 '검역 관리지역'으로 지정하고, 이곳에서 오는 입국자에 대한 검역을 강화하였다. 코로나19의 확산으로 인해 대학은 비대면수업으로 개강하였으며, 초중고등학교는 등교일자를 연기하였다(KBS NEWS 홈페이지, 2020. 6. 27).

— 2020년 3월 19일 기준, 한국은 코로나19와 관련하여 선제적 대응과 정보의 투명한 공개, 온건한 입국관리조치를 했지만 국내 코로나19의 확산에 대한 부정적 인식으로 인해 125개국으로부터 입국 제한을 당하였다(이상만, 2020, 18).

— 2020년 4월 1일 해외에서 입국하는 사람들은 국적에 상관없이 14일 의무적인 자가격리를 실시하였으며, 또한 '자가격리 안전보호앱'을 설치하도록 하여 관리 및 감독하였다(김재유, 2020, 72).

— 2020년 4월 6일로 예정된 초중고의 개학이 불투명해졌으며, 그로 인해 등교 개학과 온라인 개학을 동시에 추진하기로 하였다(한겨레 홈페이지, 2020. 3. 26).

— 2020년 5월 이태원 클럽 및 쿠팡 관련 확진자가 폭팔적으로 증가하게 되면서 서울에서는 6, 7차 감염자들도 나타나게 되었다. 그로 인해 대학들은 대면 수업을 고려하던 것을 취소하고 다시 비대면수업으로 학기를 운영하였다.

— 2020년 6월 1일 '인천과 경기 목회자 모임'을 중심으로 한 집단감염이 발생하였다.

— 2020년 6월 27일 기준으로 국내 확진자는 1만2천653명으로, 이태원 클럽발 간염자와 경기 부천 쿠팡물류센터 관련 확진자가 감소 추세인 것에

반해 부흥회, 기도회 등의 수도권 교회의 소모임을 통한 집단감염의 영향으로 인해 다시 증가세로 돌아섰다. 그로 인해 방역당국에서는 종교모임의 자제 및 비대면으로의 전환을 요청하기도 하였다(KBS NEWS 홈페이지, 2020. 6. 27).

— 2020년 7월 8일 전국 교회를 대상으로 핵심방역수칙의 의무화가 발표되었다(당당뉴스 홈페이지, 2020. 6. 10).

— 2020년 7월 20일 기준으로 국내 발생 신규 확진자는 4명, 해외유입사례는 22명으로 확인되어 총 누적 확진자 수는 1만 3771명이다. 중앙방역대책본부에서는 해외유입 사례 증가에 따라 방역강화대상국가를 총 6개 국가로 지정하고, 비자와 항공편 제한 등의 조치와 우정기편의 일시 중지, 해당국가에서 입국하는 모든 입국자 중 외국인의 경우 PCR 음성확인서의 제출 등의 조치를 강화하도록 하였다(연합뉴스 홈페이지, 2020. 7. 29).

— 2020년 8월 8일 0시 기준 국내 발생 코로나19 신규 확진자는 30명, 해외유입사례는 13명으로 확인되어 총 누적 확진자 수는 1만 4562명이다. 국내 신규 확진자 중 8명이 반석교회 관련 누적확진자로서, 예배 후 교제 및 식사를 통해 확진되었으며, 이들 중 어린이집 종사자를 통한 2, 3차 간염이 확산되고 말았다. 그 외 종교 소모임을 통한 확진자의 발생이 꼬리를 물면서 수도권의 종교시설과 종교 소모임을 중심으로 한 재유행에 대한 불안함이 가중되고 있다(뉴스핌 홈페이지, 2020. 8. 8).

III. 코로나 그리고 한국교회

1. 코로나19가 한국교회에 준 영향

코로나19로 인해 교회 예배와 각종 모임 등이 봉쇄되었을 때, 교회는 처음에는 코로나19의 전파에 대한 우려에 동감하며, 정부와 지자체의 권고를 따라 대면 예배를 비대면 예배로 전환하고, 그에 따른 교회일정들을 취소하였다. 그러나 코로나19가 장기화되면서 교회는 어떻게 이 난국을 헤쳐나가야 할 것인가에 대한 고민을 하기 시작했다. 물론 공중 보건과 신앙 사이에서 갈등을 겪으면서 정부와 지자체의 지침에 반발하며 대면 예배를 강행하는 일부 교회들도 있었지만 대다수 교회에서는 성도들을 동요를 일으키지 않는 한도 내에서 창의적인 해법을 통해 온오프라인예배의 확장을 도모하기도 하였다. 특히 교회나 학교 운동장 등에 주차를 하고 차 안에서 라디오를 통해 예배를 드리는 드라이브 인 워십 서비스(Drive-in worship service)라는 새로운 예배 형태를 선보이기도 하였다(동아일보 홈페이지, 2020. 3. 29). 그러나 가장 문제가 되었던 것은 부활절이었다. 부활절 이전까지는 코로나19로 인한 '사회적 거리두기' 운동에 종교계가 전적으로 동참하여 온라인 예배를 드려왔으나 기독교의 가장 큰 절기 중의 하나인 부활절 주일예배를 어떻게 할 것인가에 대한 결정이 나오지 않았기 때문이다. 천주교의 경우 4월 2일 개학 시점에 맞춰 미사를 재개하기로 하였으나 초중고 학생들의 등교일정이 무기한 연기되면서 무기한 미사중단을 통해 발을 맞추기로 하였다고 발표하였다. 서울대교구의 경우는 '주님 부활 대축일(부활절)'의 경우 미사를 비롯한 성주간 전례에 신자의 참여 없이 사제단 일부만이 참석하여 진행하며, 이를 방송과 유튜브로 생중계하기로 결정했으며, 대구대교구, 전주교구, 수원교구, 군종교구가 미사를 무기한 중단하였다(헤럴드경제 홈페이지, 2020. 4. 3). 그러나 개신교의 경우는 다양한 반응을 나타내고 있었다. 새문안교회의 경우는 부활절 연합예배를 드리면서 각 교단별 대표 100여 명만 참석하는 등 예배규모를 축소해서 드리는 방안을 채택했으나 그 외 교회들은 현장 예배와 온라인 예배 사이에서 갈팡질팡하는 모습을 보였다(헤럴드경제 홈페이지, 2020. 4. 3). 그로 인해 부활절 당일에는 현장 예배를 드리는 교회 관계자와 집회 금지를 알리기 위해 방문한 공무원 간의 충돌이 발생하기도 하였으며, 방역수칙을 어기고, 집회 금지 명령에 불응한 교회의 경우 경찰에 고발되기도 하였다. 그러나 예배 쿼터제나 드라이브스루 예배 등의 다양한 교회예배 형태로 현장 예배를 드리는 교회들을 볼 수 있었다. 사랑의 교회의 경우 온라인 예배로 진행하면서 좌석마다 성도들의 얼굴이 인쇄된 사진을 붙여 현장 예배에 참석하지 못하는 성도들의 마음을 담기도 하였으며, 서울 온누리교회의 경우 드라이브 인 워십 서비스를 통해 예배를 드리기도 하였다. 그 외 부활절을 2주 연기하여 드리는 교회, 현장 예배로 드린 서울 대형교회는 24곳이며, 그 외 전국적으로 많은 교회가 현장 예배를 드린 것으로 나타났다(MBC뉴스 홈페이지, 2020. 4. 12).

2. 코로나19로 인해 변화하는 한국교회

코로나19의 감염 확산의 속도는 8개월이 지난 현재에도 누그러지지 않고 있다. 코로나19의 장기화는 감염예방을 위해 이동의 제한 및 격리, 밀접한 접촉의 자제 등의 삶의 방식을 재편성하고 있으며, 더 나아가 공동체에 대한 재정립이 요구되기 시작하였다(이상만, 2020, 3). 14세기에 유럽에서 발병한 흑사병은 당시 유럽 인구의 30% 혹은 50%로 줄게 만들었다고 알려지고 있다. 죽음의 사신인 흑사병은 단지 인류의 목숨만을 위협한 것이 아닌 당시 시민의식을 각성시켜 중세로부터 르네상스 더 나아가 종교개혁을 통한 근대사회로 변화하는 데 중요한 영향을 미쳤다. 현대 코로나19는 신자유주의의 종식을 통한 포스트 코로나19 시대를 준비하는 계기가 되고 있다(이상만, 2020, 5-6). 일상생활을 전면적으로 바꾸는 코로나19는 사회와 교회로 하여금 지금까지 누렸던 삶을 버리길 요구하고 있으며, 그로 인해 그동안 나태했던 삶을 버리고 새로운 삶의 길을 찾아야 하는 과제를 안고 있다(이재완, 2020 참조). 코로나19의 전파는 모든 사람에게 예외일 수 없지만 그것을 어떻게 극복하느냐의 과정과 방법은 매우 상이하게 나타난다. 특히 소위 취약계층을 중심으로 코로나19의 전염이 상대적으로 높은 것처럼(이재완, 2020, 16) 교회도 코로나19에 대한 대응 방식이 교회 규모별로 상이하게 나타나고 있다. 코로나19 감염 초기, 신천지로 인한 집단 간염이 문제가 되었을 때, 종교계는 현장 예배, 현장 법회 등을 중단하고 전면적인 온라인 시스템으로 전환했을 때, 기존의 현장 예배와 온라인 예배를 병행해왔던 교회들의 경우에는 디지털 역량을 갖추었기에 큰 저항 없이 적응할 수 있었다. 그러나 그렇지 못한 교회의 경우, 즉 아날로그 사회에서 디지털로 이행하는 과도기를 준비하지 못하여 그에 따른 시행착오가 많았다. 다행스럽게도 Zoom이나 Naver Band, You Tube 등을 통한 화상 예배에 대한 프로그램의 보편화로 인해 빠른 시간 내에 온라인 예배의 송출이 가능하게 되었다.

〈그림 1〉 유튜브와 네이버밴드를 활용한 온라인 예배

　또한 그동안 교회의 오프라인에서의 목회와 교육, 선교가 한계에 다달았음을 통감하며, 이제 디지털 세대를 위한 온라인 목회와 교육, 선교에 더 많은 관심을 기울여야 할 때이다. 이렇듯 코로나19는 기존 교회의 체제적 모순들을 지적하고 더 나아가 교회의 본질에 대한 성찰을 촉구하는 계기가 되고 있다. 그리고 코로나19가 지속되고 있으며, 언제 코로나19의 확산이 저지되고 백신을 통해 이를 통제할지 모르는 상황 속에서 인간의 오프라인 문화의 질서가 한계에 다다른 것이라고 볼 수 있으며, 코로나19에 대한 다양한 조치와 관점들에 영향을 받아 변화하는 인간의 삶의 환경들과 그에 따른 새로운 환경 질서를 목도하게 될 것이다. 특히 코로나19로 인해 부각된 온라인이라는 장에 대한 목회적 관점의 변화에 주목하여, 코로나19가 종식되고 포스트코로나 시대가 왔을 때 여전히 오프라인의 예배가 유의미할 것이라는 사고를 내려놓고, 온라인 예배의 확대를 모색해야 할 것이다. 더 나아가 아직까지 초기 단계에 머물고 있는 온라인 교육과 교제, 선교의 방법을 다방면에서 찾는 과정도 필요하다. 이에 언택트(Untact) 시대에 온택트(Ontact) 목회를 지향해야 할 때이다. 이는 코로나19로 인해 비대면 시대를 경험하면서 결핍되는 소통의 목회를 온라인을 통해 보완하는 것이다(다음 백과 참조).

그런데 코로나19를 겪으면서 교회 간의 불평등은 좀 더 심화되고 있는 것은 사실이다. 코로나19는 우리 사회 내 사회경제적 불평등을 수면 위로 드러냈으며, 더 나아가 공간의 폐쇄성을 통한 공간의 불평등과 디지털 역량의 불평등을 발생시켰다. 그로 인해 코로나19의 여파를 견디기 어려웠던 많은 미자립교회가 포스트 코로나 시대에 닫을 것이라는 위기가 가중되고 있다. 코로나19 발병 초기 성남에 있는 모교회의 다수 확진자가 발생했을 당시에도 아쉬웠던 것은 교회 관계자가 온라인에 대한 지식이 전무했다는 사실이다. 온라인으로 예배를 드리는 것에 대한 인식과 방법에 대한 무지가 대면 예배를 강행하게 하였고, 그 가운데 방역 수칙을 제대로 지키지 못하게 되면서 신규 확진자를 양산시키는 결과를 가져왔기 때문이다. 이는 비단 해당 교회만의 문제가 아니다. 그동안 교회가 세상의 변화와 흐름을 제대로 의식하지 못한 결과라고 볼 수 있다. 더불어 자립이 어려운 교회일수록 그 변화와 흐름에 편승하지 못하는 사실도 도외시했던 것들을 반성해야 한다. 그렇다고 해도 비단 미자립교회의 노력만으로 상쇄될 수 없는 것이 사실이다. 약육강식의 세상이라는 자본주의 사회에서 교회가 이웃교회를 배려하지 않는다면, 그로 인해 문을 닫는 교회들이 나타나게 된다면, 그 역시 좋은 모습은 아닐 것이다. 코로나19 팬데믹은 한국교회의 기본적인 목회틀을 크게 흔들고, 변화시키고 있다. 이는 비단 개별 교회에 국한된 것이 아닌 교회와 교회 그리고 교회와 사회와의 관계에도 영향을 미치고 있다. 만일 교회가 이러한 변화의 물결을 겸허히 받아들이고 지속 가능한 발전을 기대할 수 있는 교회 간의 연대와 협력을 꾀하고, 더 나아가 사회와의 연대와 협력을 그린다면 포스트 코로나 시대가 왔을 때, 한국교회의 사회적 역할은 더욱 강화될 것이라고 보인다. 그러기 위해서는 교회 스스로가 기존의 방식으로는 코로나19를 해결할 수 없으며, 대응 방식 역시 기존의 것으로는 불충분하다는 사실을 깨달아야 한다(이상만, 2020 참조).

　디지털 역량을 갖춘 교회들이 '함께 가는 교회'에 대한 사명을 가지고 상대적 불평등의 관계를 넘어 상생 관계를 형성할 때, 가능한 것이다. 디지털 역량을 갖춘 교회만이 살아남는 구조를 만드는 것이 아닌 디지털 역량이 미흡한 미자립교회와의 상호연계체계를 통해 통합적인 안정망을 구축할 때이다. 더 나아가 교단적 차원으로는 교회별로 유기적으로 연대할 수 있는 장을 제시해야 하며, 자립교회와 미자립교회 간의 생존경쟁이 아닌 함께 살아갈 수 있는 방법이 제시되어야 하며, 교회적 차원에서는 자립교회가 미자립교회를 위해 그들의 지식과 역량을 나눠줄 수 있어야 한다.

IV. 나가는 말

　코로나19는 우리의 삶을 많이 변화시켰다. 일명 '뉴노멀'(new normal)이라고 불리는 오늘날 피부로 느껴지는 사회 전반에 걸친 변화는 온라인 시대를 본격적으로 열었다. 이는 정부의 공중보건정책의 일환인 '사회적 거리두기'는 교회에게 현장 예배의 포기 혹은 잠정적 중지와 함께 온라인 목회의 주도적 시작을 가져왔다. 그러나 일상적으로 드리던 현장 예배의 중단과 온라인 예배로의 전환은 개신교뿐만 아니라 가톨릭과 불교계에도 커다란 카오스를 가져오게 했다. 왜냐하면 전통적인 예배형식에 대한 논쟁과 일시적으로 시작하였지만 장기화되고 있는 온라인 예배는 지금까지 이해되어왔던 전통 목회에 대한 기반을 흔들고 있기 때문이다.

그러나 교회의 사회적 책무이나 책임으로써 온라인 목회로의 전환은 마땅히 동참해야 할 부분이다. 코로나 시대 속에 살고 있는 교회의 고민은 현장 목회의 고수가 아닌 온라인목회에 대한 대처가 아닐까? 그동안 우리에게 주는 교훈은 바로 위기를 위기로 받아들이는 것이 아닌 위기를 통해 새로운 길을 찾을 수 있다는 것이다. 그 길은 현재까지 걸어보지 못한 길이기에 매우 낯설고 불안정한 길일 수 있지만 시대가 요구하고 사회가 요구하는 길이라면 담대하게 받아들이는 것이 좋지 않을까?

코로나19와 교회교육 커리큘럼
: 미디어 리터러시 핵심 역량

이원일(영남신학대학교)

Ⅰ. 서론

교육과정은 민감한 학문이다. 교육과정이라는 단어 앞에 어떤 단어가 붙느냐에 따라 교육과정의 특성은 달라진다. 오늘날 관심 있게 주어진 주제는 코로나19와 교회교육 커리큘럼이다. 커리큘럼 앞에 두 가지의 단어가 첨부되어 있다. 하나는 교회교육이라는 단어이다. 커리큘럼은 학교교육에서 시작되었고, 오늘날까지도 커리큘럼 이론을 선도하고 있다.

그러나 교회교육이라고 하면 그 교육과정은 교회라고 하는 교육현장의 특수성을 고려해야 한다. 교회란 어떤 곳인지? 어떤 교회를 말하는지? 어떤 연령대를 말하는지에 따라 교육과정은 달라질 수밖에 없다. 더 나아가 '코로나19'라고 하는 시대적이며 사회적인 용어가 첨부되었다. 코로나19는 이제 모르는 사람이 없을 정도로 보편화된 용어가 되었다. 코로나19의 영향력은 말 그대로 전세계적(pandemic)이다.

이런 특수한 상황에서 교회교육 커리큘럼은 어떤 특성을 지닐 수 있을까? 비대면(untact) 온라인 수업이라는 말에서 알 수 있듯이, 교회도 온라인을 통한 비대면 예배, 교육, 친교, 봉사, 전도 및 선교 등의 사역을 감당하고 있다. 멀리 있을 것 같았던 비대면 온라인 예배와 교육이 순식간에 옆에 와 있음을 깨닫고 당황할 수밖에 없다.

비대면 온라인 소통이 강조되는 코로나19 상황에서 교회교육 커리큘럼에서는 미디어교육이 중요하게 부각되고 있다. 교회교육 커리큘럼에서 미디어 교육으로서 미디어 리터러시(media literacy)는 핵심 역량으로 다루어져야 할 필요성이 있다.

본 글에서 다루게 될 내용은 1) 미디어 텍스트에서 미디어 리터러시란 무엇인가? 2) 미디어 리터러시 핵심 역량 도출을 위한 준거 기준으로서 미디어 리터러시 접근 유형들은 무엇인가? 3) 추구하고자 하는 미디어 리터러시에서 핵심 역량은 무엇인가? 미디어 리터러시 핵심 역량 관련된 하위역량은 무엇인가? 미디어 리터러시 하위역량과 관련된 세부 내용들은 무엇인가? 등에 대하여 다루게 될 것이다.

II. 개념 정의

1. 미디어 리터러시

미디어 리터러시는 미디어교육으로서, 미디어(media)와 읽고 쓸 줄 아는 능력을 의미하는 리터러시(literacy)의 합성어이다. 단순히 정의하면 미디어를 읽고 쓸 수 있는 능력을 말한다(Buckingham, 2007, 49). 그러나 미디어를 읽고 쓸 수 있으려면 미디어를 사용할 수 있는 지식, 기술 등의 능력이 필요하다. 따라서 미디어 리터러시에는 이러한 능력도 포함된다(안정임, 김양은, 전경란, 최진호, 2019, 55). 미디어 리터러시 개념 정의에서 미디어 읽기와 쓰기를 포함하여 미디어에 대한 지식, 기술 등의 능력으로 확대하고 있다.

더 나아가 미디어는 텍스트로서 미디어와 관련한 다양한 의미들에 대한 해석의 능력이 포함된다. 미디어 리터러시는 미디어에서 다양한 메시지들을 읽고, 쓰고, 의미들을 해석하는 능력이며, 다양한 형태의 미디어에 접근하고, 분석하고, 평가하고 제작하는 능력이다(Bondy, 2009; Potter, 2010, 676-678; http://www.medialit.org/ about-cml). 오늘날 뉴미디어로 사회적 참여 문화가 강조되면서 미국의 미디어리터러시 센터와 번디에 의하면 미디어 리터러시는 미디어에 접근, 분석, 평가, 제작 그리고 참여하는 능력이다.

번디는 미디어 리터러시를 건강식품인지 아닌지를 분별하는 능력에 비유한다. 인스턴트식품이나 패스트푸드는 건강식품에 비해 짧은 시간에 먹기 좋고, 보기 좋게, 많은 양을 소비자에게 제공할 수 있지만, 장기적인 관점에서 사람의 건강에 도움이 되는 식품이 무엇인지를 분별하는 것이 필요하듯이, 미디어 리터러시는 미디어 홍수 속에서 분별하는 능력이 필요하다는 것이다. 더 나아가 미디어 리터러시를 미디어 다이어트에도 비유하고 있다. 건강에 필요한 식품이 무엇인지 선별하여 섭취하는 것이 필요하듯이, 미디어 리터러시도 미디어를 선별하여 활용하는 것을 중요하게 여기는 점에서 유사하다.

2. 역량 중심 교육과정

역량(competency)이란 "특정 역할을 성공적으로 수행하는 데 결정적인 영향을 주는 지식, 기능, 가치 및 태도로, 개인이 바람직한 성과나 목표를 달성하기 위해 알아야 하는 것과 할 수 있어야 하는 것을 포함하는 능력"(Corbin, 1993; Mirabile, 1997; 정재삼, 장재훈, 1999에서 재인용)이다. 여기서 '역할'(role)이란 "특정한 지위에서 전문적 기준에 의해 설정된 기대를 성취하는데 개인이 수행하는 일련의 활동으로, 조직이 요구하는 결과나 성과에 의해 정의되는 작업"(MIT, 1996; 정재삼, 장재훈, 1999에서 재인용)을 말한다.

역량에 기초한 역량 중심 교육과정은 아리스토틀의 실천적 지혜, 행동주의, 실용주의 등에 영향을 받은 교육과정이다. 그 개념 정의는 "학생들이 살아갈 미래의 사회적 삶에서 갖추어야 할 역량을 명료히 드러내고, 이러한 역량을 중심으로 교육과정을 구성"(소경희, 2017, 145) 하는 특성이 있다. 교육 과정 이론의 체계성, 효율성, 정당성, 통합성 그리고 가상성 등의 교육과정 접근 유형 중에서, 역량 중심 교육과정은 효율성을 강조하는 개념-경험주의적 접근과 유사한 맥락을 지니고 있다(이원일, 2013).

미디어 리터러시 커리큘럼을 역량기반(competency-based) 교육과정으로 논하고자 하는 것은 교육부에서 2015년 개정 교육과정은 핵심 역량 중심 교육과정을 지향하고 있음을 밝힌 이후 오늘날 역량이라는 단어가 교육과정 분야에서 하나의 경향이 되고 있기 때문이기도 하다(김아미, 2015, 20, 38-44). 교회교육에 있어서도 이러한 시대적 경향을 반영하여 미디어 리터러시를 함양하기 위한 역량중심교육과정으로 교회 교육과정을 언급하고자 한다.

III. 미디어 리터러시 접근유형

미디어 리터러시를 위한 역량 중심 교육과정에서 핵심 역량을 어떻게 도출할 것인가는 중요한 논의 주제이다. 귀납법적 방법, 연역법적 방법 등이 있지만 여기서는 미디어 리터러시에 대한 접근 유형에 의한 역량 도출의 방법을 제시하고자 한다. 이를 위해서는 우선 미디어 리터러시에 대한 접근 유형들을 살펴보면 다음과 같다(김아미, 2008; 2015).

1. 기능주의적 접근

미디어 리터러시를 개인이 디지털 매체를 사용하여 정보를 획득하여 사용하는 사용자 개인의 기능적인 능력으로 이해하는 특징이 있다(김아미, 2008, 11). 기술적 리터러시(technological literacy)라고도 한다(Buckingham, 2007, 47). 기능주의적 접근에서는 무엇보다 미디어에 대한 기능적 능력 획득을 중요하게 여긴다. 사용자인 개인이 미디어에 대하여 획득해야 할 기능적 능력은 다음의 정의에 잘 나타나 있다.

오프콤(OfCOM, Office of Communication)에서는 미디어 리터러시를 "다양한 상황 가운데서 미디어에 접근(access)하고, 이해(understand)하며, 창의적으로 제작(create)을 할 수 있는 능력"(https://www. ofcom.org. uk/__data/assets/pdf_file/0021/72255/strat_prior_statement.pdf; Buckingham, 2007, 44; 김아미, 2008, 10)으로 정의하고 있다. 오프콤의

정의는 3가지 개념을 중심으로 하고 있으며, 획득해야 할 기능은 접근, 이해, 제작 등이다.

접근은 자신이 필요로 하는 미디어 내용 또는 정보를 찾고 활용할 수 있는 능력을 말한다. 더 나아가 접근 능력에는 정보를 찾고 활용하는 능력뿐만 아니라, 정보에 접근하고 활용하는데 있어서 스스로 통제할 수 있는 능력도 포함하고 있다.

이해는 접근한 미디어 정보가 어느 정도 정확한지 그리고 신뢰할만한지 등에 대하여 평가할 수 있는 능력을 말한다. 이외에 각 미디어에서 사용되는 관습이나 디자인 등에 대한 해독 능력을 비롯하여, 더 나아가 미디어를 비판할 수 있는 능력도 포함된다.

제작은 사용자 개인이 매체를 활용하여 자신의 의견을 전달할 수 있는 능력이다. 또한 다양한 미디어를 사용하여 상대방과 의사소통을 하거나, 상대방의 의사결정에 영향을 주거나, 또는 다양한 매체를 활용하여 자기의 의사를 다양한 미디어를 활용하여 표현하는 등의 생산해 낼 수 있는 능력을 말한다.

기능주의적 접근의 한계는 정보와 기술을 가치중립적인 것으로 가정하는 것, 수집한 정보의 가치와 신뢰성을 판단하기 위한 기준이 분명하지 않으며, 문화로서 미디어 사용에 관한 이해가 부족한 것 등이 있다.

2. 비판적 접근

미디어 메시지, 미디어에 대한 이해, 미디어와 사용자 등에 대하여 종교적, 사회적, 경제적, 문화적 맥락과 관련하여 비판적 성찰을 중요하게 여긴다. 미디어의 메시지는 가치중립적이기보다는 종교적 신념, 정치적 권력, 경제적 이익 등과 관련되어 있기 때문에 미디어 메시지에 대한 비판적 성찰이 정당성의 관점에서 요구되어진다는 것이다(김아미, 2008, 13; Bondy, 2009). 메시지에 내재된 이데올로기, 선입견, 왜곡, 편견 등에 대한 비판적 성찰이 필요한 관계로 비판적 리터러시(critical literacy)라고도 한다(Buckingham, 2007, 47; 박진우, 2020). 비판적 리터러시는 팩트 체크 등으로 분별력 있게 미디어 활용해야 함을 말한다.

미디어에 대한 비판적 성찰을 위한 질문들은 다음과 같다(이원일, 2015). "누가 그 메시지를 만들었는가? 왜 그것을 만들었는가? 누구를 대상으로 하고 있는가? 그 메시지가 어떻게 나의 관심을 이끌었는가? 그 메시지를 신뢰할 수 있도록 사용한 방법은 무엇인가? 나와 다른 사람은 그 메시지를 어떻게 다르게 이해하는가? 그 메시지에는 어떤 가치, 삶의 스타일, 관점들이 포함되어 있거나 배제되어 있는가? 그 메시지로 말미암아 영적 성장에 어떤 영향을 끼칠 수 있는가? 영적 분별력을 가지고 메시지들을 대하고 있는가?" 등이다.

오늘날 가상적 실재(virtual reality; VR)에서 아바타 사용이 활발해지고 있는 가운데 있으며, 미디어에서 사용하고 있는 아바타에 대한 비판적 성찰은 다음과 같다(이원일, 2015). 내가 사용한 아바타의 특징은 무엇이며, 무엇을 상징하고 있는가? 자신의 정체성과 어떤 관계가 있는가? 남성이 여성 아바타를 사용하거나 반대로 여성이 남성 아바타를 사용하는 것은 잘못된 것인가? 로봇을 아바타로 사용하는 것과 이성을 아바타로 사용하는 것 중 어느 것이 더 나쁘다고 생각하는가? 그 이유는 아바타는 속임이나 거짓의 문제인가? 내가 사용하고 있는 아바타를 통하여 어떤 윤리적 문제가 발생 할 수 있는가? 아바타를 통하여 어떤 사회적 관계망을 갖도록 하고 있는가? 아바타를 통하여 영적 성장을 경험할 수 있는가? 어떤 영적 성장을 경험하게 되는가? 등이다.

미디어에 대한 비판적 성찰은 주로 잘 알려진 대중 미디어에 대한 것으로서, 새로운 디지털 미디어에 대한 특성을 간과한 가운데 비판적 성찰을 할 수 있으며, 비판적 성찰을 위한 준거 기준이 무엇인가에 대하여 합의되지 않는 등의 한계가 있다.

3. 사회문화적 접근

뉴미디어에 속하는 유튜브, 페이스북, 인스타그램 등 소셜 미디어의 발전으로 사회문화 전반에서 일어나고 있는 윤리(ethos)의 변화에 대응하기 위한 사회문화적 능력으로서 역량을 강조한다. 여기서 사회문화적 능력이란 협동, 참여, 분산(dispersion), 전문영역의 분배 등이다(김아미, 2015, 65; 김효숙, 2013, 403; Jolls & Wilson, 2014, 68-78). 특히 새로운 미디어로 말미암아 사회적 실천으로서 참여 문화에 활동하는 문화적 능력을 강조한다.

뉴미디어 리터러시로서 사회적 참여 문화는 "예술적 표현과 시민 참여가 상대적으로 자유롭고, 자신의 창작물을 만들고 공유하는데 강력한 지원을 받을 수 있으며, 그룹 내의 전문가가 초보자에게 지식을 전수하는 비공식적인 멘토십이 이루어지는 문화"(Jenkins, 2006; 김아미, 2008. 재인용)를 말한다. 기능적 능력 획득에 대한 강조를 넘어서 새로운 문화를 최대한 많은 사람이 누릴 수 있는 문화적 능력 함양을 강조한다.

뉴미디어 리터러시는 "도구적 활용 능력이나, 미디어에 어느 정도 거리를 두는 비판적 접근에서 벗어나, 사용자의 즐거움, 미디어 경험, 미디어를 통한 정체성 확립 등 사용자 위주의 미디어 문화 그리고 변화하는 미디어 환경의 체험적 이해"(김아미, 2008, 17)를 시도한다. 디지털 매체로 인한 변화는 미디어 리터러시의 대상, 지식의 구성, 사고방식, 사회에의 참여, 학습 등 사용자들의 삶에 전반적인 변화를 일으키고 있다.

뉴미디어 리터러시는 다양성을 강조하는 점에서 그 특징이 있지만, 사용자 중심을 강조함으로 말미암아 정보에 대한 편중으로 말미암아 학습자들이 사회적 삶을 위하여 반드시 알아야 할 내용을 간과하려는 것에 꾸준히 문제가 제기되고 있다. 그리고 새로운 미디어 등장과 이에 의한 사회문화의 변화에 따른 미디어 리터러시 요소의 가변성으로 말미암아 필요한 사회적 윤리의 기준이 무엇인지에 대하여 합의가 어려운 한계가 있다.

그러나 앞서 언급한 기능주의적 접근, 비판적 접근 그리고 사회문화적 접근 등은 우열을 다투는 이론이 아니라 상호보완적인 것이며, 세 가지 접근은 모두 디지털 미디어의 시대를 살아가는 오늘날 현대인들에게 필요한 미디어에 대한 능력이다.

따라서 미디어 리터러시 역량의 효율성을 극대화하고, 무엇보다 다양성을 추구하기 위해 우선 세 가지 접근 유형을 수용하면서 더 나아가 기독교 영성의 차원을 포함하는 통합적 접근을 제시하고자 한다. 이는 무엇보다 핵심 역량 도출을 위한 근거를 제시하기 위해서이며, 영성 차원을 강조하는 통합적 접근으로 말미암는 핵심 역량을 도출하고자 한다.

IV. 미디어 리터러시 핵심 역량

교회교육 커리큘럼을 설계하기 위해서는 핵심 역량(core competency)을 도출해야 한다. 핵심 역량 도출을 위해서 설문지를 통한 귀납법적 방법, 선행연구와 인재상 등을 통한 연역법적인 방법 등이 있다(권성호, 김효숙, 정효정, 2012, 304). 그러나 여기서는 위의 두 가지 방법을 포함하는 메타이론의 관점에서 통합적 접근(이원일, 2004, 333-344)으로 핵심 역량을 도출하고자 한다. 통합적 접근은 앞에서 언급한 세 가지의 접근들과 함께 교회교육이라는 특성을 고려하여 영성 역량을 강조한다.

통합적 접근에 의한 미디어 리터러시 핵심 역량은 영성 역량이라는 관점에서 기능주의적 접근과 비판적 접근 등에서의 접근, 비판적 이해, 창의적 제작 그리고 사회문화적 접근에서의 참여, 윤리 등의 역량이 조명된다. 여기서 영성은 하나님과 이웃과의 해석학적 정체성, 관계성, 과정성 등을 추구하는 영성을 말한다(김정준, 2016, 541-562; 이원일, 2017, 154-157).

정리하자면 교회교육을 위한 미디어 리터러시 핵심 역량은 '영성' '접근' '비판적 이해' '제작' '참여' '윤리' 등이다. 핵심 역량은 하위역량으로 구체화 된다. 미디어 리터러시 핵심 역량 6가지에 따른 하위역량들을 정리해 보면 다음과 같다(안정임, 김양은, 전경란, 최진호, 2019, 62, 63; 권성호, 김효숙, 정효정, 2012, 305-307; 이원일, 2008, 392-427; 2015).

영성 역량과 하위 역량. 정체성 형성 능력(가상 현실Virtual Reality, VR 등의 다양한 미디어를 통하여 자신의 영적 정체성 및 진정성을 형성할 수 있는 능력), 성경 해석 및 의미형성 능력(하이퍼텍스트 등으로 성경 해석과 의미를 소통 관계에 의해 구성할 수 있는 능력), 사역(ministry) 실천 능력(가상 사역을 포함한 다양한 교회 및 개인 사역을 수행할 수 있는 능력) 등이다.

접근 역량과 하위 역량. 미디어 이용기술 능력(다양한 미디어에 대한 접근 및 기술적 이용 능력), 미디어 이용통제 능력(미디어에 대한 노출과 이용을 스스로 통제하고 조절할 수 있는 능력), 도구적 활용 능력(개인적이며 공적인 사역을 위한 이용 목적에 따라 다양한 미디어를 활용할 수 있는 능력) 등이다.

비판적 이해 역량과 하위 역량. 미디는 세계를 재현(representation)하는 것이며, 단순히 보여주는 것이 아니므로 미디어의 재현 이해 능력(미디어에서 재현된 현실과 실제 현실의 차이를 이해하고 구분할 수 있는 능력), 미디어의 상업성 이해 능력(미디어의 경제적 구조와 산업적 특성, 상업성 등을 이해할 수 있는 능력), 정보 분별 능력(미디어에서 제시된 정보의 신뢰성, 편향성, 의도성 등을 판별 또는 분별discernment할 수 있는 능력) 등이다.

제작 역량과 하위 역량. 미디어 창의적 제작 능력(미디어를 활용하여 자신이 원하는 콘텐츠를 제작 및 생산할 수 있는 능력), 자기표현 능력(미디어를 활용하여 자신의 생각, 의견 등을 창의적인 콘텐츠로 표현할 수 있는 능력), 공유 능력(미디어를 통해 자신과 타인의 생각, 의견, 콘텐츠 등을 서로 나누고 공유 할 수 있는 능력) 등이다.

참여 역량과 하위 역량. 소통 능력(다양한 디지털 미디어 등을 통해 네트워킹으로 다른 사람과 연결하고 소통할 수 있는 능력), 협치 능력(문제해결 및 과업 등을 위해 다른 사람과 교류하고 협력함으로써 성과를 얻을 수 있는 능력), 공적 실천 및 참여 능력(정치 및 사회적 이슈나 시민적 문제에 대해 적극적으로 의견을 교류하고, 공동의 문제를 해결하기 위해 다양한 활동에 참여하는 능력) 등이다.

윤리 역량과 하위 역량. 차이에 대한 관용 능력(다른 사람의 의견을 이해하고 차이를 인정하며 수용할 수 있는 능력), 책임 능력(불법적인 미디어 이용을 하지 않거나 타인의 권리를 침해하지 않는 책임 있으며 배려 있게 미디

핵심 역량	하위 역량	프로그램 및 공과 내용
영성	정체성 형성 능력	VR 등을 포함한 다양한 미디어를 통한 영적 정체성 및 진정성 형성
	성경해석 및 의미형성 능력	인식론 차원에서 소통관계로 하이퍼텍스트 등으로 성경내용 해석
	사역 실천 능력	가상(VR) 사역 등으로 가정, 교회, 학교, 사회 등의 사역 수행하기
접근	미디어 이용기술 능력	영적 성장에 도움을 주는 다양한 미디어 종류 및 접근해 보기
	미디어 이용통제 능력	영적 유익을 주는 미디어 중심으로 통제력을 갖고 미디어 다이어트
	도구적 활용 능력	미디어를 공적사역을 위해 다양한 미디어를 활용 및 결과 나눔
비판적 이해	미디어의 재현 이해 능력	미디어에 재현된 현실과 실제 현실의 차이 이해하고 구분하기
	미디어의 상업성 이해 능력	미디어의 경제적 구조, 산업적 특성 그리고 상업성 이해하기
	정보 분별 능력	미디어 정보와 이념의 신뢰성, 편향성, 의도성 등에 대한 영적 분별
제작	미디어 창의적 제작 능력	전도 등 자신이 원하는 다양한 공적 사역을 위해 미디어 제작하기
	자기표현 능력	미디어를 활용하여 자신의 생각, 의견, 신앙 등을 자유롭게 표현
	공유 능력	다문화 등 특수 환경의 어린이들을 포함한 다양한 대상과 내용 공유
참여	소통 능력	미디어를 통하여 다양한 대상들을 네트워킹으로 연결 및 대화하기
	협치 능력	영적 및 공적 문제들에 대하여 함께 협력하며 문제를 해결해 보기
	공적 실천 및 참여 능력	공적인 문제에 대하여 영적인 차원에서 적극적으로 실천 및 참여하기
윤리	관용 능력	미디어에 나타난 다양한 다름에 대하여 차이를 인정하고 이해하기
	책임 능력	불법적인 미디어 사용하지 않거나 책임 있게 미디어 사용 인성함양
	보호 능력	이단이나 보이스 피싱 등의 다양한 선동으로 부터 자신을 보호하기

어 이용 능력), 보호 능력(대인 정보 노출 등 미디어 이용의 위험요인으로부터 자신을 보호할 수 있는 능력) 등이다.

위에서 제시한 미디어 리터러시 핵심 역량, 하위역량, 교회교육 프로그램 및 공과 내용 등은 어린이, 청소년 그리고 성인 등의 발달단계를 고려하여 맞춤형 미디어 리터러시 커리큘럼을 위한 기본적인 틀로 활용할 수 있다. 또한 한부모 가정의 자녀, 다문화 가정의 자녀, 조손 가정의 자녀 등 학습자의 특수한 상황에 따라 가정, 교회, 학교, 사회, 세계 등에서의 맞춤형 커리큘럼으로 개발하거나 개선해 나가는 기본적인 틀로도 활용할 수 있다. 그리고 새로운 미디어가 나올 때마다 새로운 미디어 리터러시와 이에 관련한 새로운 역량이 요구됨으로 기독교교육의 관점에서 지속적인 역량개발이 필요하다.

코로나19와 교회학교 교사의 역할

남선우(열림교회)

I. 들어가는 말

지난해 연말 이웃 국가에서 신종 코로나 바이러스(COVID-19)가 발생했다는 언론 보도를 대수롭지 않게 넘겼다. 그러나 올해 설 명절을 직후 신종 코로나 바이러스의 국내 유입 및 급격한 확산으로 마스크 품귀 현상이 발생하기 시작했고, 이후 우리 사회의 모든 것이 변하기 시작했다. 신종 코로나 바이러스는 우리나라뿐만 아니라 동남아, 유럽, 미주, 중동, 아프리카 모든 지역에까지 급속도로 확산되면서 세계보건기구에서는 바이러스의 세계대유행(Pandemic)을 선포하기에 이르렀다. 코로나19로 인해 세계의 모든 사람은 마스크 없이 외출을 할 수 없게 되었고, 바이러스에 감염된 수많은 사람은 극심한 고통을 경험을 넘어 목숨을 잃는 경우도 발생하게 되었다. 그뿐 아니라 직접적인 코로나19의 감염을 넘어 바이러스에 대한 불안감과 공포가 전 세계를 감염시키기 시작했다. 지금까지는 포스트 코로나(Post-Covid)를 통해 코로나 이전의 삶과 이후의 삶에 대해 이야기했었다면 이제는 많은 학자들이 위드 코로나(With-Covid) 시대를 이야기하며 코로나19가 인류와 영원히 함께 할 수도 있음을 예견하고 있다. 이런 변화는 우리 시대의 정치, 경제, 사회, 문화, 교육을 뛰어 넘어 종교의 영역까지 모든 것을 변화시키고 있다.

현재 교회는 이전까지 경험해 보지 못했던 상황으로 모이지 못하는 교회, 비대면 예배를 실시하고 있다. 1990년대 중반 정보통신기술의 급격한 발달로 인해 사이버 교회와 온라인 예배에 대한 논쟁이 활발히 이루어졌었다. 사이버교회가 진정한 교회인지, 온라인 예배가 온전한 예배인지 그리고 이 모든 것들이 성경에서 말씀하고 있는 교회론과 예배론에 합당한 것인지 신학계와 목회 현장에서 활발한 토론과 논쟁이 있었다. 그러나 지금 우리 교회는 온라인 교회와 예배에 대해 목회 및 신학적 토론의 과정과 바른 방향성을 제시할 여유도 없이 현실 속에서 극심한 혼란을 경험하고 있다. 특히 교회의 미래이자 다음 세대를 책임질 교회학교는 어려움을 뛰어넘어 생존의 기로에 놓여 있다. 교회 공동체에 있어서 교회학교는 언제나 중요한 영역으로 인식되어 왔다. 그러나 실제적으로 교회학교는 언제나 소외된 영역이기도 했다. 그렇기에 지금 당장의 급변하는 팬데믹 상황 속에서 혼란을 겪고 있는 교회 공동체에게 교회학교는 적극적으로 대처해 나가야 할 영역으로 여겨지지 않을 가능성이 높다. 그러나 우리는 분명히 기억해야 할 것이다. 예수님께서는 3년이라는 짧은 공생애 기간에 집중적으로 제자들을 양육하시고 승천 이후 그들을 통해 세계 복음화 사역을 감당하게 하셨던 것과 같이 어려운 상황 가운데 놓인 교회 공동체라 할지라도 교회학교가 교회의 미래이자 희망임을 다시 한번 인식해야 할 것이다. 그러므로 이제 교회학교는 현재의 변화된 현실에 대한 대처와 더불어 변화될 시대에 대한 대안을 위한 새로운 패러다임의 교회학교를 준비해야 할 것이다.

이에 본 연구는 코로나19 시대 속에 위기를 도전과 기회로 변화시킬 수 있는 교회학교의 새로운 패러다임을 위해 교회학교의 중요한 축이 자, 구성요소인 교회학교 교사를 중심으로 변화된 교회학교 상황에 따른 역할을 역량 중심으로 살펴보고자 한다.

II. 코로나19로 변화된 교회학교 상황

코로나19로 인해 교회학교에도 많은 변화가 나타났다. 본 연구에서 는 내적 변화로는 안전을 위해 모이지 못함으로 인해 발생한 불안과 소통의 단절 현상과 외적 변화로는 내적 문제를 해결하기 위해 대안적으로 활용되고 있는 새로운 소통 방법인 정보통신기술(ICT: Information & Communication Technology)을 중심으로 교회학교의 변화된 상황을 살펴보고자 한다.

1. 불안, 단절 그리고 제한적인 소통

세계적 대유행 상태인 코로나19는 높은 치사율을 보임에도 불구하고 마땅한 치료제와 백신이 아직 개발되지 않은 상태다. 그러다 보니 전염병의 특성상 접촉을 최소화하기 위해 세계 많은 국가는 국경을 폐쇄하고, 일상생활 속에서는 강력한 '사회적 거리 두기'(social distancing)를 실시하고 있다. 이로 인해 직장은 재택 근무를 실시하고, 학교는 온라인 교육으로 전환하는 모습을 보이고 있다. 또한 정부에서는 각종 모임을 절제해줄 것을 요청하고 있으며, 인원이 많이 모이는 영업점들에 대한 영업 제한 및 금지를 명하고 있다. 심지어 새 생명의 출생을 축하하는 돌잔치 및 새로운 가족의 탄생을 축복해 주는 결혼식, 인생의 마지막을 애도하는 장례식까지도 인원을 제한하고 있다. 그럼에도 불구하고 코로나19는 전 세계적으로 다시 한번 재확산의 양상을 보이고 있다. 그로 인해 불안의 확산과 더불어 오랜 사회적 단절로 인한 피로감을 비롯한 다양한 인간 내적 문제 상황들이 발생하기 시작했다. 특히 교육의 관점에 학교는 단순히 지식적 학습의 공간을 뛰어넘어 다양한 상호작용을 통한 전인적인 양육의 공간이다. 그러나 장기적인 사회적 거리 두기로 인해 적극적인 상호작용 불가능해짐으로 인해 사회를 살아가는데 중요한 소통을 위한 사회성 및 상호작용에 문제를 일으키고 있다.

이런 모습은 교회 공동체에도 동일하게 나타나고 있다. 하나님께서는 아담을 창조하신 이후 혼자 사는 것 좋지 않게 보시고 하와를 허락해 주셨고(창 2:18), 다윗은 "보라 형제가 연합하여 동거함이 어찌 그리 선하고 아름다운고"(시 133:1)라고 고백하며 교회의 공동체성에 대해 강조하고 있다. 그러나 세계 많은 교회가 코로나19로 인해 대면 예배를 비롯한 교회 활동이 정상적으로 진행되지 못하고 있다. 일부 국가에서는 감염병 예방을 위한 강력한 행정명령으로 대면 예배를 금지하고 있다. 이로 인해 비대면적 상황을 준비하지 못한 교회 공동체는 함께 교제함으로 성숙해 가는 교회의 모습이 상실되어 가고 있다. 특히 비대면 활동 외의 모든 대면적 교회 활동 금지가 장기화됨으로 인해 모이며, 교제하며, 함께 나누는 교회의 공동체적 모습이 상실됨으로 인해 성도간의 단절적 모습이 나타나고 있다.

2. 새로운 소통 방법의 등장: 정보통신기술(ICT: Information & Communication Technology)의 활성화

정보통신기술의 발달은 우리 삶의 많은 부분에 큰 영향을 나타내고 있다. 특히 시간과 장소의 제한적인 물리적 공간에 대한 초월적 모습을 경험할 수 있게 했다. 코로나19로 인해 시행된 사회적 거리두기로 인한 재택근무와 온라인 학습이 가능할 수 있게 된 배경에는 정보통신기술의 발달이 존재한다. 특히 4차 산업혁명에 근간한 ICT의 특징은 상호작용성이 강화되었다는 것이다. 초기 ICT는 단방향적인 것으로 송신자와 수신자가 명확하게 구분이 되어 있었고, 제한적인 양방향성이 존재했다. 그러나 최근의 ICT는 실제성에 근간을 둔 양방향성이 가능하게 발달하였다. 이로 인해 감염병 예방을 위한 일상적인 접촉의 대안을 넘어 적극적인 소통의 도구로 활용되고 있다.

ICT는 교회 공동체 및 교회학교에도 적극적인 활용 도구가 되고 있다. 대면 예배를 드릴 수 없는 상황 가운데 비대면 예배를 위한 도구로써 실시간 예배의 전달 도구와 더불어 댓글 기능을 활용한 성도들 간의 교제 도구로 활용할 수 있다. 비대면 실시간 플랫폼의 경우는 설교자와 성도들 간에 그리고 성도와 성도 간에 실시간으로 화상과 음성을 통해 실제감 있는 상호작용 환경을 제공한다.

지금까지 교회교육은 ICT을 단순히 기술적 접근에 근거한 멀티미디어 장비로서 예배의 보조 수단으로 생각하고 필요에 따라 선택적으로 활용을 했다. 그러나 교회학교의 학습 대상인 다음 세대는 이미 ICT 속에서 태어난 디지털 원주민(Digital Native) 세대이다. 그들에게 있어서 ICT는 생활의 일부분이자 없어서는 안 될 편의 장치로 인식되고 있다.

그렇기에 ICT를 다양한 비대면 교회 활동의 대안적 활용으로 기존에 장소와 시간의 제약으로 인해 참여할 수 없었던 성경공부 모임이나 친교 모임 외의 다양한 교회학교 활동이 가능한 환경을 제공하고 있다.

III. 코로나19와 변화된 교회학교 교사의 역할

우리 교회학교는 코로나19라는 지금까지 경험해 보지 못한 새로운 변화의 관문 앞에 세워져 있다. 그중에서도 교회학교 교사는 가장 최전방에 위치해 있다. 즉, 교회학교 교사의 손에 교회학교의 생존이 걸려있는 것이다. 그렇다면 최전방에 세워져 있는 교회학교 교사는 새로운 패러다임의 교회학교를 위해 어떤 준비를 해야 할까? 본 연구는 교회학교 교사의 변화된 역할을 중심으로 다음과 같은 네 가지를 제안하고자 한다.

1. 본질에 충실한 교사: 영성 있는 교사

'교육의 질은 곧 교사의 질'이라는 표현은 교육에 있어서 교사의 역할을 가장 잘 표현해 주는 문장이다. 또한 교사의 영향력이 학생의 학습에 미치는 효과가 얼마나 큰지를 보여주는 표현이다(신명희 외, 2018, 14). 시대에 따라 교사에게 요구되는 다양한 역할에 따른 역량이 있을 것이다. 그럼에도 불구하고 변하지 않는 것은 가르쳐야 할 교육의 내용에 대한 풍부한 전문적인 지식이다. 지식을 체계적이고, 효율적으로 잘 전달하기 위해서는 해당 지식에 대한 깊이 있고, 폭넓은 지식을 가지고 있어야 한다. 만약에 교사가 가르쳐야 할 영역에 대해 충분히 이해하지 못하고 있다면 잘 가르치는 것 자체가 어려울 뿐만 아니라 자기 확신이 불가함으로 적극적인 교수 행위를 할 수도 없게 된다(신명희 외, 2018; Bransford, Derry, Berliner, Hammerness, & Beckett, 2005).

교회학교 교사가 가져야 할 전문적 지식은 일반 교사와 달리 두 가지로 구분할 수 있다. 첫째는 성경 말씀에 대한 지식이다. 교회학교는 성경에 뿌리를 두고 있다. 그렇기에 교회학교 교사는 교회학교의 근간이 되는 성경에 대한 깊이 있고, 폭넓은 지식과 바른 신학을 가지고 있어야 한다. 특히 최근 잘못된 신학과 성경 지식으로 인해 이단적 세계관이 확산됨으로 인해 가정과 교회와 사회에 문제를 일으키는 경우들이 많이 발생하고 있기에 성경과 바른 신학에 대한 전문적인 지식이 더욱 필요할 것이다. 둘째는 영적(성) 준비이다. 교회교육은 단순한 지식을 전단하는 교육이 아닌 영적인 믿음의 교육이다. 그렇기에 교회학교 교사는 가르치기에 앞서 지성, 감성, 영성을 통전적으로 파악하는 과정을 통해서 발견된 철저한 자기 이해(self-knowledge)가 필요하다(Palmer, 2010). 이를 위해 교회학교 교사는 무엇 보다 먼저 신앙의 근간이 되는 믿음의 확신과 신앙의 계속적인 성장을 위한 전인적인 신앙생활에 힘을 다해야 할 것이다. 이와 같은 영적인 터전 위에 성경의 지식이 세워졌을 때 교회학교 교사는 영적 안내자로 강력한 자기 확신을 통해 외부에 있는 학습자, 환경, 세계를 더 잘 이해할 수 있고, 더욱 효과적 교회학교를 만들어 갈 수 있을 것이다.

2. 소통의 통로인 교사: 중재자로서 교사

소통, 대화, 상호작용, 양방향성과 같은 단어들을 오늘날의 시대상을 잘 보여주는 용어들이다. 인류가 발달하면서 나타난 현상 중에 하나가 소통 방법의 변화였다. 과거에는 송신자와 수신자가 명확히 구분되었다. 수신자는 송신자의 명령에 귀 기울이고, 명령에 따라 움직이기만 하면 됐다. 그러나 새로운 패러다임의 등장으로 인해 송신자와 수신자를 구분한 명령, 지시, 하달의 일방향적이고 수직적 구조에서 상호작용, 대화, 소통을 중시하는 양방향적인 수평적 구조가 등장하기 시작했다. 교육 환경에도 교사 중심의 가르침에서 학습자의 권리를 인정하고, 학습자의 목소리에 귀를 기울이는 학습자 중심의 형태가 등장하기 시작했다. 그로 인해 교사의 역할 또한 가르치는 사람에서 학습의 촉진자이며, 동료 학습자로 변화되었다. 그러나 교회학교 교사는 이를 뛰어넘는 소통의 통로로 준비되어야 할 것이다.

현대 우리 사회는 다양한 가치관이 공존하는 시대로 학습자 개인들이 가지고 있는 가치관과 경험하고 있는 세상은 기존의 가치관으로 파악하기 쉽지 않다. 그렇기에 학습자와 교사, 학습자와 가정, 학습자와 교회학교 심지어 학습자와 학습자 간에 소통의 문제가 발생하기도 한다. 그렇다면 이 소통의 문제 해결 중심에 누가 세워져야 하겠는가? 바로 교회학교 교사가 세워져야 할 것이다. 교회학교 교사는 송신자와 수신자의 위치를 뛰어넘어 소통자로서 역할을 감당할 수 있어야 한다. 소통자란 송신자와 수신자 간에 다양한 문제로 인하여 의사소통을 할 수 없을 때에 문제 해결을 위해 존재한다(Griggs, 1980). 소통에 문제 상황을 해결하기 위해 교회학교 교사는 먼저 송신자와 수신자 간의 의사소통 내용을 매우 주의 깊게 들어야 할 뿐 아니라 그들을 이해하기 위한 언어, 관점, 환경에 친숙해 져야 할 것이다. 이를 위해 소통자로서 교사는 학생들에게 전인적인 방법의 접근을 시도해야 할 것이다. 교육은 형식교육만을 통해서 이뤄지는 것이 아니다. 비형식교육과의 조화를 통해서 온전한 교육을 만들어 갈 수 있다. 비형식교육, 즉 교과 및 지식 교육 과정 외의 학습 공간에서 발생하는 다양한 관계와 상황을 비롯한 다양한 생활과 접촉의 통로를 통해 온전한 교육, 전인적인 교육이 이뤄지는 것이다(소경희, 2017).

교회학교는 온전한 그리스도인으로 성장하기 위한 전인적인 교육을 지향한다. 온전한 그리스도인은 성경의 내용을 지식적으로 전달 받는 것만으로 형성되지 않는다. 예수님께서는 제자들에게 하나님 나라에 대해 가르치실 때 제자들이 이해할 수 없는 하늘의 언어와 정의적 용어로 가르치지 않으셨다. 오랜 시간 제자들과 함께하심으로 그들이 이해할 수 있는 비유와 다양한 언어와 생활을 통해 하나님 나라를 깨닫고 경험하게 하셨다. 이렇듯 교회학교 교사는 지식 전달을 뛰어넘어 전인적인 교제와 노력을 통해 학습자에게 다가가야 할 것이다. 즉 학습자와 하나님, 학습자와 교회, 학습자와 가정, 학습자와 학습자의 소통자로 위치하기 위해서는 오랜 시간, 하나님과 교회와 가정과 학습자를 이해하기 위한 지식적 노력뿐만 아닌 경험적 노력과 관계적 노력이 필요함을 인식해야 할 것이다.

3. 새로운 학습 방법에 대해 고민하는 교사: Teaching에서 Learning으로

지금까지는 교회학교의 가장 큰 고민거리는 제한적인 시간과 장소였다. 그래서 한 명의 교사를 중심으로 여러 명의 학습자가 모여서 어렵게 주어진 10여 분의 시간 동안에 교사 중심의 강의형 성경 공부가 주를 이룰 수밖에 없었다. 그러나 코로나19로 인해 ICT를 활용하는 것은 당연한 것이 되었다. ICT의 가장 큰 공헌 중 한 가지는 시간과 장소에 대한 새로운 접근법을 제시해 주고 있는 것이다. 그러므로 교회학교 교사는 지금까지의 장소와 시간적 한계를 뛰어넘어 어떻게 하면 짧은 시간에 많은 성경 지식을 집중적으로 학습자에 전달해 줄까를 고민하는 지식 중심적 학습에서 학습자 스스로가 자신의 생활 속에서 성숙한 그리스도인으로 세워질 수 있도록 돕는 안내자이자 동료학습, 촉진자로서 역할의 전환이 필요할 것이다. 즉 지금까지의 교회학교의 모습이었던 교사 중심의 가르침(Teaching)에서 학습자 스스로 그리스도를 닮아가기 위해 학습(Learning)하는 형태로의 전환을 준비해야 할 것이다.

성경에 기록된 예수님의 행적을 보면 일방적인 지식적인 가르침보다는 제자들의 실제적이고 구체적인 삶의 문제를 문답의 과정을 통해 제자들 스스로가 방향성을 찾아 나갈 수 있도록 하셨다. 대표적으로 요한복음 3장의 니고데모와의 대화, 요한복음 4장의 사마리아 여인과의 대화, 누가복음 19장의 삭개오와의 대화를 보면 제자들 스스로가 삶의 문제를 예수님께 가지고 나왔고, 예수님께서는 즉각적인 정답이 아닌 스스로 해답과 방향성을 발견하고, 찾아가는 과정을 경험하게 하심으로 인해 그들의 삶의 궁극적인 변화를 경험하게 하셨다. 그러므로 이제 우리 교회학교는 단순히 시간과 장소의 제한으로 인해 할 수 없었던 가르침에 대한 방법과 방향성에 대한 진지한 고민을 시작해야 할 것이다. 이를 위해 교회학교 교사는 지식 전달을 뛰어 넘어 진정한 삶의 변화를 추구하기 위해 지금까지의 학습방법이었던 교사 중심의 강의형을 비롯한 학습자 중심의 다양한 학습방법에 대해 고민할 수 있어야 할 것이다.

4. 디지털 리터러시 활용 능력을 가진 교사: 미디어 분석과 ICT 활용 능력

컴퓨터와 인터넷의 급격한 확산으로 인해 우리의 생활에는 새로운 문화와 개념들이 등장하기 시작했다. 그중에 대표적인 것이 디지털 리터러시(Digital Literacy)에 대한 개념이다. 리터러시(Literacy)는 문해력으로 사람이 세상을 살아감에 있어서 필수적으로 학습해야 할 3Rs(Reading, Writing, Arithmetic)로 읽기, 쓰기, 셈하기가 이에 속한다. 그러나 디지털 시대와 함께 등장한 디지털 리터러시는 초창기에는 디지털 사회를 살아가기 위해 필수적으로 필요한 다양한 ICT를 활용할 수 있는 매체 활용 능력을 중심으로 정의되었다. 그러나 이후 매체와 기능의 개념을 넘어 정보와 역량의 개념이 도입됨으로 인해 인터넷을 활용해 다양한 경로를 통해 찾아낸 다양한 정보를 이해하고 자신의 목적에 적합하도록 새롭게 구성하고 올바르게 사용할 수 있는 능력으로 4차 산업 시대를 살아감에 있어서 필수적인 역량으로 정의되고 있다(Belshaw, 2011; Gilster, 1997).

우리 시대의 인터넷 공간은 정보의 생산 및 보급의 용이성과 급격하게 확산된 1인 미디어로 인해 정보의 양이 엄청난 속도로 확산되고 있다. 그러나 언제부터인가 일명 '가짜 뉴스'로 불리며 등장한 잘못된 정보들이 양질의 정보들과 혼재되어 전파되고 있다. 특히 이단 단체들에서는 인터넷을 적극적으로 활용해 교묘하게 만들어진 이단 사설을 양산하며 건강한 그리스도인과 교회를 넘어 사회의 안녕에 위협하고 가하고 있다. 그러므로 온라인과 오프라인이 혼재된 상태 속에서 반 목회를 이끌어 나가야 할 교회학교 교사들에게 있어서 인터넷에 넘쳐 나는 다양한 정보를 올바르게 판단하고, 적합하게 활용 및 전달할 수 있는 디지털 리터러시 역량은 필수적인 것이다.

그뿐 아니라 급격하게 발달하고 있는 ICT 활용 능력을 길러야 할 것이다. 정보화 사회에서는 컴퓨터 및 디지털 기반 매체들은 단순히 사무 보조기기가 아니다. 특히 우리 시대의 학습자들은 디지털 원주민(Digital Native) 세대로서 ICT 속에서 태어나고 ICT를 통해 소통한다. 이들에게 있어서 ICT는 너무나도 익숙한 삶의 편의 장치이자 놀이 장치로서 생활의 일부분 그 자체인 것이다. 이런 학습자들과 소통하고, 적합한 정보를 제공하기 위해서는 다양한 디지털 플랫폼(Digital Platform)에 대한 이해와 더불어 좀 더 폭넓은 교육의 기회 제공 및 효과성 증대를 위한 활용되고 있는 다양한 에듀테크(Edutech)를 교회학교에 적절히 적용할 수 있어야 할 것이다(남선우, 2020).

IV. 나가는 말

교회학교는 언제나 위기라는 수식어를 가지고 다녔고, 위기가 없었던 적이 없는 것 같다. 그러나 분명한 것은 지금까지 교회학교는 유지를 넘어 계속 발전되어 왔다. 그 원인은 다양할 수 있겠지만 교회학교의 큰 축인 교사를 빼놓고는 이야기할 수 없을 것이다. 오늘날 우리 교회학교는 코로나19라는 지금까지 경험해 보지 못한 전 세계적인 대재앙 앞에 다시 한번 세워졌다. 교회학교는 문을 닫아야 하며, 지금까지 경험하고 만들었던 모든 가치관과 방법론에 대한 도전이 시작되었다. 이 위기는 어떻게 극복해야 되겠는가?

우리 교회학교의 뿌리가 되는 성경에는 하나님께서 위기의 때에 준비된 사명자를 통해서 문제를 해결하시고, 새로운 질서를 만들어 가신다. 그렇기에 바로 이와 같은 위기의 때에 지금까지 교회학교를 지켜오고, 발전시킨 교회학교 교사의 역할에 다시 한번 주목해야 할 것이다. 교회학교 교사는 하나님의 준비된 사명자로서 이 시대를 이해하고, 철저히 준비함으로 위기를 도전으로 바꾸며, 더욱 발전된 교회학교를 만들어 갈 수 있도록 내적, 외적 역량을 신장시킴과 더불어 계속적인 성장을 해나가야 할 것이다.

위드 코로나19 시대, 노인 영성교육의 새 방향*

김정준(성공회대학교)

I. 들어가는 말

2020년, 모든 사람은 제4차 산업혁명시대 컴퓨터 기반의 융복합 기술과학의 발전은 물리학, 디지털, 생물학 분야 등과 결합 되어 인간의 삶을 보다 편안하고 행복하게 만들어줄 것으로 기대하였다. 그러나 그러한 우리들의 기대와 희망은 2020년 초반에 등장한 변종 바이러스 코로나19(COVID-19)의 확산으로 우려와 절망스런 환경으로 변화되었다.

2019년 말경 중국 후베이성 우한에서 시작된 '코로나19'(COVID-19)라고 불리는 바이러스성 호흡기 질환은 한국을 거쳐 일본 중동, 유럽, 남미 그리고 미국까지 약 3-4개월 만에 전 지구적으로 급속히 확산되었다. 급기야 2020년 3월 11일에 이르러 WHO에서는 전염병의 세계적

---

* 본 논문은 2020년 10월 30일(금) 온라인으로 개최된 한국기독교학회 제49차 국제/국내 정기학술대회에서 발표된 것입니다.

유행, 즉 팬데믹(Pandemic)을 선언하였다(김정준, 2020, 356). 세계 각국에서는 자국민의 건강과 안전을 담보하고 전염병을 방어하기 위하여 국경을 폐쇄하고, 모든 여행 및 운송을 멈추었다. 시계 시민들의 일상생활과 경제활동은 정지되고, 따라서 경제활동은 순식간에 위축되고 가정의 생계가 어려움을 겪게 되었다. 이제껏 우리가 경험하지 못한 대혼란이었다. 세계인들은 자신의 건강과 생존을 위하여 가능한 모든 움직임을 멈추어야 했다. 이러한 흐름은 한국 사회도 예외는 아니었다.

한국의 경우에는 2020년 2월 18일 신천지예수교 증거장막성전(신천지) 대구교회 신도들 사이에서 코로나19가 발병하며 대구와 경북지역에 대규모 확산을 가져왔다. 기독교 계통의 이단 종교 신천지는 국민에게 많은 피해를 주었고, 그에 따라 반사회적 집단으로 엄청난 비난을 받았다. 이후에도 코로나19의 지속적인 확산에 따라 한국의 모든 종교는 정규 활동(미사, 법회, 예배)을 멈추어야 했고, 기독교회도 예외는 아니었다. 그러나 한국교회는 초기에 각 교회의 입장에 따라 주일예배는 세 가지 유형, 곧 전통적인 집합·대면 주일예배 고수, 비대면 온라인 예배, 주일예배의 잠정중단 등의 형태를 보였다. 일부 교회들은 전통적인 집합·대면 예배를 지속 강행하였으나, 8월 말부터는 정부의 강력한 '사회적 거리두기' 2.5단계 행정지도에 따라 대개 비대면 온라인 예배로 전환하였다.

21세기 제4차 산업혁명 시대의 눈부신 기술과학의 발전에도 불구하고 변종 바이러스 코로나19 전염병과 마주한 기독교회는 신앙의 큰 도전과 위기를 맞이하고 있다. 아울러 코로나19의 무증상 감염과 높은 치사율에 노출된 노인들은 신체적, 정신적, 경제적 어려움은 물론 신앙 생활에도 심각한 타격과 영향을 받고 있다. 이러한 상황에서 필자는 2020

년 코로나19 바이러스가 한국교회 노인 신자들에게 끼친 영향을 검토하고, 노인들을 위한 바람직한 영성 교육의 방향을 모색하고자 한다.

II. 코로나19 전염병의 특징

1. 인수공통감염 전염병: 코로나19 바이러스

코로나19 바이러스는 최근 가장 뜨겁게 부상하고 있는 인수공통감염(人獸共通感染) 바이러스다. 이 바이러스의 보유 숙주로는 박쥐가 언급되고 있다. 1930년대 닭에서 처음 발견된 이후 개, 돼지, 조류 등에서 발견되었으며, 1960년대 사람에게서 발견되었다. 원래 감기를 일으키는 3대 바이러스 중 하나였는데, 돌연변이 신종이 나와 2002년 사스, 2012년 메르스를 일으켜 당시 급성 폐렴으로 인한 치사율이 각각 19%, 35%에 달하였다. 그리고 증세가 없는 잠복기에도 전염력이 있고 전파 속도도 빠른 돌연변이 신종 코로나19가 드디어 팬데믹을 일으켰다(이종훈, 2020, 61). 14세기 흑사병(1347-1351)과 함께 가장 많은 인명을 빼앗은 20세기 초반 실체를 몰랐던 스페인 독감(1918년 발생하여 미국 55만 명, 한국 14만 명 사망) 이후, 코로나19는 병원체의 실체를 파악했음에도 불구하고 100년 만에 찾아온 진정한 의미의 팬데믹이며, 문명사적 대사건이라고 할 수 있다. 코로나19는 전 세계에 퍼진 만큼 계절 독감처럼 매년 찾아와 '계절 코로나'가 되어 인간에게 장기적으로 뿌리내릴 가능성이 높다. 그리고 현재 백신도 치료제도 없는 상황이고 전개를 예측하기 힘든 신종이라는 점이 인류를 딜레마에 빠뜨리고 있다(이종훈,

2020, 61). 이렇게 코로나19는 무증상 빠른 감염, 높은 치사율, 전개 방향의 예측 불가, 백신과 치료제가 없다는 사실이 인간을 불안하게 만든다. 특히 면역력이 약하거나 기저질환을 앓고 있는 노인들에게 높은 치사율은 그들을 더욱 불안하게 한다.

2. 인포데믹(Infodemic): 가짜 뉴스

코로나19 전염병 사태와 관련하여 한국 사회에 등장한 또 다른 심각한 문제는 '인포데믹'(Infodemic), 즉 시중에 떠도는 잘못된 정보들에 기인한 사회병리적 현상이다. 구체적으로 오늘날 테크놀로지의 급격한 발전에 따라 등장한 대중 미디어, 인터넷, 스마트폰 그리고 SNS를 통하여 유통, 소비되고 있는 코로나19 관련 '가짜 뉴스'(fake news)는 정부의 방역대책을 방해하고, 시민들의 안전을 위협하고 있다. 예컨대, "코로나19 치명률이 사실 독감 수준입니다. 증상이 거의 없습니다. 겁먹지 마십시오", "정부가 공포를 부추겨서 불필요한 방역을 한다"고 주장하는 유튜브 영상들은 대표적 사례이다.

질병관리본부의 설명에 따르면, 국내에 발생했던 독감의 치명률은 0.05-0.1%였으나, 현재 코로나19의 치명률은 1.58%로 기존 독감과 비교하면 치명률은 최대 30배 정도이다. 그러나 만약 PCR 검사로 확진 판정을 받은 사람이 5명이고 이 중에 1명이 사망하였으면 1/5, 즉 치명률은 20%이다. 이것을 '사례치명률'이라 한다. 그런데 증상도 없고 검사도 안 받아서 알아차리지 못한 무증상 감염자가 5명이 더 있다면 코로나19 사망자 비율은 전체 10명 중에 1명 사망, 즉 10%가 된다. 이것을 '감염치명률'이라 한다. 이러한 기준으로 보면 현재 발표되고 있는 코로나19 사망률은 과장된 수치라고 비판이 가능한 측면도 있다.

그러나 최근 해외 연구 결과의 감염치명률 추정치는 독감보다는 치명률이 훨씬 높다. 2020년 8월 국제 학술지 네이쳐(*Nature*, 2020, 8)에 실린 연구 결과는 영국과 스페인 각 나라의 연구진이 추정한 '감염치명률'은 각각 0.9%, 0.8%이다. 최근(2020. 9. 7.) 확인한 '사례치명률'은 12.7%, 5.9%보다 낮다. 하지만 일반적인 독감 치명률보다 여전히 10배 가까이 높은 것이다. 미국이 존스홉킨스대학교 또한 코로나19 치명률이 독감보다 10배 이상 높을 것이라고 예상하고 있다("코로나19는 독감 수준? 공포는 과장된 것?," jtbc[펙트체크], 2020. 09. 07).

어떻든 백신이 있는 독감은 노약자나 임신부 등에 무료 접종을 해서 사망률을 낮출 수 있지만, 코로나19는 백신도 치료제도 없는 상황에서 중증 환자와 사망자는 고령층 70세 이상에 집중되고 있음을 주의해야 한다. 이렇게 보고되고 있는 코로나19 전염병의 높은 치명률은 영유아, 어린이, 청년, 성인, 노인 등 모든 연령대의 사람들에게 개인적으로 마스크 쓰기, 손을 잘 씻고 손 소독제를 자주 사용하며, 사람 간에 2m 간격의 거리두기 등을 강력하게 시행하도록 요구하였다. 그러나 코로나19 전염병과 관련된 잘못된 정보, 즉 '가짜 뉴스'는 방역 당국의 방역 지침이나 개인의 위생수칙을 준수하지 않도록 하여 코로나19 재확산에 따른 많은 문제를 일으킨다. 코로나19의 재확산에 따른 결과는 많은 사람에게 경제적 피해, 건강의 상실, 정신적 고통 등을 안겨준다. 특히, 가장 큰 피해는 기저질환이 있거나 면역력이 약한 70세 이상 노인들이 입게 될 것이다.

3. 안전한 삶(Safety First): 삶의 조건

인간은 누구나 안전한 삶을 추구하며 살아간다. 일찍이 심리학자 매슬로우(Abraham Maslow, 1908-1970)는 인간의 행동을 활성화시키고, 이끄는 다섯 가지 선천적 욕구를 제시하였다(노안영 · 강영신, 2006, 304-305; Maslow, 1954, 35-46). 그 내용은 ① 생리적 욕구(the phys-iological needs), ② 안전 욕구(the safety needs), ③ 소속감과 사랑 욕구(the belongingness and love needs), ④ 존중 욕구(the esteem needs), ⑤ 자아실현 욕구(the needs for self-actualization needs) 등이다. 이러한 욕구는 그 자체로 본능적이지만, 욕구를 충족시키기 위한 인간의 행동은 학습에 따른 것으로 사람마다 큰 차이를 보인다. 각 욕구는 위계 체제로서 가장 기초적인 생리적 욕구는 생존에 가장 필요하고 그 욕구의 강도가 크고 우선적이다. 만족하지 못한 하위의 욕구를 '결핍 욕구'(deficit needs)라 부른다. 이러한 결핍 욕구는 인간의 성장과 발달에 지장을 초래한다. 당연한 말이지만, 안전한 삶에 대한 인간의 욕구는 먹고, 마시고, 잠을 자는 가장 기본적인 생리적 욕구 다음으로 중요한 본능적 차원의 욕구이다.

오늘날 코로나 바이러스 전염병의 높은 치명률은 한국 사회는 물론 전 세계인들에게 공포와 불안감을 더해주고 있다. 여기에 하나님을 섬기는 교회도 예외가 되지 않는다. 역사적으로 전염병은 인류의 큰 위협으로 다가와 죽음으로 몰아넣었다. 1330년대 가장 유명한 '흑사병'은 동아시아 또는 중앙아시아에서 시작하여 페스트균에 감염된 사람들을 통하여 아시아, 유럽, 북아프리카 전역으로 순식간에 퍼져나가 채 20년이 지나지 않아 대서양에 도달하였다. 7,500만 명에서 2억 명 가량의 사람들이 죽었는데, 그것은 유라시아 전체 인구의 1/4이 넘는 수준이었다 (Harari, 2017, 20-21). 또 하나 1918년 '스페인 독감'은 이름은 시시해 보이지만 사망자는 2천만 명에서 1억 명 정도로 추정된다. 이 시기에 우리나라도 인구 절반이 감염되었고, '많은 수'가 사망한 것으로 기록되어 있다. WHO에서는 21세기를 '전염병의 시대'로 규정했고, 최악의 경우 14세기 유럽 인구 1/3 이상을 몰살시킨 재앙이 재현될 수도 있다고 경고하였다(송영구, 2005, 127-128). 실제 21세기 우리에게 충격적으로 다가온 전염병은 2002년 중증급성호흡기증후군 사스(SARS), 2012년 중동호흡기증후군 메르스(MERS), 2013년 인수공통 감염병으로 중증 폐렴을 일으킨 조류독감(AI), 2014년 장기출혈열을 일으킨 에볼라 (Ebola Virus) 그리고 현재 코로나19 바이러스(COVID-19) 등 점차 빈번하게 발생하고 있다. 특히, 이번 코로나 바이러스는 무증상 감염, 감염자의 비말 확산, 접촉 등에 의한 무차별적 감염은 사람들을 더욱 불안하게 한다. 이러한 상황에서 사람들은 자신의 안전을 위하여 일차적으로 만남과 접촉을 피해야 한다. 이제 '안전'(safety)은 일상생활에서 가장 중요한 새로운 기준(new normal)이 되었다.

III. 코로나19 펜데믹(Pandemic)과 노인 세계의 변화

필자는 코로나19 전염병의 세계적 대유행의 상황에서 한국교회의 노인 신자들이 처한 삶의 상황을 네 가지, 곧 불안, 단절, 소통, 영성에 주목하고자 한다.

1. 불안(Anxiety)

불안(不安)은 외부세계로부터 오는 위험에 대하여 자신의 존재가 안전하지 못한 상태에 놓여있다는 인식에 따른 두려운 감정이다. 프로이트(S. Freud)는 불안에 대하여 세 가지 형태를 설명하였다(Hall, 1994, 82-91). ① 현실적 불안(reality anxiety)으로 외부세계의 위험을 지각함으로 야기되는 고통스러운 정서적 경험이다. 대개 공격적인 외부의 위험에 따른 불안과 공포감이다. ② 신경성 불안(neurotic anxiety)이다. 여기에는 세 가지 내용이 있다. 하나는 다소 적절한 환경이 조성되면 쉽게 그러한 환경에 빠져드는 신경증적 불안이다. 두 번째는 실제적인 위험과는 전혀 상관없는 비합리적인 공포이다. 이것을 흔히 '공포증'(phobia)이라고 부른다. 예컨대, 고소공포증, 대인공포증, 광장공포증 등과 같은 것들이다. 세 번째는 발작적 반응이다. 이러한 불안 반응은 어떤 명백한 도화선 없이 갑자기 일어나는 것이다. 자신도 이유를 알 수 없이 갑자기 난폭한 행동을 하는 이른바 '묻지마' 폭행이나 살인의 경우가 그런 것이다. ③ 도덕적 불안(moral anxiety)이다. 자아가 죄책감 또는 수치심을 경험하는 것으로 양심으로부터 위험을 지각함으로 발생한다. 이러한 불안은 부모의 권위가 내면화된 대행자로서 양심은 자아 이상(ego-ideal)에 어긋나는 일을 하거나 생각할 때 처벌하겠다고 위협한다. 즉 그것은 내면적으로 벌을 주는 부모를 두려워하는 공포에서 기인한다. 도덕적 불안은 불안을 느끼는 당사자와 세상 사이에 어떤 관계가 있든지 알 바가 아니라는 점이 특징이다.

코로나19 바이러스가 노인들에게 감염이 되면 위·중증 환자로 전환이 되고, 자칫하면 사망에 이르게 될 수 있다는 점이다. 실제로 지난

2020년 8월 26일에는 서울 광화문에서 벌어진 8·15 광복절 집회 이후 발생한 70-80대 고령 환자는 코로나19 확진 판정을 받기도 전에 사망하는 사례가 발생하였다. 또한 광복절 집회 이후 2주간에 발생한 수도권 환자 가운데 60대 이상 비율은 40%였다. 고령 환자 비율만큼이나 고위험군도 늘어나면서(15명 → 43명), 실제 지난 2주 만에 산소마스크나 인공호흡기 등을 사용하는 위·중증 환자는 3배 가까이 급증하였다("사망 하루 뒤 확진". 고령자 위중 현실로, MBC 뉴스. 2020. 8. 26).

이러한 맥락에서 코로나19 바이러스의 위험에 노출된 한국교회 노인들이 느끼는 불안은 무엇보다 현실적 불안이며, 때로 개인의 기질이나 성향에 따라 예민하게 공포감을 느끼는 신경성 불안증으로 나타날 수 있다. 그러므로 위드 코로나19 시대에 노인을 위한 영성 교육은 두려움과 불안을 신앙으로 극복하는 방안을 모색해야 한다.

2. 단절(Disconnection)

한국 사회에 코로나19 바이러스가 유입, 확산이 되면서 시민들의 건강과 안전한 생활을 유지하기 위하여 먼저 요구된 것은 '단절'(斷絶, Disconnection)이었다. 단절이라는 말은 어떤 대상과의 관계나 교류 등을 끊어 버린다는 뜻이다. 코로나19는 확산 및 재확산의 반복적 상황에서 단절은 건강과 안전한 일상을 위하여 다차원적으로 시행되었다. 국가와 국가, 사람과 사람, 사람과 사물, 사람과 자연 등에서 한 개체 단위의 안전을 담보하기 위하여 국가 간에는 국경 폐쇄, 도시 폐쇄, 교류 단절, 접촉 회피, 격리와 고립 등을 통하여 광범위한 단절을 시행해야 했다(김정준, 2020, 359). 정부 기관, 기업, 공장, 학교, 식당, 종교 단체, 심지어 환자를 치료해야 하는 병원에서도 의료진이 감염되면 즉시 폐쇄, 단절해야 한다. 그리고 코로나19에 감염된 환자가 발생하면 증상에 따라 각 단계를 선별하여 자가격리, 혹은 지정된 수준의 병원에서 치료를 받아야 한다.

이러한 상황에서 질병관리본부에서는 강력한 '사회적 거리 두기' (social distancing) 캠페인을 시작하였다. 그 내용은 사람과 사람 사이에 2m 사회적 거리 두기를 실천하는 것이다. 구체적인 실천 사항은 ① 외출을 자제하고 모임을 연기하는 등 타인과의 만남 자제. ② 전화, 인터넷, SNS 등으로 소통하며 지인과 몸은 멀리하고 마음은 가까이하기. ③ 언제 어디서나 마스크 착용과 손 씻기로 개인 위생수칙을 늘 준수하기 등을 요청하였다. 결국, '사회적 거리 두기' 혹은 '물리적 거리 두기'는 이제까지 우리들의 삶을 지탱해 온 익숙한 관계와의 단절을 요구하는 것이다.

코로나19 확산이 한국교회와 노인 신자들에게 끼친 큰 영향은 무엇보다 건강과 안전한 일상을 유지하기 위하여 '단절'(disconnection)해야 한다는 것이다. 그러나 그것은 곧 노인들에게 익숙했던 인간관계와 삶의 방식의 강제적인 차단과 절연에 따른 고립과 소외의 감정을 느끼게 한다. 구체적으로 기존 대면·접촉 방식의 인간관계와 교육활동은 모두 차단되고 단절된 것이다. 그것은 또한 교회 안에서 이루어지는 신앙교육 활동 역시 시행할 수 없음을 의미한다. 이러한 단절의 위험은 노인 학습자들의 인간관계 단절에 따른 고립감과 소외감을 가져온다.

노인들에게 단절에 따른 고립감과 소외감이 심하게 느껴지는 경우 정신 건강에 문제를 가져와 우울증, 불면증, 섭식장애, 정신분열증 등이 나타날 수도 있다. 실제로 최근 언론의 보도에 따르면 코로나19 감염에 대한 불안과 스트레스로 인하여 일종의 우울증인 '코로나 블루'(Corona Blue)가 등장하였다. 그리고 코로나19 감염의 걱정, 직장에서 실직, 가게 운영의 중단 등에 따른 생계 걱정으로 밤잠을 이루지 못하는 '코로나 불면증'(Corona Insomnia)도 늘어나 세계 공중 보건의 새로운 위협 요소로 떠오르고 있다('"코로나 불면증' 세계 공중 보건 새 위협요소로," 2020. 9. 4. 연합뉴스TV).

코로나19 전염병의 발생으로 인하여 국가는 물론 종교 단체들 역시 사회 공동체의 안전을 위하여 격리와 단절은 선택해야 한다. 기독교회 역시 노인 신자들의 건강과 안전을 위하여 교회의 모든 활동은 일시적으로 단절해야 한다. 하지만 교회는 모든 관계를 영원히 단절할 수는 없다. 그러므로 교회는 노인 신자들에게 나타나는 외로움, 소외감, 우울증, 불면증 등과 같은 문제들을 어떠한 방식으로 연결하고, 해소할 수 있을지에 대한 방안을 모색해야 할 것이다.

3. 소통(communication)

소통에 해당하는 영어 커뮤니케이션(communication)은 일반적으로 언어나 몸짓, 그림, 기호 따위의 수단을 통해 서로의 의사나 감정, 생각을 주고받는 일을 의미한다. 조금 더 구체적으로 살펴보면 그 어원에는 '공유', '공통', '공통성을 이룩하다', '나누어 갖다' 등으로 일방적인 공략을 통한 굴복 또는 지배하려는 설득과는 차별화된 의미의 쌍방향적 관계를 지향하고 있다. 따라서 참다운 인간관계는 쌍방향적 질서의 회복에 있다(김기태, 2017, 29). 이러한 커뮤니케이션에는 인간, 집단, 사회라는 중심축으로 그 내용을 세 가지로 구분할 수 있다. 첫째, 자아 커뮤니케이션(intrapersonal communication)을 인간 내면(마음)의 소통을 탐구한다. 둘째, 인간과 인간이 직접 대면하여 의사소통하는 대인 커뮤니케이션(interpersonal communication)으로 면대면(face-to-face) 커뮤니케이션이 있다. 별다른 매개체를 사용하지 않고 사람들이 만나서 직접 이루어지는 대면 커뮤니케이션이다. 마지막으로 집단과 조직 커뮤니케이션인데 개인과 집단, 집단 내에서 개인과 집단 또는 집단과 집단 사이의 커뮤니케이션을 모두 포함한다(김기태, 2017, 29-30). 여기서 코로나19 사태가 가져온 심각한 문제는 그동안 익숙한 면대면 방식의 커뮤니케이션, 즉 인간과 인간 사이에 얼굴을 맞대고 직접 소통하던 쌍방향 방식이 안전을 위하여 제한을 받게 된 것이다. 코로나19 바이러스 감염을 방지하기 위해서는 모이지 말아야 하고, 만나지 말아야 하고, 접촉하지 않아야 한다. 단지 여기서 간접적인 방식의 안전한 의사소통은 가능하다(김정준, 2020, 360-361).

2020년 코로나19 전염병의 확산은 안전한 생활을 위한 '사회적 거리 두기' 캠페인은 교회의 예배는 물론 어린이, 청소년 그리고 노인을 대상으로 이루어졌던 모든 교육 커뮤니케이션을 단절시켰다. 코로나19의 강한 전염성은 면역력이 약한 노인들의 건강에는 더욱 치명적이기에 '3밀'(密閉, 密集, 密接)의 상황을 피해야 한다.

코로나19 전염병은 모든 예배와 교회교육의 상황을 변화시켰다. 교회의 정규 예배, 기도회, 소모임, 교회학교 등 모든 현장은 한마디로 단절과 고립이다. 이러한 관계의 단절과 고립 상황을 극복할 수 있는 유일한 대안은 TV, 컴퓨터, 인터넷, SNS, 스마트폰 등과 같은 뉴미디어를 활용하는 것이다. 그리고 부분적으로 안전이 담보된 상태의 개인적인 접촉과 대면을 통한 의사소통이다. 이러한 상황은 코로나19 전염병이

종식되기 전까지 필수적 상황이 되었다.

노인들의 건강과 안전한 생활을 담보하면서 상호관계와 연결이 지속 가능한 방안은 비대면, 비접촉 상황에서 소통이 가능한 뉴미디어의 스마트한 활용이 더욱 요청되고 있다. 교회와 목회, 교회교육은 기존 콘택트(contact) 방식에서 언콘택트(uncontact) 방식으로 교육 커뮤니케이션을 전환해야 할 때가 된 것이다. 이제 교회의 노인교육도 언콘택트 상황에서 콘택트를 이룩하는 바람직한 교육 커뮤니케이션 방안을 모색해야 한다.

4. 영성(Spirituality)

우리가 살아가는 21세기는 영성(Spirituality)의 시대라고 한다. 그러면 영성은 무엇인가? 테이어(Nelson S. T. Thayer)는 영성이란 역사의 특정한 상황 안에 나타난 감각적 실재를 초월해 있는 능력과 의미의 차원을 체험하고 의식하며 또 그 차원에 자신을 관계시키는 인간의 특수한 능력 곧 통합된 인간의 삶의 총체적 체험이다. 더 나아가 포괄적 의미에서 영성이란 우리가 어떻게 삶에 있어서 궁극적 의미와 능력의 원천에 우리 자신을 경험적으로 관계시키느냐 하는 것과 또 그러한 관계를 우리가 어떻게 사느냐 하는 것과 직결되어 있다(Thayer, 1992, 7, 115-116). 구체적으로 기독교 전통에서 올바른 영적 삶이란 하나님께서 창조하신 세계의 상황 안에서 한 인간이 하나님의 살아계심을 깨닫고 체험하면서, 하나님의 말씀과 예수 그리스도의 가르침을 따라 일관성 있는 삶으로 풍성한 신앙의 열매를 맺는 것이라 할 수 있다.

서울과 수도권의 코로나19 확산 및 재확산에 따라 8월 19일 0시부

터 9월 13일까지 시행된 방역 당국의 강화된 '사회적 거리 두기'의 2.5
단계 시행은 한국교회의 정규 예배 이외의 모든 기도회, 소모임, 성가대,
수련회, 세미나, 공동식사 등의 비대면 온라인으로 운영하도록 제한하
였다. 고위험 시설에 해당하는 교회의 정규 예배도 비대면 온라인으로
드리되, 운영에 필수적인 20명 이하의 최소한 인원으로 운영하도록 강
제하였다. 이렇게 정부의 방역 지침에 따라 단절과 격리로 인하여 고통
을 겪고 있는 한국교회 노인들의 신앙생활에 도움을 줄 수 있는 방안은
무엇일까? 정부의 방역 지침에 대항하여 대면, 집합 예배를 강행해야
할까? 아니면 정부의 방역 지침에 따라 비대면 온라인으로 드려야 할
까? 교회와 그리스도인들은 하나님을 믿는 믿음 안에서 말씀과 예수 그
리스도를 올바르게 따르는 길이 무엇인지 탐구하고, 선택하고, 실천해
야 한다.

IV. 위드 코로나19 시대, 노인 영성교육의 과제와 방향

2020년 9월 현재 전 지구적으로 전개되고 있는 코로나19의 펜데믹
상황은 확실한 백신이나 치료제가 등장하여 전염병이 종식되기 전까지
모든 상황은 지속될 것이다. 그러므로 우리는 코로나19와 함께(with) 살아가
는 방법을 터득해야 한다. 코로나19 바이러스의 확산 및 재확산의 위험
이 상존(常存)하고 있는 상황에서 한국교회가 접근 가능한 노인 영성교
육의 방향을 몇 가지 제안하고자 한다.

1. 전인 건강을 추구하는 영성교육

코로나19 시대 노인들의 신앙생활에 다가오는 가장 큰 어려움은 코로나19 감염에 의한 건강의 상실과 죽음에 이를 수 있다는 '염려'와 '불안'이다. 물론 코로나19 전염병의 감염에 대하여 노인은 물론 누구든지 조심하고, 방역 수칙을 잘 지켜야 함은 당연한 일이다. 그러나 때로 전염병에 대한 지나친 염려와 불안은 일상을 무너뜨리고, 전인적인 건강한 삶을 해칠 수 있다. 비록 코로나19가 우리를 병들게 하여 죽음에 이르게 할지라도, 그리스도인들은 두려워하거나 절망해서는 안 된다. 덴마크의 철학자 쇠렌 키에르케고르(Søren A. Kierkegaard, 1813-1855)는 "절망은 죽음에 이르는 병이다"라고 하였다. 기독교 신앙 안에서 보자면, 죽음 그 자체는 삶에 이르는 통로이기 때문이다. 지상에서 인간의 죽음은 물론 병의 종말이기는 하나 죽음이 최후적인 것은 아니라는 것이다 (Kierkegaard, 1985, 275). 예수 그리스도는 지상에서 그를 믿는 자의 죽음은 오히려 부활과 영원한 생명을 얻을 것이라고 약속하셨기 때문이다(요 11:25-27).

그러므로 기독교 신앙인들은 이 세상에 거하는 동안 건강을 위하여 방역 수칙을 잘 지키면서도 동시에 어떠한 상황에서도 생명의 주관자이신 하나님에 대한 절대적 신뢰와 예수는 그리스도라는 신앙고백이 흔들려서는 안 된다. 오히려 그리스도인들은 코로나19 전염병의 두려움과 불안을 넘어 적극적으로 '전인적인 건강'(Well Being, Wholeness)을 추구하는 신앙생활을 추구할 필요가 있다. 다시 말하여 교회는 코로나19 시대 불완전한 사람들이 불완전한 세계에 직면하여 고통을 넘어 보람 있는 삶을 살아가도록 도움을 주어야 한다.

이러한 맥락에서 미국의 목회상담학자 하워드 클라인벨(Howard Clinebell, 1922-2005)의 저서『전인건강』(*Well Being*)에서 소개한 전인건강을 위한 7가지 주제는 코로나19 시대 한국교회 노인들을 위한 영성교육에 훌륭한 통찰을 제공해 준다. 그 내용을 간략하게 소개하면 다음과 같다(Clinbell, 1995, 24-28). ① 전인건강을 가꾸어주는 영성: 우리를 사랑하고 해방하는 성령과 더 친밀하게 관계를 누리는 것이다. 불완전한 인간관계를 넘어 근원적인 사랑의 원천이신 성령과 깊은 관계는 치유의 샘이 될 것이다. ② 마음과 인격의 정신건강: 자기 몸을 잘 돌보는 것이 정신적, 정서적 건강을 증진시키는데 도움이 된다. 여기서 급격히 변화하는 세상에서 계속적인 배움은 정신적 예리함과 전인 건강의 비결이 된다. ③ 몸의 전인건강: 전인건강을 이루기 위한 육체적 자기관리는 삶을 딛고 설 굳건한 토대를 마련해 준다. ④ 인간관계의 전인건강: 만성적인 고독과 사랑의 결핍은 당신의 건강을 해칠 수 있다. 전인성을 향상하고 치유하기 위해서는 상호 존중의 사랑과 성실성, 솔직한 의사소통, 서로 완전해짐을 위한 상호 헌신 등의 모습으로 구체화 시킬 필요가 있다. ⑤ 일에서의 전인건강: 당신이 하고 있는 일이나 직업이 스트레스와 지겨움, 좌절보다는 자존감(self-worth)과 만족을 주는 원천이 되도록 발전시켜 나가야 한다. ⑥ 놀이에서의 전인건강: 놀이와 일은 상호보완적이며 전인성과 직결이 되어 있다. 자기의 시간을 건강하고 균형있게 사용하며, 재창조 작업에 균형을 맞춘다면 전인성을 풍요롭게 해 줄 것이다. ⑦ 내가 살고 있는 세계의 전인건강: 개인의 건강과 가족의 건강은 내가 속한 기관들(institutions)의 건강, 자연환경의 건강과 서로 분리될 수 없다. 내가 사는 지역사회, 기관과 단체들, 지구의 자연환경은 서로 인격적으로 의존되고 연결되어 있다. 모든 사람이 온전해지기 전에는 아무도 온전해질 수 없다.

일찍이 클라인벨이 제시한 '전인건강'을 위한 7가지 주제는 2020년 코로나19 전염병이 기승을 부리는 한국교회 노인을 위한 영성교육에 중요한 통찰을 제공하고 있다. 특히, 기독교 영성의 관점에서 개인의 마음과 몸—가족과 이웃—지역사회와 기관—일과 놀이—자연과 세계가 모두 서로 상호 연결되어 있다는 관점 그리고 모든 사람이 온전해지기 전에 아무도 온전해질 수 없다는 점을 기억해야 한다.

2. 이단을 대처하는 영성교육

2000년대에 들어서면서 한국교회에 도전하고, 사회에 큰 해악을 끼친 이단 종교집단은 교주 이만희(李萬熙)가 이끄는 신천지증거장막성전(新天地證據帳幕聖殿), 약칭 신천지(新天地)이다. 신천지 대표 이만희는 1931년 경북 청도군 풍각면 현리에서 출생하였다. 17세에 서울 성동구 형님 집에 기거하면서 건축업을 종사하다 경복궁 앞 천막 교회에서 세례를 받았고, 이후 고향에 내려가 풍각장로교회에서 본격적인 신앙생활을 하였다. 다시 서울로 온 이만희는 전도관 박태선의 신앙촌에 머물다 이탈하여 장막성전 유재열을 따르게 된다. 그러나 1980년 신도들과의 소송 과정에서 교주 유재열은 심경의 변화로 장막성전의 운영을 예장합동보수 측에 위임하고, 신학을 배우기 위하여 미국으로 건너갔다. 이후 장막성전에서 이탈한 이만희는 1980년 3월 14일 그를 따르는 세력을 규합하여 안양에 신천지를 설립하였다. 1984년 '성경공부방'으로 시작, 2011년 현재 전국 260여 개의 신학원을 운영하고 있다. 2017년 신천지의 교세는 신도수 17만 명, 국내·외 교회 및 교육 시설은 1,200개소 이상을 운영하는 것으로 알려져 있다(현대종교편집국, 2018, 14-16).

2011년에 이르러 신천지로 인한 피해사례가 급증하였는데, 갈수록 진화하는 그들의 다양한 포교 전략은 기성 교회 교인을 포교하고, 교회를 분열시키며, 가정을 파괴하여 큰 피해를 끼쳤다. 과천 신천지 본부 앞에는 신천지에 미혹된 후 가출한 아들, 딸을 찾는 어머니들의 1인 시위, 가출한 아내를 찾아 생업을 포기한 남편들의 모습도 발견할 수 있다(현대종교편집국, 2018, 14; 백상현, 2014, 9).

이러한 신천지의 지속적인 반성경적, 반사회적 일탈 행위들은 2020년 2월경 한국 사회에 본격화되기 시작한 코로나19 전염병의 유입과 확산과 연결되어 사회적으로 큰 문제를 야기하게 되었다. 한국 사회를 전국적으로 강타하고 있는 코로나19는 2020년 2월경 중국 후베이성 우한시에서 한국에 유입된 것으로 보인다. 그래서 초기에는 '중국 우한 바이러스 폐렴'이라고도 불리었는데, 특히 이단 종파 신천지가 중국 우한시에 설립한 신천지 교회의 일부 신자들이 대구, 경북지역으로 이동하여 전염병을 전파, 확산시키는데 큰 역할을 하였다.

구체적으로 2020년 코로나19를 통해 드러난 이단 종파 신천지의 특징은 무엇인가? 탁지일은 그 내용을 다음과 같은 다섯 가지로 설명하였다(탁지일, 2020, 276-278). 먼저, 성서적, 신학적 측면에서 네 가지를 살펴볼 수 있다. ① 신격화된 교주의 모습이다. 코로나19와 관련하여 언론에 노출된 교주 이만희의 기자회견을 보면, 어눌해 보이고, 사회적, 신학적 교육도 제대로 받지 못한 교주가 수많은 신도 위에 절대적으로 군림하는 모습을 보여주었다. 그러므로 기독교회는 무엇보다 성경의 진리로서 예수님의 주 되심(Lordship of Jesus), 인간의 죄성과 타락성에 대한 깊은 성찰과 교육이 요청된다. ② 비성경적인 교리이다. 기독교인들의 종말론적 소망인 신천지(新天地), 곧 '새 하늘과 새 땅'을 의미하는 성경의 진리가 왜곡, 훼손, 오염되고 있음을 알 수 있다. 그러므로 성경의 거룩한 언어를 회복하는 운동이 필요하다. ③ 종말론의 오류이다. 이단들이 좋아하는 종말론은 두 가지이다. 하나는 '시한부 종말론'으로 특정한 시기에 종말이 온다고 주장하는 것이다. 다른 하나는 '조건부 종말론'으로 144,000명과 같은 특정한 조건이 이루어져야 종말이 온다는 주장으로 신천지는 여기에 해당된다. 이들은 종말론으로 위기감을 조장하여 가정이 무너지는 것은 상관없이 신도들의 재산이나 성을 착취하여 사리사욕을 채운다. 그러므로 기독교회는 이단에 대처하여 성경의 진리로서 종말에 대한 올바른 교육이 매우 시급하고 필요해 보인다. ④ 배타적 구원관이다. 이단 신천지는 자신들의 교리를 믿고, 자신들에게 와야만 구원을 받는다고 가르친다. 심지어 기성 교회에 들어와 자신의 정체를 감추고, '모략'이라는 미명으로 합리화된 거짓말을 자행하면서 교회 공동체를 무너뜨리기도 한다. 그런데 신천지가 말하는 성서의 '모략'에 해당하는 히브리어 '에챠'는 '거짓말'이 아니라, '충고'라는 뜻이다. 이는 성경에 대한 오역이고, 의미 훼손이라 하겠다. 마지막으로, 사회적 측면에서 ⑤ 신천지의 반사회적 일탈 행위이다. 코로나19는 교회, 사찰, 성당에서도 발생할 수 있다, 문제는 '감염 확산의 장소'가 아니라 '감염 방지를 위한 조치'에 관한 것이다. 코로나19가 대구, 경북지역 신천지에서 발생하였을 때, 감염 방지를 위한 사후조치가 불투명하고, 정직하지 못했다. 신천지는 자신들의 조직을 보호하기 위하여 부정확하고 제한적인 정보를 제공하여 지역사회에 급격한 확산을 가져왔고 사회적 공분을 샀다.

이러한 상황은 이단 집단만 아니라 기독교를 포함하여 어떤 종교도 자신의 권리와 이익에만 몰두하여 이웃과 사회적 책임을 망각하고 외면할 때 나타나는 부정적인 사회적 결과가 어떠한 것인지를 반드시 기억해야 한다. 2020년 2월에 본격화하여 9월 현재까지 지속되고 있는 코로나19의 확산 및 재확산의 상황에서 한국교회는 노인들에게 코로나19 바이러스의 실체와 전염성 그리고 대처 방안 등에 대하여 잘 이해하도록 도와야 한다. 동시에 이단 신천지의 잘못된 행동과 그 결과 그리고 기독교인들이 취해야 할 올바른 행동 양식에 대한 교육 프로그램을 제공해야 할 필요가 있다.

3. 미디어 리터러시를 증진하는 노인 영성교육

미디어 리터러시(Media Literacy)는 학자들의 관점에 따라 다양하게 정의될 수 있지만, 일반적으로 인간의 의사소통을 매개하는 기술 결정체 미디어(media)의 다양한 텍스트들을 읽고, 쓰고, 말하고, 듣는 능력을 말한다(Buckingham, 2007, 49; Hobbes, 2010, 16-17). 오늘날 급격한 기술과학의 발전에 따른 미디어와 커뮤니케이션 능력의 향상은 대중들의 미디어 활용을 광범위하게 확장, 확대시켰다. 따라서 미디어 리터러시에 개념도 미디어를 읽고, 쓰고, 활용하는 능력을 포함하여 미디어에 대한 지식, 기술, 활용하는 능력으로 그 의미가 확대되고 있다.

이제 미디어 리터러시는 미디어의 개념은 콘텐츠를 읽고, 쓰는 능력을 넘어 미디어를 사용할 수 있는 지식과 기술을 활용하는 능력으로 확대되고 있다. 더 나아가 미디어와 관련한 텍스트들의 다양한 메시지들을 해석하고, 미디어에 접근하여 분석, 평가 그리고 제작하는 능력 등도 의미에 포함되어 그 의미를 확대하고 있다(Bondy, 2009; Potter, 2010, 676-678; http://www.medialit.org/ about-cml).

어쩌면 코로나19 시대에 미디어 리터러시는 미디어 콘텐츠를 쓰고, 읽고, 참여하고, 그 의미들을 해석하고, 활용하는 능력이 더 필요한 시기라 하겠다.

21세기 기술과학이 발전하여 다양한 뉴미디어가 등장하였고, 많은 사람이 뉴미디어를 편리하고 효과적으로 광범위하게 활용하고 있다. 더구나 코로나19 전염병의 확산으로 일상의 안전을 위하여 비대면, 비접촉이 권장되는 상황에서 안전한 연결과 접속을 가능하게 하는 온라인 혹은 모바일 뉴미디어의 활용은 일상생활의 많은 부분을 감당하고 있다. 그러나 이러한 상황에서 뉴미디어의 쓰기와 읽기, 활용 능력이 떨어지는 노인들은 뉴미디어 소수자로서 배제와 소외의 계층이 될 수밖에 없다(김정준, 2017, 170-171). 우선, 신체적 조건에서 시력과 청력, 신체적 감각이 저하된 노인들은 뉴미디어 읽기와 쓰기, 듣기에서 어려움을 겪을 수밖에 없다. 둘째, 뉴미디어가 생활에서 활용되는 다양한 분야, 예컨대 모바일 금융결제, 다양한 애플리케이션의 활용에 대한 노인들의 정보 취득이나 접근은 젊은 세대에 비해 떨어질 수밖에 없다. 마지막으로 지속 성능이 업그레이드되는 모바일 스마트폰, 태블릿, 뉴 커뮤니케이션 도구들의 사용, 활용, 제작 등에 있어서 경제적 능력, 사회적 역할, 기술적 능력이 열세인 노인들의 접근 및 활용은 떨어질 수밖에 없다.

코로나19 전염병으로 인해 모든 일상생활에서 많은 관계가 단절되고 있다. 단절을 극복하고 안전한 연결과 의사소통을 위한 뉴미디어 활용이 적극적으로 권장되는 언택트(Untact) 시대가 되었다. 그러므로 코로나19 시대 노인 영성교육은 노인들을 대상으로 미디어 리터러시를 증진시키는 교육에 관심을 가질 필요가 있다. 뉴미디어의 접근과 활용 능력이 상대적으로 부족한 노인들에게 뉴미디어의 읽기와 쓰기, 더 나아가 신앙의 관점에서 콘텐츠를 이해하고, 활용하는 것은 물론 참여하고 공유하는 차원까지 나아가도록 도움을 주어야 할 것이다.

4. 자연환경을 보존하고 함께하는 노인 영성교육

유발 하라리(Yubal N. Harari)는 역사를 통하여 인류를 괴롭혀왔던 삶의 주요 의제를 기아(굶주림), 역병(전염병), 전쟁(폭력)이라고 하였다. 그런데 인류는 경이로운 경제성장 덕분에 식량, 의료, 에너지, 원재료 등을 제공하여 인류의 굶주림, 전염병, 폭력적 전쟁 등의 상황을 충분히 개선할 수 있었다고 한다. 반면에 인류는 지구의 오염, 지구 온난화, 기후변화 등 생태계에 대한 위험을 늦게 깨닫고 논의하기 시작하였으나 경제적, 정치적 희생을 하려고 노력하지 않기 때문에 파국의 위험이 증대되고 있다고 하였다. 더 나아가 지혜로운 인류 '호모 사피엔스'(homo Sapience)는 지금까지 이룩한 전례 없는 자신들의 번영, 건강, 평화 등의 성과를 바탕으로 불멸과 행복과 신성을 추구하는 신적 차원의 인간 '호모 데우스'(homo Deus)를 꿈꾸고 있다고 주장한다(Harari, 2017, 14-39).

하라리가 지적한 인류의 3대 재앙, 즉 기아, 역병, 전쟁 가운데 먼저, 2020년 지구인들에게 충격적으로 다가온 것은 인수공통 전염병 코로나19 바이러스에 의한 인간의 고통이다. 21세기에 등장한 독감 변종 바이러스 코로나19는 아직 백신이나 치료제가 없다. 그러기에 무엇보다 기저질환이 있거나 면역력이 약한 70-80대 노인들에게는 큰 위협이 되고 있다.

일찍이 기원후 초기부터 오늘날까지 바이러스에 의한 전염병은 점점 변종으로 발전, 확산되었다. 2세기 중엽 발생한 천연두나 홍역으로 추정되는 '안토니우스 역병'(165-180년), 3세기 '키프리아누스 역병' (249-262년), 6세기 '유스티아누스 역병'(541-542)이 발생하였다(이상 규, 2020, 119-120). 14세기에는 유럽의 대재앙 '흑사병'(1347-1351), 20세기 초반 유명한 '스페인 독감'(1918-1920년), '에볼라 출혈열'(Ebola, 1976), '신종 플루'(돼지독감 바이러스, 1998-2009)가 발생하여 전 세계 인의 수많은 목숨을 앗아 갔다(이종훈, 2020, 60). 그런데 21세기에 발생한 신종 전염병들은 변종 바이러스에 의한 인수공통감염병이 그 특징이다. 2002년 등장한 사스(SARS)는 '중증급성호흡기증후군'으로 '사스-코로나 바이러스'가 원인이다. 2003년 메르스(MERS) '중동호흡기증후군'은 신종 '베타 코로나 바이러스'에 의한 감염증이다. 10년 후, 2013년 '조류독감'(AI)은 철새, 닭, 오리 등의 배설물에 의해 전파되는 인수공통 감염병이다.

특이한 것은 작년 2019년 9월 경기도 파주에서 시작된 '아프리카 돼지열병'(ASF)은 일종의 돼지 콜레라인데, 2020년 1월 28일 경기도 연천에서 118번째 발견을 끝으로 일대 모든 돼지를 폐사 처리함으로 종료되었다. 이 '아프리카 돼지 열병은' 땅에 묻어 폐사하는 것 이외의 효과적인 면역 방법이 없고 치료법도 없다는 것이 특징이다("아프리카돼지열병," 다음백과사전, https://100.daum.net 2020. 9. 10). 그리고 2019년 말 중국 우한에서 시작되어 2020년 초 한국에 등장한 코로나19 바이러스(COVOD-19)도 인수공통감염병으로 9월 현재 효과적인 백신이나 치료제가 없다는 것이 특징이다. 이렇게 지구상에 인류와 함께 공존해왔던 미생물 바이러스가 변종으로 인간에 다가왔을 때 적절한 백신이나 치료제가 없다면 인류는 큰 어려움에 봉착하게 된다.

이러한 현상은 무엇을 의미하는 것일까? 신의 진노인가, 자연의 반

란인가? 인간이 자연에 가한 폭력에 대한 자연의 응답은 아닐까? 자연 생태계를 연구하는 신학자들은 하나님께서 창조한 자연에 인간이 행한 파괴와 억압으로 신음하는 지구와 피조물을 보전하고 회복하는 일에 그리스도인들의 관심을 촉구하고 있다(Fox, 2008, 11-16; McFague, 2000, 112-115). 인간의 경제와 산업 양식이 자연을 방해하고, 인간의 기술이 지구를 파괴할 때 큰 문제가 생긴다. 이러한 상황에서 자연의 생산성과 생명 체계는 줄어들게 된다. 토마스 베리(Thomas Berry)는 생태계의 파괴는 경제의 파탄뿐만 아니라 종교의 파멸을 초래한다고 하였다. 자연이 적자를 보면 우리도 적자를 보게 된다고 강조한다(Berry, 2000, 123-125).

사실, 2020년 9월 현재까지 전 세계의 기후는 한국, 중국, 일본, 동남아, 미국, 북극, 남극 등 여기저기에서 이상 징후를 보여주고 있다. 한국, 일본, 동남아시아에서의 지진, 집중 폭우, 홍수, 태풍, 강물 범람, 미국의 토네이도, 파이어네이도(불 회오리바람), 캘리포니아주의 넓은 범위의 산불, 네바다주의 모하비사막 데스밸리의 낮 최고기온은 54.4도였다. 그리고 북극과 남극의 빙하 해빙에 따른 수면 상승은 점점 위험 수준이다. 덴마크 그린란드 빙하는 2019년 여름 무려 6,000억 톤이 녹았다. 이는 해수면 높이를 두 달 동안 2.2mm 높일 수 있는 어마어마한 양이다("1년에 2500억 톤 녹는 빙하, 골든타임 지났나?" JTBC 뉴스, 2020. 8. 19). 이러한 기후변화에 따른 위험에 대하여 일찍이 과학자들은 많은 문제 제기를 해왔고, 언론에서는 벌어지는 기후 재앙의 사건들을 빈번하게 보도하고 있다. 2020년 빈번해진 자연재해와 코로나19를 통하여 우리가 깨닫는 바는 하나님께서 창조하신 자연에 대한 인간의 약탈적 훼손 행위에 대한 자연의 응전을 보는 듯하다.

홍윤철(2020)은 그의 저서 『팬데믹』에서 말하기를, "무서운 전염병들은 세균이나 바이러스가 사람을 공격했다기보다는 사람이 세균의 생태계를 교란한 후 사람과 병원균 사이에 새로운 생태학적 균형을 찾아가는 과정에서 벌어진 것"이라고 설명한다. 즉 인간의 이동과 교류, 농경지 개간과 벌목 등에 따른 생태계 균형의 교란이 세균이나 바이러스 감염성 질환의 원인인 것이다. 다시 말하여 인간의 이기적인 목적을 위하여 자연환경의 훼손과 변화를 일으키면, 자연환경은 적응과 균형을 위한 여정을 거치는데 그것이 바로 질병으로 나타난다는 것이다(홍윤철, 2020, 31-32, 42).

결국, 코로나19 전염병의 폐해와 고통을 보면서 한국교회 노인들을 위한 영성교육의 내용에는 하나님께서 창조하신 지구 생태계를 이해하고, 자연환경을 보전하고 관리하는 방법에 대한 내용을 구성해야 한다. 먼저, 성서적 관점에서 하나님께서 창조하신 자연과 피조물들의 관계와 의미 파악하기 그리고 자연환경의 보전과 관리 그리고 함께 살아가는 내용과 방법을 탐구해야 한다. 다음으로 교회에서 실천할 수 있는 내용에 관하여 탐구하고 실천하도록 돕는 내용이다. 예컨대, 구약성서와 창조신학 이해, 창조 질서 보전에 대한 교회의 역할, 그리스도인들의 자연환경 보전을 위한 구체적인 생활 실천들(에너지 절약, 자전거 타기, 플라스틱 사용 줄이기, 일회용품 사용금지, 음식물 쓰레기 줄이기, 쓰레기 재활용 및 분리수거 등)에 관심을 갖도록 돕는다.

V. 나가는 말

2020년 2월 한국 사회에서 본격화된 코로나19 전염병은 2020년 9

월 18일 현재 126명 확진자(전체 22,783명), 사망자 377명으로 서울과 수도권을 중심으로 전국적인 확산세가 그치지 않고 있다. 모두가 불안하고 염려가 많다. 코로나19의 확산세를 막으려면 모두가 마스크를 쓰고, 활동을 멈추고, 철저하게 거리두기를 실천해야 한다. 그런데 그렇게 하면 사람들의 일상생활과 생업이 중단되어 생계가 어려워진다. 삶의 딜레마이다. 이러한 시점에 종교활동, 몇몇 한국교회는 정부 방역 지침을 어기고 대면 예배를 강행하여 코로나19 확산에 한 역할을 하였다고 대중 언론과 시민들은 교회를 비난한다. 반면에 한국교회 다수 신자는 정부의 강한 방역 지침에 따른 집합, 대면 예배의 금지와 제한으로 개인의 종교와 신앙의 자유를 박탈당했다고 반발한다.

코로나19로 인한 혼돈과 혼란의 시대에 한국교회의 노인들을 위한 영성교육의 방향은 무엇인가? 필자는 크게 네 가지를 제안한다. 첫째, 전인 건강을 추구하는 영성교육이다. 코로나19의 전염성이 노인들에게 두렵고 불안한 상황이지만, 어떠한 상황에서도 그리스도인들의 신앙고백은 흔들려서는 안 된다는 점을 강조하였다. 하나님 앞에서 그리스도인들의 실존적 신앙은 죽음 너머의 영원한 희망을 볼 수 있어야 하기 때문이다. 둘째, 이단을 대처하는 영성교육이다. 한국교회는 이번 코로나19 전염병의 사태를 보면서 이단 종파 신천지의 반사회적 일탈 행위를 목도하였다. 이런 맥락에서 그리스도인들은 반드시 성서에 기초하여 교리를 올바로 이해해야 한다. 또한 일상생활에서도 올바른 실천이 요구된다. 셋째, 미디어 리터러시를 증진하는 노인 영성교육이다. 제4차 산업혁명시대 기술과학의 급격한 발전은 코로나19 시대에 안전한 접속과 새로운 삶의 방식(언택트 방식)을 제공하고 있다. 코로나19 시대 노인 신자들은 기술 발전에 따라 등장한 다양한 뉴미디어 활용에서 소외되지 말고 잘 활용하도록 돕는 신앙교육도 필요하다. 마지막으로 자연환경을 보존하고 함께하는 노인 영성교육이 필요하다. 코로나19 전염병의 근본적인 문제는 하나님께서 창조하신 지구와 자연환경에 대한 인간의 무분별한 파괴와 착취에 따른 자연의 새로운 균형 잡기에서 비롯된 현상들이다. 그러므로 하나님께서 창조한 자연과 피조물에 대한 이해와 관심, 돌봄 그리고 생활에서의 실천을 탐구하도록 격려해야 한다.

필자는 코로나19 전염병과 마주한 한국교회와 노인 신자들은 물론 모든 그리스도인가 교회를 통하여 그리고 개인의 신앙생활을 통하여 전염병 시대를 안전하고 의미 있게 극복하기를 기대한다. 코로나19 전염병이 내게 가까이 있을 때, 그러한 시대에 신앙적으로 지혜롭게 함께 살아가는 방식이 무엇인지에 대한 도움이 되기를 기도한다.

> [1]하나님은 우리의 피난처시요 힘이시니 환난 중에 만날 큰 도움이시라. [2]그러므로 땅이 변하든지 산이 흔들려 바다 가운데에 빠지든지 [3]바닷물이 솟아나고 뛰놀든지 그것이 넘침으로 산이 흔들릴지라도 우리는 두려워하지 아니하리로다(시편 46:1-3).

코로나19가 가져온 기독교 학교의 뉴노멀
: 테크놀로지, 어떻게 활용할 것인가?

장유정(백석대학교)

1954년 처음으로 한국에 TV가 등장한 이후(김규회, 2012), TV는 새로운 정보를 알게 해주는 고맙고 신기한 "보물상자"였다. 이 보물상자가 처음 한국 사회에 받아들여졌을 때, 사람들은 보물상자 주위로 모여들었고 이것은 마을 사람들을 모아주는 공동체 형성의 주요 도구가 되었다. TV의 보급이 원활해지고 대부분 가정에 TV가 있을 때에도, TV는 가족을 모으는 도구로서 역할을 감당했고, 함께 웃고 울며 이야기를 나눌 수 있는 정보를 제공해 주었다. 하지만 어느 순간 TV가 유해한 정보를 제공하고 사람들의 지적·신체적 건강에 영향을 미친다는 연구보고와 함께 "바보상자"로 전락하게 되었고, 급기야는 TV를 없애는 가정이 늘어나기 시작했다. 과연 TV는 무엇을 잘못한 것일까?

급변하는 시대에 디지털 테크놀로지를 어떻게 이해하고 활용해야 하는가는 기독교교육에 있어서 간과할 수 없는 중요한 질문일 것이다.

특히 코로나19 상황 가운데 다양한 테크놀로지를 활용한 교육으로 아무런 생각 없이 떠밀려간다면, 어느 순간 고마웠던 "보물상자"가 또다시 "바보상자"로 취급받으며 그 활용에 있어서 혼란을 초래하게 될 것이다.

"교육은 항상 변화되어왔고 되돌아가지 않는다"고 언급하면서 퍼거슨(Ferguson, 2020)은 코로나19가 학교교육을 벽돌로 된 건물에서 가정으로 이동시켜 놓았고, 그 영향은 코로나19의 상황이 안정된 이후에도 지속될 것이라고 주장한다. 학생들의 집중력은 떨어질 것이고, 미디어 중독은 늘어날 것이며, 정서적 불안함도 커질 것이다. 가정학습이 가능함을 경험한 몇몇 가정은 홈스쿨링으로 교육방법을 전환할 수도 있다. 코로나19는 이외에도 다양한 어려움을 교육 현장에 가지고 올 수 있으나, 기독교 학교로서는 어려움보다 더 큰 유익을 얻게 될 것이라며 퍼거슨은 흥미로운 예측을 내놓는다. 코로나19 상황에서 정상적인 교육을 가능하게 하는 것은 학습용 디바이스의 공급, 안정된 인터넷 엑세스 그리고 학습을 도와줄 수 있는 부모의 역할이라 하겠다. 공교육은 교육의 형평성이라는 명계로 이 세 가지 조건이 안되는 학생들을 고려하여 하향 평준화된 교육을 제공할 수밖에 없는 현실이지만, 기독교 학교를 비롯한 사립학교들은 차별화된 교육을 시행할 수 있다는 것이 퍼거슨의 주장이다. 그는 이 시기를 통하여 교육에 있어서 기독교 학교가 공교육보다 약 3달에서 7달 가량 앞서갈 수 있는데, 이 시기를 겪은 기독교 학교 졸업생들이 이 세상에 그리스도인으로 그만큼 더 큰 영향을 끼칠 수 있는 하나님께서 허락하신 기회로 이것을 해석한다(Ferguson, 2020).

이러한 흥미로운 접근에 한 가지 깊이 공감하는 부분은 코로나19 상황을 위기가 아닌 기회로 만들기 위해 기도하고, 돌아보고, 회개하며 준비해야 한다는 것이다. 무엇보다 테크놀로지에 대한 기독교 학교교육

차원에 깊은 고민과 기도가 필요할 것이다. 국내 기독교 학교의 테크놀로지 활용은 핸드폰 소지 금지 및 컴퓨터 사용 제한 등을 교칙으로 적용하고 있는 학교부터 개인 학습용 디바이스 활용 및 다양한 교육용 앱 활용 등 적극적으로 교육 현장에 새로운 테크놀로지를 받아들이고 있는 학교까지 그 스펙트럼이 다양하다. 하지만 코로나19 상황은 원하던 원하지 않던 비대면 수업을 위해서 온라인 수업 방법을 받아들이도록 하였고 이를 위해서 다양한 테크놀로지가 현 기독교 학교교육현장에 활용되고 있는 실정이다. 중독 혹은 유해 미디어로부터 학생들을 보호하고자 디지털 테크놀로지의 활용을 제한해오던 학교들은 이제 고민을 하여야 한다. 디지털 테크놀로지를 어디까지 받아들여도 괜찮을까? 그것이 학교의 교육비전을 이루는 데 어떤 영향을 미칠 것인가? 그것의 활용이 새로운 도전과 위협을 제공하지는 않을 것인가? 그렇다면 어떻게 받아들여야 하는가? 이미 디지털 테크놀로지를 적극 활용하고 있는 기독교 학교라고 해서 이 질문에서 자유로울 수 없을 것이다. 코로나19 상황이 기독교 학교에게 기회가 되기 위해서 모든 기독교 학교가 이 질문에 대해 함께 대화하며 그 해답을 찾아야 할 시기라고 생각한다.

칼뱅대학의 스미스 등(Smith et al., 2020)은 동일한 질문을 가지고 기독교 학교에서 테크놀로지를 어떻게 활용하고 있는지 그 실제에 대한 연구의 필요성을 직시하여 5년에 걸친 연구를 통해 *Digital Life Together: The Challenge of Technology for Christian Schools*이라는 책을 출판하였다. 이 연구는 코로나19 상황이 시작되기 전에 출판되었고 미국의 기독교 학교를 그 배경으로 하고 있지만, 기독교 학교가 테크놀로지를 어떻게 바라보아야 하는지에 대한 근본적인 시각과 그 활용에 대해서 시사하는 바가 크다고 하겠다. 이에 스미스 등의 연구의 내용을 살펴보면서 디지털 테크놀로지에 대한 대화를 시작해 보려고 한다.

테크놀로지란 무엇인가?

새로운 테크놀로지가 나올 때마다 그것을 바라보는 양극단의 시각이 존재해왔다. 한편에서는 새로운 테크놀로지를 마치 무궁무진한 가능성을 제공할 구원자로, 다른 한편에서는 우리의 일상을 무너뜨리고 위험에 빠뜨릴 재앙으로 바라보며 각자의 목소리를 내어놓곤 한다. 이러한 양극단의 메시지는 새로운 테크놀로지를 학습에 어떻게 활용할 것인가에 대한 학교 현장의 고민에도 그대로 반영이 되어 학교마다 그것을 찬양하거나 불신하는 입장을 취하고 있는 현실이다.[1] 그러면 테크놀로지란 과연 무엇일까? 우리는 종종 테크놀로지는 최첨단 장치(device)로 이해되곤 한다. 하지만 테크놀로지의 사전적 정의를 살펴보면 "무엇인가를 만들어내거나 성취하는 방법," 보다 넓은 의미로는 "인간의 욕구나 욕망에 적합하도록 주어진 대상을 변화시키는 모든 인간적 행위를 말한다"(고영복, 2000). 스미스 등(2020)도 동일한 맥락에서 테크놀로지를 특정 결과를 이루기 위해 인간을 도와주는 도구(tools)와 수단(means) 그리고 절차(process)를 개발하기 위해 지식과 노력을 활용하는 것으로 정의하고 있다(Smith et all., 2020, 15). 이런 의미로 접근해봤을 때 핸드폰과 노트북뿐만 아니라 책상에 놓여있는 연필과 종이도 하나의 테크놀로지라고 할 수 있겠다. 얼리 어답터(early adopter)가 아

---

1 김효숙은 Hobbs의 글을 인용하여 미디어교육의 방향은 보호주의 관점이나 권한위임 관점 중 어느 하나를 선택하기보다, 일상에 스며들고 있는 미디어의 영향력을 감안하여 다층적으로 접근할 필요가 있다고 주장한다(김효숙, 2013; Hobbs, 2010).

닐지라도 우리는 수없이 많은 테크놀로지 속에 둘러쌓여 그것을 사용하고 있는 셈이다. 학교 현장에서 살펴본다면 지우개부터 학습용 컴퓨터에 이르기까지 학습을 향상시키기 위해 개발하거나 활용하는 모든 도구 및 기술이 테크놀로지라는 영역에 포함될 것이다. 또한 이러한 테크놀로지의 활용으로 교실 안에서 이루어지는 수업방식의 변화와 학교 차원에서 학생을 관리하는 방법과 학부모와 소통하는 방법 등의 변화를 모두 테크놀로지로 이해될 수 있을 것이다. 이와 관련하여 스미스 등은"우리가 테크놀로지를 만들어내지만 우리 또한 기대하지 못한 방법으로 테크놀로지에 의해 만들어진다"고 주장한다(Smith et al., 2020, 16).

스미스 등은 새로운 테크놀로지가 기독교 학교에 어떤 영향을 끼치는지에 대해 보다 명확하게 이해하기 위해서는 테크놀로지가 무엇인지 그리고 그것이 어떻게 작용하는지 분명하게 이해할 필요가 있다고 주장하면서, 테크놀로지에 대한 명확한 이해를 돕기 위해 테크놀로지를 바라보는 세 가지 시각을 소개하고 있다(Smith et al., 2020, 15).[2] 첫 번째로는 테크놀로지를 특정 목적을 위해 사용하는 하나의 도구(tool)로 보는 시각이다. 이러한 입장에서는 테크놀로지는 좋은 것도 나쁜 것도 아닌 중립적인 것으로 그 쓰임은 그것을 사용하는 사람의 마음에 달려있다고 본다. 예를 들어 사람들은 망치를 못을 박으려고 사용할 수도 있고, 사람을 공격하려고 사용할 수도 있다. 하지만 그 결과는 망치의 탓이 아니다. 따라서 이러한 시각에서 테크놀로지는 어떠한 일을 보다 효율적으로 잘할 수 있게 도와준다. 하지만 유해한 목적으로 테크놀로지를 사용하려고 했을 때, 해를 끼칠 수 있는 능력 또한 향상시켜 주는 것이다.

---

2 Campbell과 Garner도 테크놀로지를 바라보는 세 가지 시각을 소개하고 있다(Campbell & Garner, 2016, 99-102).

이렇듯 테크놀로지 자체는 중립적이고 인간이 통제 가능하다는 "도구"로서 테크놀로지 입장에서 던지는 주요 질문은 "우리가 하려는 일을 완수하는데 이 테크놀로지가 효율적인가?" 하는 것이다(Smith et al., 17).

두 번째로는 테크놀로지를 단순히 우리가 선택하여 사용하면서 우리의 목적을 이루는 도구가 아니라, 테크놀로지 자체가 우리의 작업의 결과에 영향을 미치는 하나의 매체(medium)로 보는 시각이다. 드린크워터는 "우리가 건물을 만들지만, 그 건물이 다시 우리를 만든다"는 윈스턴 처칠의 말을 인용하며 우리가 사용하는 테크놀로지도 동일하게 바라볼 수 있다고 주장한다(Drinkwater, 2018). 테크놀로지 자체가 이미 지니고 있는 성향이 있기에 그것을 사용할 때 그 기술적 매체에 의해서 우리의 사는 환경이 변화되고 사회적 관계가 변화되고 우리의 삶의 방식이 변화된다. 예를 들어 발달된 교통수단은 우리를 원하는 목적지에 보다 편리하고 신속하게 데려가 주는 도구이지만 이 새로운 테크놀로지는 도로의 발달로 환경에 변화를 가져왔고 교통사고로 사람의 목숨을 빼앗아 가기도 하며 차를 타고 지나치는 이웃에 관심이 소홀해지는 결과를 가져오기도 하였다. 스마트폰의 경우도 우리는 단순히 편의에 의해서 사용한다고 생각하지만, 실상은 우리의 생활양식과 사람들 사이의 관계에 영향을 끼치며 더 나아가서는 건강한 삶을 위협하기도 한다. 따라서 매체로서 테크놀로지를 이해할 때에는 테크놀로지가 우리를 어떻게 조정하고 통제하는가에 집중하며 "테크놀로지가 어떻게 우리에게 영향을 끼치는가?"라는 질문을 던지게 된다(Smith et al., 17).

테크놀로지를 도구로 보는 시각에서는 그것을 사용하는 사람에게 통제권이 있다. 반면 테크놀로지를 매체로 이해하면 그 매체가 그것을 사용하는 사람의 사고하고 행동하고 관계하는 양식을 통제할 수 있다고 본다. 세 번째 시각에서는 테크놀로지의 부작용을 최소화하고 그 긍정적 변화를 최대로 가져오는 것에 집중한다. 이 시각은 테크놀로지를 중립적인 도구로 보는 견해보다는 영향력을 끼치는 매체로 보는 견해와 일정 부분 함께 한다고 할 수 있겠다. 하지만 테크놀로지를 인간이 활용하는 것으로, 그렇기에 다양한 방법으로 그것을 선택하고 사용할 수 있는 것으로 이해하며 그것이 특정 사회의 성격에 맞게 활용되도록 규칙을 만들어야 함을 강조한다. 스미스 등은 이러한 입장을 사회적 실제 (social practice)로서 테크노롤로지로 정의한다. 최근 학교마다 핸드폰에 대한 규칙을 만들고 학생들에게 그 규칙 안에서 핸드폰을 사용하도록 하는 모습이 이러한 시각에서 이해될 수 있다. 이 시각에서는 다음의 질문들을 중점적으로 던지게 될 것이다. "테크놀로지와 관련하여 어떤 사회적 규칙을 만들 것인가?" 그리고 "그 규칙들은 어떠한 신념에 근거하는가?"(Smith et al., 18).

이상의 테크놀로지를 바라보는 세 가지 시각 중 한 가지 시각만으로 테크놀로지를 바라보았을 때에는 일의 효율적 수행을 도와주는 고마운 도구로 인식하는 순진함이나 새로운 기술이 인간의 삶에 유해하다고 보는 비관적인 태도, 혹은 인간이 의지적으로 올바로 선택할 수 있다는 인간 의지에 대한 과신 등으로 빠질 수 있는 위험성을 가지고 있다. 하지만 테크놀로지를 바라보는 이러한 세 가지 관점을 함께 고려하였을 때 기독교 학교에서 왜 그리고 어떻게 테크놀로지를 활용할 것인가에 대한 해답을 찾아가는데 도움을 줄 수 있을 것이다. 스미스 등은 이와 관련하여 테크놀로지의 활용은 우리가 어떤 공동체를 형성하고자 하는가와 밀접한 관계가 있다고 주장하면서 기독교 학교가 추구하는 비전과 교육철학에 근거하여 "디지털 기술이 무엇을 가능하게 해주는가?", "그것이 우리의 정체성 형성에 어떠한 영향을 미치는가?", "그것을 어떻게 활용하도록 할 것인가?"에 대한 답변을 찾아야 한다고 도전한다(Smith et al., 2020, 19).

테크놀로지에 대한 성경적 이해

테크놀로지 활용과 관련한 한 설문조사에서 종교집단이 테크놀로지 활용에 관하여 결정할 때 그것을 활용하는데 드는 비용이나 효과보다는 그 공동체가 지니는 영적인 가치와 비전을 먼저 고려한다는 결과가 나왔다(Campbell & Garner, 2016, 97). 기독교 학교 또한 학업성취도에 도움이 되기 때문에 혹은 학생의 삶에 해로운 영향을 끼치기 때문에라는 단순한 이유로 테크놀로지의 활용에 대한 논의를 결정해서는 안 될 것이다. 새로운 테크놀로지를 접할 때 기독교 학교로서 정체성과 그 목적이 그 테크놀로지와 어떻게 연결될 수 있는가라는 질문이 가장 우선시 그리고 중요시되는 질문일 것이다. 즉, 신앙과 테크놀로지의 통합에 대한 논의가 우선시 되어야 한다.

반 다이크는 창조, 타락, 구속의 기독교 세계관이 가르치는 과목의 중심부에 있어야 한다고 주장하면서 교육과정의 모든 부분이 창조된 실재의 부분임을 역설하고 있다. 즉, "온 우주는 하나님이 지으시고, 디자인하시고, 예수 그리스도의 능력으로 매 순간 유지"되고 있다는 사실을 믿고, 하지만 "예외 없이 모든 것에 영향을 준 재앙인 타락"을 인정해야 한다는 것이다. 학생들은 죄로 인한 끔찍한 타락과 왜곡의 결과를 바라보며 애통함을 가지고 "그리스도의 구속, 성부 하나님과 모든 것이 화목하도록 죽으신 예수 그리스도의 구속이 희망을 약속하고, 우리에게 여기서 이미 그리고 앞으로 완성될 하나님 나라의 비전을 보여준다"는 사실에 감사하며 화해, 치유, 정의를 실현하며 그리스도인으로서 살아갈 수 있도록 도전해야 한다고 주장한다(Van Dyk, 2012, 204-205). 광의의 개념으로 교육과정을 이해할 때, 변화하는 테크놀로지의 활용 또한 기독교 학교의 교육과정의 주요한 한 부분이라고 할 수 있겠다. 그것을 적극 활용하고 있는 학교부터 제한하는 학교에 이르기까지 테크놀로지를 향한 학교의 정책과 활용은 학생들에게 교육적 메시지를 전달하기 때문이다. 따라서 테크놀로지를 하나님의 창조된 실재의 한 부분임을 인정하고 이에 대한 창조, 타락, 구속의 세계관적 논의를 통한 성경적 시각을 정립할 필요가 있다고 하겠다.

브루멜른(Brummelen, 2006)은 교육과정 기획을 위한 네 가지의 세계관 질문을 제시하고 있는데, 이 질문에 대한 답변을 찾아봄으로 기독교 학교에서 성경적 진리에 근거하여 테크놀로지를 이해하고 활용하여 학생들이 이를 더 깊이 "이해하고, 평가하고, 변혁"하도록 도전할 수 있으리라 생각한다(Brummelen, 2006, 64). 브루멜른은 먼저 "우리가 탐구하고자 하는 문화 혹은 실재의 영역에 대한 하나님의 의도는 무엇인가?"라는 질문을 던진다(Brummelen, 2006, 65). 이 질문은 테크놀로지를 향한 하나님의 원래의 의도와 목적은 무엇인가라는 생각으로 이어진다. 하나님께서는 이 세상을 "보기 좋게" 창조하시고 하나님의 형상을 따라 "심히 보기 좋은" 인간을 만들어 그 안에서 "생육하고 번성하여 땅에 충만"하고 그 모든 만물을 "다스리라"는 명령을 주신다(창세기 1장). 앞서 살펴본 것처럼 테크놀로지가 특정 결과를 이루기 위해 인간을 도와주는 도구, 수단, 절차를 개발하기 위해 인간의 지식과 노력을 사용하는 것이라면, 그 바라는 결과는 창세기의 이 명령을 이루기 위한 것으로 이해되어야 할 것이다. 즉, 새로운 테크놀로지는 하나님께서 인간을 창조하면서 주신 "문화명령"을 이루기 위해 개발되고 활용되어야 한다.

　브루멜른의 두 번째 질문은 인간의 타락과 연결된다―"무엇이 잘못되었는가? 하나님의 원래 의도에서 인간은 어떻게 빗나갔는가?"(Brummelen, 2006, 65). 고린도전서에서 바울은 "사랑은 덕을 세우"지만 "지식은 교만하게" 한다고 경고하고 있다(고전 8:1). 같은 맥락에서 파머(Palmer, 2009)는 "안다는 것은 사랑하는 것이다"라고 주장하며 호기심과 지배욕에 의한 앎의 위험성을 피력한다. 하나님은 하나님을 사랑하고 이웃을 사랑하며 이 세상을 다스리라고 지혜와 지식을 허락하셨지만, 인간은 그것을 가지고 자신의 욕심과 욕망을 채우기 위해 테크놀로지를 개발해 왔다. 그 결과 이 세상을 더 잘 다스리고자 했던 의도에서 벗어나 필요 이상의 편의를 요구하고, 하나님의 세상의 질서와 반하는 "먹음직"하고 "보암직"한 콘텐츠들을 찾게되었다. 물질만능주의 속에서 이러한 인간의 욕구를 수용하고 자극하며 테크놀로지는 더욱 하나님의 의도와는 다르게 발전되어가고 있다.

　그러면 "하나님은 우리가 어떻게 응답하기를 원하시는가? 현존하는 문제에 대한 해결책은 무엇인가? 인간 활동은 어떻게 회복적이며, 또 어떻게 회복적일 수 있겠는가?"(Brummelen, 2006, 65). 이와 관련하여 그리스도인으로서 쉽게 취할 수 있는 태도에 대해 의문을 제기해 보려 한다. 바로 현시대 테크놀로지는 이미 그 목적을 잃고 타락하였기에 거실에서 쫓겨난 TV처럼 유해하고 성스럽지 못한 것으로 취급하며 최대한 회피 혹은 외면하려는 모습이다. 칼뱅(Calvin, 1846)은 약 170년 전 "성스럽지 못한" 학문의 영역에 대해 다음과 같이 이야기한다. "하나님께서는 성령의 역사함으로 모든 것을 채우시고, 움직이시고, 활기를 북돋아 주시며, 모든 피조물에게 그에 따른 고유한 창조의 법칙을 부여하신다. 만약 우리가 물리학, 변증법, 수학 같은 학문에 관한 성스럽지 않은 일을 할 때 하나님께서 기꺼이 도와주시고자 한다면, 하나님께서 부어주시는 선물을 무시함으로 우리의 나태함에 대한 벌을 받기 전에 우리는 그 기회를 이용하여야 할 것이다"(Calvin, 1846, 236-237). 인간의 죄성과 연약함으로 인하여 테크놀로지에 대한 하나님의 의도를 완벽하게 이해하고 완벽하게 활용할 수는 없을지는 몰라도, 하나님께서 새로운 테크놀로지의 개발 같은 획기적인 발견을 허락하셨다면 그것을 "무시함으로 우리의 나태함에 대한 벌을 받기 전에" 그 뜻대로 잘 활용할 수 있도록 지속 노력해야 할 것이다.

테크놀로지, 어떻게 활용할 것인가?

기독교 세계관에 근거하여 테크놀로지에 대한 창조, 타락, 구속적 의미를 생각해 보았다면, 이제 실제 현장에서 어떻게 활용할 것인가, 그래서 학생들이 그것을 가지고 어떻게 살아가도록 도전하고 가르칠 것인가의 질문이 남는다. 즉, 브루멜른의 네 번째 세계관 질문이 이에 해당된다. "우리는 어떻게 학생들로 하여금 기독교적 삶의 방식에 대해 더 깊이 이해하고, 경험하고, 또 그것에 헌신하도록 도울 수 있는가? 또 그것에 헌신하도록 도울 수 있는가? 그들에게 어떻게 미래에 대한 희망을 줄 수 있는가?"(Brummelen, 2006, 64-65).

스미스 등은 테크놀로지와 신앙이 어떻게 연결되는지에 대해서 한 연륜 있는 기독교사의 인터뷰 내용을 소개하는데, 그는 성경적 관점과 분별력을 가지고 그리스도인으로 살아내는 것을 그 주요 전략으로 설명하고 있다(Smith et al., 2020, 205). 그리스도인으로 하나님 나라를 살아내는 교육은 여러 기독교교육 학자들에 의해서 강조되는 부분이다. 브루멜른은 그의 책, 『기독교적 교육과정 디딤돌』에서 기독교 학교의 교육과정의 목적을 "학생들을 책임 있고 응답하는 제자로 구비시키는 것"(Brummelen, 2006, 32)으로 기술하고 있고, 파머는 가르침을 "진리에 대한 순종이 실천되는 공간을 창조하는 일"(Palmer, 2009, 157)로 설명한다. 스미스(Smith, 2018)도 *On Christian Teaching: Practicing Faith in the Classroom*라는 책의 저술 의도를 밝히며 기독교 학교교육에 대한 방대한 연구 중 신앙과 학문의 통합에 대한 논의는 많이 있지만 실제 학교 현장의 가르침에서 어떻게 기독교 신앙을 가르쳐야 하는지에 대해서 분명히 하는 것에는 실패하고 있다고 지적하고 있다(Smith, 2018, preface). 기독교교육과 관련된 국내 연구에서도 1900년대 후반 활발히 논의되었던 기독교 세계관 연구와 신앙과 학문의 통합에 대한 논의 등 자칫 머리에만 머무를 수 있는 신앙에서 더 나아가 삶으로 살아내는 신앙을 가르칠 필요성이 대두되고 있다. 박상진은 "기독교교육에 있어서 기독교세계관을 좁게 이해하면 '시각주의'에 빠질 위험성이 있다"고 언급하며 기독교교육이 관(觀)에 머무르는 것이 아니라 앎과 삶이 통합된 인식론에 근거하여 "존재가 참여"하고 "관계"를 맺고 "삶을 내어 던지는" 교육으로 나아가야 한다고 주장한다(박상진, 2017).

동일한 맥락에서 기독교 학교에서 테크놀로지를 어떻게 활용할 것인가의 논의도 테크놀로지를 바라보는 기독교적 시각에 머물러 "하나님께 영광돌리기 위한 테크놀로지 활용"이나 "테크놀로지의 영역에 하나님 나라의 확장"이라는 구호에 그치는 것이 아니라, 실제로 기독교 학교에서 어떻게 활용함으로 학생들에게 테크놀로지를 책임있게 향유하면서 그리스도인으로서 삶을 살아내도록 도울 수 있을지 고민해야할 것이다. 스미스 등은 이와 관련하여 신앙공동체에서 테크놀로지 활용에 대한 다섯가지의 상호보완적인 전략을 제시하고 있다. 첫 번째, 가장 중요한 전략은 기독교 학교의 미션 성취에 테크놀로지가 어떻게 기여할 수 있는지 생각하는 것이다(Smith et al., 2020, 12). 기독교 학교교육연구소가 전국의 대안학교를 대상으로 실시한 실태조사에 따르면 대부분의 기독교대안학교의 교육철학에서 살아내는 신앙이 강조되고 있음을 알 수 있다(박상진·이종철, 2019). 그렇다면 기독교 학교가 테크놀로지를 어디까지, 어떻게 활용할 것인가에 대해 논의할 때, 그 근거는 당연히 학생들이 신앙인으로서 살아낼 삶과 연결이 되어 있어야 할 것이다. 세상은 점점 더 빠르게 디지털화되어가고 있고 하루가 다르게 새로운 테크놀로지가 쏟아져 나오고 있다. 학생들은 디지털 테크놀로지가 필수 불가결한 요소가 되어버린 세상을 살아가야 한다. 따라서 학생들에게 책임있게 테크놀로지를 활용할 수 있도록 가르치는 것은 기독교 학교가 추구하는 비전을 이루어나가는데 직접적인 도움을 준다고 할 수 있겠다.

두 번째 전략은 새로운 테크놀로지가 학생들의 배움을 향상시키는데 도움이 되는지 고려하는 것이다(Smith et al., 2020, 12). 학생들의 학습적인 향상을 돕는 것은 기독교사의 거부할 수 없는 소명 중 하나이다. 디지털 테크놀로지의 활용이 학생의 학습에 유해할 수 있다는 우려가 존재한다는 것을 인정하면서도 스미스 등은 테크놀로지의 활용이 획일적이기 쉬운 기존의 수업방식의 한계를 극복하여 모든 학생에게 배움이 일어나게 도울 수 있음을 주장한다. 개인용 컴퓨터를 사용하며 적극적으로 디지털 테크놀로지를 받아들이고 있는 학교에서 교사와 학생의 테크놀로지 활용에 대한 인식조사에 따르면, 교사의 89%가 테크놀로지의 활용은 모든 수준의 학생들의 학습을 돕는데 효과적이라고 응답하였다. 또한 학생들은 학습에 어려움이 있는 학생의 이해를 돕기 위해(78%) 그리고 교실에서 학습한 것 이상의 내용을 배울 수 있는 기회를 제공하기 위해(82%) 교사가 테크놀로지를 활용하고 있다고 응답하였다(Smith et al., 2020, 111-112).

세 번째 전략의 키워드는 테크놀로지에 대한 신앙적 분별력이다. 테크놀로지를 학교 현장에서 활용함에 있어서 가장 우려가 되는 부분은 유해한 콘텐츠의 노출, 미디어 중독, 사회적 고립, 온라인 따돌림, 부정행위 및 표절의 용이성 등의 윤리적이고 도덕적인 면에서 안전한 환경을 제공할 수 있는가에 대한 문제일 것이다. 하지만 스미스 등은 이와 관련하여 흥미롭지만 기독교 학교 현장에서 가장 치열한 고민일 수 있는 사안에 집중한다. 그들의 연구에 따르면 위에 언급된 윤리적이고 도덕적인 문제는 기독교 학교에서도 심각한 사안이기는 하나 공립학교에 비해서 흔하게 관찰되는 문제는 아니라고 지적하면서, 기독교 학교 현장에 만연한 소비주의(consumerism)와 기술적 효율성의(technological efficiency) 문제를 언급한다(Smith et al., 2020, 182-187; 127-134). 디지털 디바이스의 사용은 수업시간에 학생들로 하여금 보다 빨리 학습 내용을 정리하고 활동을 마무리할 수 있도록 돕는다. 그리고 남는 시간에—다른 학생들이 학습활동을 마무리하는 것을 기다리며—학생들은 자연스럽게 쇼핑을 즐긴다. 쇼핑은 개인의 선택이라고 생각하기에 그리스도인으로서 거리낄 것이 없다고 생각한다. 이렇게 수업 중 남는 시간에 대한 분별력을 발휘하지 못한 채 학생들은 욕심과 물질만능주의에 서서히 빠져들고 있다는 것이다(Smith et al., 2020, 183, 186). 또 다른 문제는 디지털 테크놀로지의 도입은 보다 효과적으로 학습이 일어나도록 도와준다는 이점이 있지만, 동시에 배움에 있어서 지름길을 만들어주었고 학업에 있어서 부정직함이라는 부작용을 낳았다는 것이다. 학습용 디바이스를 사용하는 기독교 학교의 학생들을 대상으로 한 설문조사에서 50% 이상의 학생들이 테크놀로지의 사용이 배우는 내용에 대한 이해 없이 답변을 찾는데 도움이 된다고 대답하였고 3/4에 달하는 학생들이 문제에 대한 빠르고 단순한 답변을 찾는데 유용하다고 답변하였으며 75%의 학생들이 이러한 배움에 대한 지름길이라고 할 수 있는 방법들을 적어도 한 가지는 사용해 보았다고 응답하였다(Smith et al., 2020, 127-128). 한 가지 흥미로운 사실은 이들 중 78%의 학생들이 부정행의를 해본적은 없다고 답변을 했다는 것이다(Smith et al., 2020, 129). 일반적으로 디지털 테크놀로지의 활용과 관련하여 우려하고 있는 윤리적, 도덕적인 문제보다 효율적인 학습이라는 미명하에 학생들이 보다 쉽게 여기고 있는 "배움의 지름길"의 문제에 대한 해결이 더욱 시급하다고 할 수 있겠다.

이제껏 기독교 학교는 테크놀로지 활용에 있어서 도덕적이고 윤리적으로 안전한 교육 환경을 만들고자 필터링에 집중했는지도 모른다. 하지만 분별력에 대한 성경적 이해에 근거하여 테크놀로지 활용에 대한 올바른 태도를 키워주는 것이 더욱 필요해 보인다. 나우웬(Nowen, 2013)은 분별력을 "신실한 삶이고 하나님의 사랑과 인도하심에 귀를 기울여 개인적 소명과 공유된 미션을 성취해 나가는 것"(Nowen, 2013, 3)으로 정의한다. 성경적 분별력을 가지고 테크놀로지를 활용하기 위해서 새로운 테크놀로지가 개인과 공동체의 신앙과 삶에 어떤 영향을 미치며 하나님과 세상에 응답하는 삶을 살아가는 데 어떤 도움을 줄 것인가를 질문해야 할 것이다. 다시 말해, 하나님과 이웃을 사랑하고 영적으로,

도덕적으로 성장하며 그리스도인으로서 소명과 비전을 이루는 데 새로운 테크놀로지를 활용할 수 있도록 기독교 학교는 힘써야 할 것이다(Smith et al., 2020, 143).

네 번째 전략은 학생들의 영적성장을 위한 테크놀로지의 활용이다. 디지털 테크놀로지는 우리의 삶의 일부분이 되어버렸기에 삶으로 살아내는 그리스도인으로 학생들을 성장시키기 위해서는 테크놀로지의 영역에서도 그리스도인으로 살아갈 수 있도록 가르치고 훈련해야 함을 이미 강조하였다. 스미스 등은 테크놀로지가 이러한 신앙훈련의 좋은 도구가 될 수 있다고 주장하면서 미디어 금식, 미디어를 활용한 말씀 묵상과 예배 등을 제안하고 있다(Smith et al., 2020, 13). 또한 문화를 변혁하는 그리스도인으로서 인터넷 댓글을 비판적으로 바라보고 사이버불링에 대한 해결책을 모색해 보는 등의 구체적인 예시도 제시하고 있다(Smith et al., 2020, 202).

마지막으로 디지털 테크놀로지는 기독교 공동체를 세우는 방향으로 활용되어야 한다(Smith et al., 2020, 13). 기독교 학교에서 디지털 테크놀로지의 활용은 학급공동체뿐만 아니라 학부모를 포함한 확장된 학교 공동체와 더 나아가서는 학교 밖 사회 공동체에도 영향을 미친다. 따라서 각각의 공동체를 세우는데 기여하도록 그 활용을 계획해야 할 것이다. 먼저 학급 내 서로 배려하고 돌아보는 관계 형성을 위해서 테크놀로지와 관련된 다양한 재능을 발휘할 수 있는 환경을 열어주고 학생들 간의 모니터링을 통하여 선용을 격려하는 문화를 형성하는 등의 노력을 기울일 수 있을 것이다. 테크놀로지는 또한 학생과 학부모, 학교와 학부모 간의 소통에 도움이 되는 방향으로 활용되어야 한다. 테크놀로지의 개발로 학부모는 실시간으로 학교의 소식을 접할 수 있고 교사는 보다

용이하게 학급과 수업과 관련된 내용을 학부모와 소통할 수 있게 되었다. 하지만 이러한 비대면 상의 소통은 오히려 불통을 낳기도 하는데, 학교 측에서 공유한 내용을 학부모가 확인하지 않으면 온라인 상에 떠다니는 정보로 남게 되는 것이다. 따라서 디지털 테크놀로지와 관련된 학부모교육이 인터넷 중독이나 오용과 같은 특강에 머무르기보다는, 학생들의 테크놀로지 활용에 대한 학교의 가이드라인과 테크놀로지를 활용한 학교와의 소통에 있어서 학부모의 역할에 대한 안내 및 교육을 통하여 학부모의 관심을 촉구하고 가정과 함께하는 공동체를 형성하도록 구성되어야 할 것이다. 세 번째로는 기독교 학교에서의 디지털 테크놀로지의 사용은 학교 밖의 이웃을 세우고 사회공동체에 긍정적으로 기여하도록 도전하여야 한다(Smith et al., 2020, 255-258). 국내의 한 기독교 대안학교의 IT 교육과정의 목표는 이 부분을 잘 담고 있다. "네 이웃을 네 자신과 같이 사랑하라"(마 22:39)는 말씀에 근거하여 '이웃사랑'에 기초한 IT 교육과정의 목표를 다음과 같이 기술하고 있다. "몸이 불편한 이웃과 친구들을 위해 사랑하는 마음으로 고민하고, 아이디어를 생각하고 직접 만들 수 있도록 학생들에게 생각을 정리하고 표현하는 방법을 알려주고, 그 생각을 직접 만들어 실현할 수 있는 코딩과 3D 디자인, 3D 프린팅 기술을… 교육하고자 합니다"(샘물중고등학교, 교육과정 및 교사 소개).

비대면 수업을 위해 다양하고 새로운 테크놀로지를 기독교 학교교육의 현장에 활용하게 된 것은 코로나19가 가져온 뉴노멀이다. 이것은 더는 외면하고 피할 수 없는 현실인 것이다. 그렇다면 이 상황을 해석하고 받아들이는 우리의 모습은 다음 세대들에게 새로운 테크놀로지가 나타날 때 그리스도인으로 그것을 어떻게 바라보며 대응해야 하는지에 대한 살아있는 교육이 될 것이다. 그들이 살아갈 미래에 마주칠 뉴노멀을 마주할 준비를 해줄 수 있는 절호의 기회인 것이다.

15세기 중순 코메니우스는 급변하는 테크놀로지에 대해 우려를 표하며, 사람의 마음에 있었던 지혜가 인쇄물에 실리게 되었고 책과 도서관에 갇혀있게 되어 삶에 영향을 미치는 지혜가 아닌 장식용의, 허영의 도구로, 혹은 혼란의 근원이 되어버렸다며 애통해하였다(Habl, 2011; Smith et al., 2020에서 재인용). 코메니우스가 넘쳐나는 인쇄물을 보며 한탄한 것은 인쇄술 개발 자체에 대한 우려라기보다는 그것이 우리와 우리가 살아가는 공동체의 정체성에 미치게 된 영향 때문이었을 것이다. 이러한 우려는 새로운 테크놀로지가 개발되어 나올 때마다 쏟아져 나오는 목소리 중 하나로 종종 테크놀로지를 우리의 삶을 해치는 하나의 사회의 악으로 여기게끔 한다.

로마서 14장은 여기서 의미 있는 메시지를 전달하고 있다. 무엇을 먹어야, 혹은 먹지 않아야 하나님 나라를 살아가는 것이 아니라 무엇을 위하여 먹고 무엇을 위하여 먹지 않느냐가 중요하다는 것이다. 기독교 학교마다 테크놀로지를 받아들이는 범위가 다르고 그 활용이 다를 수 있다. 하지만 중요한 것은 왜 그러한 결정을 내리게 되었는지 그 근거에 대한 정립과 이에 대한 공유와 공감일 것이다. 따라서 테크놀로지의 개념적 이해, 가치적 이해, 전략적 이해를 바탕으로 성경적 해석에 근거하여 기독교 학교마다 그 활용에 대한 계획을 세워야 할 것이고 그 근거가 되는 가치가 공유되어야 할 것이다.

코로나19가 만든 캠프의 새로운 패러다임

김재우(백석대학교)

I. 코로나19와 한국교회의 혼란

한국교회가 핵심 사역으로 진행하는 두 개의 큰 기둥이 있는데 그것은 예배와 여름 사역, 조금 더 정확히는 여름 캠프 사역이다. 하지만 코로나19는 오랜 시간 한국교회가 유지해오던 이 두 가지 모두를 변화시켰다. 절대로 바뀌거나 변화될 것 같지 않던 것들이 코로나로 인하여 바뀐 것이다. 우선 예배에 있어서 첫째로 교회에서 드리던 예배가 온라인으로 이동하였고, 소그룹, 훈련 그리고 목장 등의 모든 교회 내 모임이 모두 정지가 되었다. 예배 시간에 드리던 헌금은 어느새 온라인 헌금으로 바뀌었고 심방과 장례 그리고 결혼식 참석 등의 많은 교회 내외 행사들이 멈추어 버렸다. 한국교회 역사상 한 번도 가보지 않은 이 길에 대해서 신학적으로 감정적으로 정리되지 않아 그 결정이 쉽지 않았지만 그럼에도 감염 예방을 위해 한국의 수많은 교회는 이 새로운 길을 가보기로 하였다.

CSI Bridge 단체에서 3월 5일부터 7일까지 온라인으로 받은 309개의 설문 결과 84%의 교회가 온라인 예배에 참여한 것을 알 수 있었다 (https://csibridge.org/82). 장년부와 교육부 전체가 온라인 예배로 드린 경우는 69%였으며 장년부만 드린 교회는 22%였다. 이것은 준비가 어려운 교육부의 특성이 반영된 것이라 보고 있는데, 장년부만 참여한 22%의 교회가 모두 교육부 예배를 현장/오프라인으로 진행했다기보다는 아예 예배를 드리지 않은 경우도 많다고 추측해 볼 수 있다.

코로나19가 예배 외에 영향을 끼친 또 다른 것은 바로 여름성경학교나 수련회와 같은 캠프 행사다. 봄부터 시작된 코로나19는 짧게 끝날 것 같다는 추측과는 달리 매우 오랜 시간 진행되고 강한 전파력을 보인다. 그러다 보니 7월과 8월에 있는 각 교회의 여름 사역은 영향을 받을 수밖에 없었으며 기존에 해오던 현장 중심의 캠프가 다른 형태로 변화 발전하게 되었다.

이것을 좀 더 정확히 알기 위해 사단법인 꿈이 있는 미래에서 2020년 5월에 여름 캠프 사역에 대한 설문 조사를 하였으며 총 243명이 응답하였다. 설문의 결과는 현재 교회가 캠프 사역에 있어서 어느 정도 혼란을 겪고 있음을 보여주었다.

설문 참여자의 80%는 목사나 전도사였으며 이들은 주 1-2회 정도 카톡, 문자 등의 비접촉 심방을 진행하고 있었다. 캠프에 대한 계획에서는 49%가 계획을 하고 있다고 응답하였으며 51%는 아직 정해지지 않았다거나 계획이 없다고 응답하였다. 그리고 여름 사역을 계획하고 있다고 응답한 사람들의 경우 약 75%가 교회 내 사역을 기획하고 있었으며 외부 참석을 고려하고 있다는 교회는 약 12.1%, 그 외의 행사를 기획하는 교회는 13.1%였다. 그 외 행사를 기획한다고 대답한 교회의 경우

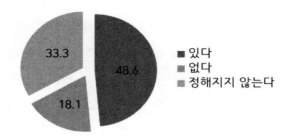

〈여름 캠프 계획〉

- 있다
- 없다
- 정해지지 않는다

48.6
33.3
18.1

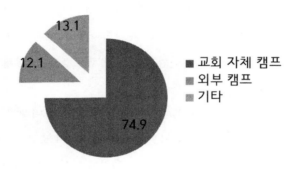

〈여름 캠프 진행〉

- 교회 자체 캠프
- 외부 캠프
- 기타

13.1
12.1
74.9

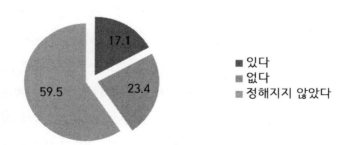

〈여름 캠프 대체 계획〉

- 있다
- 없다
- 정해지지 않았다

17.1
23.4
59.5

전교인 수련회, 식사, 야외 모임, 숙박을 제외한 프로그램 등 기존의 캠프 형태에서 벗어난 다양한 캠프를 준비하고 있다고 대답하였지만 그럼에도 대다수는 상황을 더 지켜본 후에 구체적으로 캠프를 정한다거나 고민 중이라고 응답하였다.

여름 캠프를 준비하지 않는다면 다른 것을 준비하고 있냐는 질문에는 80% 이상이 아직 정하지 않았다거나 없다고 답하였으며 오직 17.1%만이 여름 캠프를 대체할 계획을 갖고 있다고 응답하였다. 설문 응답자들의 이런 상황은 코로나19로 인하여 교회들이 얼마나 혼란을 겪고 있는지를 잘 보여주는 것이라 할 수 있다. 사실 한국교회는 지금까지 여름 행사를 해야 하는가 말아야 하는가에 대한 고민을 한 적이 없었고 또한 무엇을 해야 하는가에 대한 질문 역시 없었다. 여름이 되면 영·유아·유치부, 초등부는 장소에 대한 고민만 있었을 뿐 당연히 여름 성경학교에 참여하는 것으로 알고 있었으며 청소년의 경우 여름 수련회를 진행하였다. 하지만 2020년 여름은 코로나19로 인하여 모든 것이 멈춰버리고 바뀌어 버린 것이다. 처음 경험하는 사태에 사회뿐만 아니라 교회와 모든 행사가 마비된 것이다. 어떤 여름 행사를 준비하고 있는가에 대한 자유 대답에 적힌 것들 역시 구체적으로 무엇을 해야 할지 모르겠다거나 원래 교회 안에 있던 야유회나 간단한 행사를 바꾸는 정도였다.

코로나19가 처음 발병한 시기만 해도 금방 끝날 것이라 예측을 하였고 포스트 코로나 즉, 코로나 시대 이후에 무엇을 사회와 교회가 해야 하는지에 대한 논의가 자주 있었다. 하지만, 이제 그 누구도 섣불리 코로나가 언제 끝날 것으로 예측하지 못한다. 백신이 개발 중이긴 하지만 언제 완전한 상용화가 이루어질지 알 수 없으며 빌 게이츠는 아무리 빨라도 내년 말이나 되어야 코로나19의 종식을 선언할 수 있다고 말하고 있을 뿐이다.

그렇다면 교회는 어떤 준비를 해야 할까? 언제 끝날지 모르는 코로나19의 시대에 특별히 어떻게 캠프를 준비해야 할까?

II. 코로나 시대에 맞는 캠프 준비

전통적인 캠프는 장소만 다를 뿐 교회 내외에서 많은 인원이 모여한 번에 진행이 되었다. 하지만 코로나19의 시대에 이것은 결코 쉽지 않다. 그렇다고 이것을 완전히 포기할 수는 없다. 그렇다면 무엇을 해야할까? 한국뿐만 아니라 세계의 모든 교회가 처음 가보는 그 길에서 우리는 무엇을 해야 할까?

1. 다양한 플랜을 준비하라

무엇보다 코로나19의 질병 상황이 어떻게 될지 전혀 예측할 수 없다. 한국 사회만 보더라도 며칠 전까지만 해도 하루 확진자가 수십 명에 불과했다가 갑자기 400명을 넘어서기도 할 정도로 상황은 매우 급격히 바뀔 수 있다. 코로나19 바이러스의 강한 전파력으로 인해 그 누구도 캠프를 진행할 날의 상황이 어떨지 예단이 불가능하다. 그래서 코로나19의 시대에는 다양한 캠프 플랜을 준비하는 것이 중요하다. 그리고 다양한 캠프의 형태를 준비할 때는 다음 몇 가지를 유의하면서 진행해야한다.

1) 계획을 세우라

한국에서는 코로나19의 감염 상황에 따라 사회적 거리 두기를 진행한다. 총 3단계로 나누어지며 단계에 따라 수많은 제약이 따라온다. 이에 따라 캠프를 진행할 때 크게 세 가지 상황을 염두에 두고 진행하기를 권한다. 플랜 1은 어느 정도 일상이 회복되고 모임을 자유롭게 할 수 있을 때이다. 플랜 2는 10-20명 정도의 제한된 인원만 모일 수 있는 경우다. 마지막으로 플랜 3는 가장 강력한 것으로 10명 이상의 모임이 금지되고 될 수 있으면 집에 머물기를 권고할 때이다. 이 세 가지에 따라 각기 다른 계획을 세워보도록 한다.

우선 플랜 1의 경우 전통적인 대면 캠프가 가능하다고 여기고 진행할 때이다. 이때 기존의 계획대로 진행할 수 있지만, 날짜를 하나만 잡지 말고 최소한 세 개 정도 잡되 두 주씩 시간적 거리를 두고 잡도록 한다. 코로나19 증상이 나타나거나 잠잠해지는 주기를 이 주정도 보기 때문에 대면 캠프 계획을 한 첫 계획일이 어려울 경우를 대비한 것이다. 일반적으로 각 교회가 캠프를 준비하는 시간은 6주 정도가 되기 때문에 이 기간에 코로나19 전염이 다시 많아질 경우 빨리 두 번째나 세 번째 날을 선택하던지, 플랜 2나 플랜 3으로 이동할 수 있도록 해야 한다. 만약 계속 늦어지면 아예 개학 한주나 두 주 전으로 날짜를 잡아 개학 이벤트로 대면 캠프를 진행하는 것도 한 방법이다.

모임 인원의 제약을 두는 플랜 2의 경우 담당자는 몇 가지를 고려해야 하는데, 우선 적은 인원이라도 모여서 진행할 것인가이다. 이 경우 부서 전체가 캠프를 진행하는 것이 아니 한 반이나 두 반 정도의 적정인원이 모여서 캠프를 진행할 수 있도록 계획을 세울 수 있다. 플랜 2의 경우 프로그램 날짜를 조정하는 것도 계획에 넣어야 한다. 기존의 2박 3일이나 3박 4일을 진행하던 캠프와 달리 진행일을 줄이고 동시에 인원을 줄이는 방법이 있다.

모이기 어려운 플랜 3의 경우 온라인으로 캠프를 진행할 계획을 세워야 한다. 라이브로 할지 녹화된 영상을 온라인으로 송출할지 정해야 할지도 중요하지만 가장 중요한 것은 이 모든 프로그램이 가정에서 진행된다는 것을 인지하는 것이다. 이것은 곧 가정에서 캠프가 진행될 수 있도록 교회가 많은 것들을 미리 준비해야 함을 말한다. 게임과 만들기 그리고 다양한 활동들을 미리 둘러보고 캠프의 주제와 맞는 다양한 것을 준비하고 각 가정에 보내도록 한다. 그리고 온라인 영상 등을 통해 참여하는 학생들과 사역자, 교사들이 서로 소통할 수 있도록 하는 것이 중요하다. 마지막으로 온라인 캠프의 가장 중요한 역할을 하게 될 부모들을 잘 교육하고 이들이 온라인 캠프의 촉매제 역할을 할 수 있도록 한다.

2) 예산을 세우라

일반 캠프의 예산 계획을 세울 때는 기존에 했던 캠프 예산을 보게 되면 어느 정도 예측이 가능하다. 하지만 코로나19의 시대에는 완전히 다른 예산 계획을 세워야 할 뿐만 아니라 앞서 본 플랜 1, 2, 3에 대한 계획을 다양하게 세워야 한다.

먼저 플랜 1에 대한 예산 계획을 세우되 최대한 상세히 세우도록 한다. 사역자와 담당자들이 모여 어떤 캠프를 진행할지에 대한 플랜을 정한 후에 해야 하는 것들에 대한 리스트(To-Do list)를 만들어 구체적인 계획을 세운다. 그리고 이것들을 바탕으로 하여 플랜 2와 3의 예산 계획을 세워보도록 한다. 그 후에 이 세 가지 예산 계획을 모두 가지고 담임 목사님과 교회 리더들을 만나 서로 이야기를 나누도록 한다. 여기에서 중요한 것은 코로나19의 시대에 발생할 수 있는 다양한 상황에 대하여 대처법을 미리 준비하고 이것들에 관해서도 이야기를 나누는 것이다. 이런 대화를 통해 교회 리더들은 여름 캠프와 사역의 중요성을 이해할 수 있고 각 부서 사역자와 담당자들은 교회의 후원을 받을 수 있다. 지출 뿐만이 아니라 수입을 세울 것인가(Fundraising)에 대한 계획을 준비하고 나누는 것 역시 중요하다.

3) 가족과 섬김이들과 지속해서 소통하라

모든 플랜에서 필요한 것은 바로 봉사자들이다. 담당자는 우선 이 봉사자들을 모아 팀을 이루도록 한다. 이후 지속해서 해야 하는 것은 캠프에 참석하는 다음 세대 및 부모/가족과 지속해서 소통하는 것이다. 이들과 소통을 하면서 캠프가 준비 중에 있다는 것을 알리고 플랜 1, 2, 3을 이들에게 소개하도록 한다.

소통의 방법에 있어서 가장 좋은 것은 물론 전화나 문자 등의 쌍방향 소통이다. 각 부서 다음 세대 부모의 연락처를 교사 혹은 리더들과 나누어 직접 전화로 캠프에 대해 소개를 할 수 있고 질문에 대한 답을 할 수도 있다. 캠프를 준비하면서 최소 한 번 이상을 참석자의 부모와 연락하기를 권장한다.

물론 소통이라고 해서 전화나 문자 혹은 SNS 등의 쌍방향 소통 방법에 매달리라는 것은 결코 아니다. 이런 소통의 방법이 가장 좋은 것이지만 사역자나 부모나 모두 많은 에너지가 소비된다. 그래서 캠프에 관한 소통을 위해서 다양한 방법들을 사용하기를 권장한다. 예를 들어 영상이나 포스터를 만들어 교회 홈페이지나 개인 SNS에 보낼 수도 있다. 이렇게 한 방향 소통을 할 때 결코 잊지 말아야 하는 것은 여름 캠프를 위해 이들과 함께 기도 제목을 나누는 것이다. 이들과 몇 가지 기도 제목을 나누고 기도 요청을 함으로써 부모가 적극적으로 캠프에 관심을 두고 참여할 수 있도록 할 수 있다.

가족과 소통할 때, 무조건 부모와 소통을 하는 것은 아니다. 캠프 참석의 당사자인 다음 세대와도 긴밀하게 연락하여 캠프에 대한 기대감을 갖도록 한다. 담당 사역자와 교사가 직접 연락을 할 수도 있고 다음 세대를 위해 특별히 영상을 만들어 공유하도록 한다. 무엇보다 이들은 온라인이 익숙한 아이들이므로, 다양한 영상을 찍어 다음 세대와 공유하는 것은 캠프 이전에 해야 하는 중요한 일이다.

III. 꿈이 있는 미래 5G VBS System

1. 5G VBS System 소개

앞서 본 것처럼 한국교회는 코로나19로 인하여 많은 변화가 있었으며 특별히 여름성경학교와 캠프는 어떤 것을 해야 할지 정하지 못하는 혼란 가운데 있었다. 그러던 중 한국교회의 좋은 롤모델이 될 수 있는 프로그램이 있어서 간략하게 소개하고자 한다.

꿈이 있는 미래에서는 코로나19로 인하여 여름 캠프 진행이 어려운 한국교회를 위하여 여름 캠플 5G 시스템을 소개하였다. 5G는 다섯 개의 그룹 (5 Groups)을 상징하는 것으로 한국교회에 5가지 그룹의 캠프가 온/오프라인에서 동시에 진행될 수 있도록 구성을 하였다.

2. 5G VBS System의 종류

우선 첫 번째 그룹(Group)은 꿈미 캠프(Coommi Camp)다.

취학부와 청소년 다음 세대들을 대상으로 매년 1월과 8월에 진행해 오던 것으로 모든 참석자가 한 장소에 모여 함께 예배하는 전통적 캠프다. 숙식이 제공되는 곳에서 보통 2박 3일 동안 진행되며 다양한 강사진들의 말씀을 통해 꿈과 비전을 발견하는 캠프다.

두 번째 그룹(Group)은 교회 캠프(Church Camp)다.

이것 역시 꿈미 캠프와 마찬가지로 전통적인 캠프다. 꿈미에서 제공하는 다양한 여름성경학교 콘텐츠를 각 교회의 여건과 상황에 맞춰 사용하게 된다. 특별히 진행 일정에 제약을 받지 않도록 하루 프로그램부터 4주 프로그램까지 다양하게 구성하였다.

세 번째 그룹(Group)은 홈 캠프(Home Camp)다.

세 번째 그룹부터는 기존의 전통적인 캠프의 형식과는 다르며 코로나19로 인하여 변화된 환경에 적응하기 위하여 만들어진 것이다. 홈 캠프는 교회에서 캠프를 진행하지 못할 경우에 가정에서 부모님들이 자녀와 함께 캠프를 진행할 수 있도록 계획된 것이다. 가르침의 주체가 부모이기 때문에 이 캠프에 참가하는 가정은 먼저 꿈미에서 제공되는 부모가이드 영상과 인도 지침서를 보고 숙지하여야 한다. 그 후 자녀와 함께 공과 나눔을 할 수 있도록 한다.

네 번째 그룹(Group)은 이 캠프(E Camp) 혹은 온라인 캠프다.

이것은 학생이 시간과 공간의 제약을 받지 않고 언제 어디서든 캠프를 진행할 수 있다. 특별히 부모가 기독교인이 아니어서 홈 캠프 진행이 어려울 경우 다음 세대 혼자서도 영상을 보며 온라인으로 캠프에 참여할 수 있도록 모든 콘텐츠를 제공한다.

마지막 그룹(Group)으로 패밀리 캠프(Family Camp)가 있다. 이것은 앞의 캠프들과는 다르게 부모와 자녀가 가족 여행을 가서 캠프를 진행할 수 있도록 하는 것이다. 꿈이 있는 미래에서 부모 가이드 영상과 간단히 진행 프로그램을 제공하였으며 부모는 그 프로그램에 따라 가족만의 계획을 세워 여름성경학교를 진행할 수 있다. 공과 및 진행 프로그램은 부모가 하되 예배 등은 꿈미에서 제공되는 영상을 통해 가능하다.

위의 모든 캠프를 요약하면 다음과 같다.

	꿈미캠프	교회 캠프	홈캠프	이(E) 캠프	패밀리 캠프
형태	오프라인	오프라인	온라인	온라인	온/오프라인
장소	캠프장	교회	가정	모든 장소	여행지
시간	지정시간	지정시간	자유	자유	여행시간
리더	사역자/교사	사역자/교사	부모	부모/자신	부모
예배	현장	현장	온라인	온라인	온라인
공과	현장	현장	가정	모든장소	여행지

3. 각 그룹의 제공 및 구성 자료

코로나19의 시대 상황에 맞게 다양한 환경에서 여름성경학교와 예배를 진행해야 하는 상황에 대비하여 꿈이 있는 미래에서는 각 캠프당 그에 맞는 다양한 자료를 제공하였다. 우선 제공되는 영상은 주제강의 1개와 4과의 성경학교에 맞도록 찬양, 말씀, 지침서 및 동화 영상을 각각 4개씩 제공한다. 교회 캠프를 위해서는 이 외에 설교와 설교 파워포

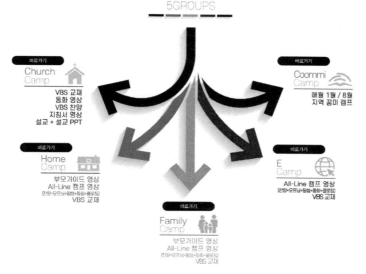

인트를 제공하며 부모와 함께하는 캠프인 홈캠프와 패밀리 캠프를 위해서는 부모 가이드 영상이 추가로 제공이 된다. 또한 찬양과 오프닝, 말씀, 동화 그리고 클로징 모두가 들어있는 All Line 캠프 영상이 홈캠프와 패밀리 캠프 그리고 이캠프 참석자에게 제공된다. 캠프 참석자들은 All Line 캠프 영상을 시청함으로 찬양부터 시작된 예배에 참석하게 되는 것이다. 이외에도 교사가 아이들과 함께 어떻게 온라인 예배를 드리고 참여를 독려할 수 있는지에 대한 내용이 들어있어서 실제적인 도움을 주도록 하였다.

꿈이 있는 미래에서 제공한 5G System이 정답이라고 말할 수는 없다. 더 좋은 프로그램이 있을 수도 있고 앞으로 나올 다양한 성경학교 프로그램들은 5G System보다 더 탁월할 수도 있다. 하지만, 중요한 것은 지금까지 전통적인 오프라인 캠프와 교회 캠프 참석에 치중되어 있던 여름 캠프의 형태를 코로나19 시대에 맞게 온라인 시스템 속으로 5G System이 확장시켰다는 것에 그 의미가 있을 수 있겠다.

IV. 결론

한국교회 교육부는 크게 두 가지에 의존해 왔다. 그것은 예배와 캠프였으며 이 둘은 한국교회를 떠받치는 기초석 같은 역할을 한다고 믿어 왔다. 하지만 코로나19의 시대에 접어들면서 기존에 한국교회가 정답이라고 여기며 절대 변하지 않을 것 같았던 수많은 것들이 사라지고 변하기 시작하였으며 예배와 캠프 역시 마찬가지가 되었다. 처음 경험해 보는 상황들에 당황스러울 수도 있고 극복하기 쉽지 않은 것들도 있지만 분명히 이것은 한국교회에 긍정적 영향을 끼치게 되었다. 먼저 예배와 캠프 형태의 다양성을 모색하기 시작했다. 서로 대면할 수 없는 상황에서 교회는 성도들이 예배와 캠프에 참여할 수 있도록 지금까지 생각해 보지 못했던 다양한 방법을 시도하게 되었다. 둘째로, 온라인 예배에 집중시키기 위해 다양한 방법들을 더욱 모색하게 되었다. 예배와 캠프 참석자들은 물리적인 공간과 시간에 갇혀있는 것이 아니므로 언제든 자신이 원하면 그 자리를 떠날 수 있다. 그러다 보니 예배와 캠프 진행은 이들의 관심을 유도하기 위해 더욱 다양한 방법들을 고민하고 적용하게 되었다. 마지막으로 교회와 소속 그리고 소통의 중요성을 깨닫게 되었다. 코로나19로 인하여 일상이 그리운 시대가 됨에 따라 많은 성도 역시 교회에서 예배하고 성도들 간의 교제하는 것이 얼마나 소중한 것인가를 깨닫는 긍정적 효과를 내게 되었다.

코로나19는 분명 한국교회에 큰 영향을 끼쳤다. 초창기에 그 영향은 단점이 더 많다고 여겨졌지만, 시간이 지날수록 긍정적 영향 역시 나타나기 시작하였다. 이때 교회는 더욱 잘 준비해야 한다. 앞서 이야기한 대로 캠프를 다양한 방법으로 준비하고 흔들리는 교회 성도들과 아이들의 마음을 잡기 위해 지금까지보다 더욱 열심히 뛰어야 한다. 그렇다면 다시 일상이 돌아오는 미래의 어느 날, 지금보다 더 건강한 교회 공동체가 되어 있을 것이다.

3부

코로나19 시대, 기독교교육의
과제와 새 전망

코로나19로 영성적 삶을 회복하는 기독교교육의 과제

김난예(침례신학대학교)

I. 들어가는 말

미국과 유럽에서 코로나19가 급속도로 전파되자 정부의 방역과 개인의 자유 간 충돌 현장이 텔레비전 뉴스를 통해 연일 안방으로 전해지고 있다. 우리나라에서도 국민을 위험으로부터 보호하고자 온갖 힘을 기울이는 사람들과 발길이 끊긴 도로와 텅 빈 상점에서 먹고 살 것을 걱정하며 울먹이는 사람들의 장면들은 우리에게 익숙하지 않은 장면들이지만 어찌 보면 같은 내용일 것이다. 우리가 예기치 못했으나 세상은 예견치 않은 곳으로만 가는 것도 아니고 예견했으나 예견한 대로 움직이는 것도 아니다. 지난 수십 년 동안 우리는 거대한 변화의 시대를 살아왔고, 앞으로도 계속 혁명적인 변화의 시대를 살아갈 것이다. 그동안 인간은 과학 기술의 차원에서 엄청난 진보를 이루었으나 지구적인 심각한 위기에 직면해 있고, 과거에 비해 많은 것들이 분명해지고 확실해졌으나 여전히 많은 것들이 모호하고 복잡한 것도 있다. 이몬 켈리가 지적한 대로 오늘의 세계에는 투명성과 광기, 세속성과 영성, 군사력과 취약성, 기술 발전의 가속화와 그 반작용, 무형경제와 물적 경제, 번영과 쇠퇴, 인간과 지구환경 등이 서로 긴장하며 공존하고 있다(Kelly, 2008, 45-276). 레너드 스윗도 오늘의 현실에서 일어나고 있는 역설의 현상들을 소개한 바 있다. 즉, 미국은 세계에서 가장 큰 두통거리이지만 세계의 가장 큰 소망이라는 것, 서구에서 기독교는 쇠퇴하고 있지만 전 세계에서 부흥하고 있다는 것, 지구상의 사람들이 점점 뚱뚱해지고 있지만 그와 동시에 지구상의 사람들이 굶주리고 있다는 것, 물질적 풍요로움이 더해갈수록 영적 황폐함이 극심해진다는 것, 비즈니스 문화는 고도로 중앙집권화되고 있지만 더 깊이 지방분권화되고 있다는 것, 세계는 점점 더 도시화되고 있지는 반면 전원화되고 있다는 것, 조직이 복잡해질수록 단순성이 요구된다는 것 등이다(Sweet, 2005, 185-196).

이런 면에서 우리는 지금 역설과 모순으로 가득 찬 시대를 살아가고 있다. 오늘날 인류는 과거 어느 시대보다도 물질적 편의와 풍요를 누리고 있지만, 인류의 번영으로 믿었던 물질적 편의와 풍요는 결과적으로 생태계 파괴와 자연의 죽음뿐 아니라 인류의 존속까지 위협하게 된 상황이다. 2020년이 시작되면서 갑작스럽게 준비 없이 맞이한 코로나19의 충격은 온 지구를 흔들었고, 이것이 한 지역의 문제가 아니라 지구의 모든 나라가 연결된 지구공동체의 문제로 대두되었다. 자신의 욕망을 충족시키기 위해서 자연만이 아니라 우주까지 정복하였고 지난 수십 년간 엄청난 경제성장을 거두었음에도 불구하고 행복이 더 커졌다고 느끼는 사람은 별로 없다는 것이 미국과 일본을 포함한 대부분의 선진국 설문조사에서 나타났다(Jenkins, 2009, 91-92). 코로나19를 통해 드러나

듯이 자연의 무절제한 정복과 물질적 충족이 결국 인류의 번영을 말하는 것인가를 다시 생각해 보아야 할 시점이다. 문제는 지금 코로나19로 사회적 거리두기를 하고 비대면으로 모든 것이 자리 잡아 가는 이 시점에 어떻게 인간다운 인간으로 온 우주 만물과 함께 더불어 행복할 수 있을까를 생각해 보아야 한다.

그런데 요즈음 한국교회가 사회에서 많은 사람으로부터 비난과 조롱의 대상이 되어가고 있는 이런 현실이 어쩌면 교회의 영적인 위기 상황을 보여주고 있는 것이 아닌가? 영적 위기 상황과 관련하여 맥그래스는 복음주의 특히 미국적 복음주의의 영향을 받은 현대 복음주의 교회들은 예수 그리스도를 구주자 주님으로 전도하는 데는 성공적이었지만, 하나님과의 영적인 관계를 이어나가고 성숙한 모델을 제시하는 데는 실패한 큰 문제에 직면하고 있다고 했다(Damarest, 59). 결국, 이 상황에서 교회의 위기는 영적 삶의 상실에서 비롯되었다고 할 수 있다.

그렇다면 코로나19로 숨조차 제대로 쉴 수 없는 이 시대에 사회에 희망을 주고 세상을 구원하는 생명에 필수불가결한 영성적 삶이 무엇이며 어떻게 이 영성적 삶을 회복할 수 있을까에 대한 우리의 인식이 필요할 것이다. 더 나아가 기독교의 참된 영성 회복이 교회의 위기를 극복하는 방안이 될 것이므로 이에 대해 숙고해야 할 필요성이 있다.

II. 영성과 영성적 삶

1. 영성

영성이란 말은 17세기에 처음 사용될 때부터 기독교인들의 내면적인 삶을 지칭하는 의미로 사용되었다. 즉 "순수하게 영적인 것만을 추구함" 또는 "물질세계와의 모든 관련을 단절한다"는 의미를 지니고 있었다(McGrath, 1997, 142). 18세기에 영성이란 신앙의 보통 생활과는 달리, 신비주의로 인도하는 완전의 삶을 지칭하였다. 19세기와 20세기 중엽까지 영성이란 자동으로 완전을 추구하는 사람들의 내면적인 삶을 의미하는 말로 사용되었다. 이처럼 영성이란 말은 처음에는 영적인 것과 물질적인 것, 영혼과 신체, 명상과 일상의 삶이 본질로 분리된다는 것을 연상하게 하였다. 이 말은 영성에 관한 주제들이 주로 일상적인 삶의 혼란으로부터 도피하여 내면적인 영혼의 양육에 주력하는 것을 의미하였다(McGrath, 1997, 142).

영성을 내면적이고 개인주의적인 것으로 이해하는 사람들은 세상에서 일어나는 모든 갈등은 인간의 마음에서 비롯된 것이고 사회의 잔인한 전쟁은 인간의 내면 안에서 축소되어 일어나고 있다고 확신하고서, 세상을 변화시키는 진정한 장소는 오직 인간의 마음뿐이라고 주장한다. 이들은 외부 운동에 의해 개혁될 수 있는 것은 하나도 없고 모든 것은 개인의 내적인 노력에 의해서만 변화된다고 생각한다(Nouwen, 2003, 129). 이는 모두 그런 것은 아니지만 대체로 보수적인 기독교파나 오순절교파 사람들에게서 발견되며 이 파괴적인 세상을 변화시키는 유일한 길은 각 사람의 마음을 변화시키는 일에서 시작되어야 한다고 본다. 따라서 이들은 전쟁, 기아, 공해, 인종 문제, 사회 불의, 범죄 같은 사회문제를 외면하고 자기 영혼 속으로 도피하여 성령의 위로를 맛보고 한 개인의 회심을 이 세상의 문제를 해결하는 기준으로 만든다고 비난받는다(Nouwen, 2003, 129). 이러한 영성에 대한 개인주의적 이해는 근본적으로 하나님과 신앙의 본질 이해를 제한시키고 왜곡시키는 문제점이 있다. 그러나 다행스럽게도 오늘날 거의 모든 영성학자는 이러한 내면성에 국한된 개인주의적 영성 이해를 거부하며 영적인 삶이란 하나님을 향해 가는 통전적 인간의 삶이라는 것을 분명히 한다.

2. 영성적 삶

그러면 영성적 삶이란 무엇인가? 영성이란 궁극적 가치를 향해 자기 초월을 통해 온전한 삶을 추구하는 경험이라고 슈나이더스는 말한다(김난예 · 정원범, 2019, 17). 이 정의가 강조하는 것은 영성이란 체험되어야 하는 경험이며, 무엇보다 돈과 권력과 쾌락이 절대가치가 되어 있는 세상 속에서 그러한 세속적 가치 너머에 있는 궁극적이고도 영원한 가치를 추구하는 삶이라는 것이다. 또한 영성을 추구한다는 것은 무엇보다 자기중심적이고 이기적인 자기를 초월하기 위해 노력하는 삶, 즉 거짓된 자기를 발견하며 참된 자기를 찾아가는 삶으로써 온전한 삶을 추구하는 경험이라는 것이다. 헨리 나우웬도 영성이란 곧 영적인 삶이라고 말한다(Ford, 114-115). 영적인 삶을 산다는 것은 하나님의 현존 가운데 사는 것이며, 예수님을 중심에 모시고 예수님과 더불어 사는 것이며(헨리 나우웬, 2000, 18), 주님과 끊임없고 친밀한 교통 가운데 사는 것이다(Nouwen, 2003, 11). 즉 영적인 삶은 우리 안에 그리고 우리 가운데 계신 그리스도의 영의 삶이며(Nouwen, 2003, 2005, 58), 예수 그리스도를 인도하신 바로 그 성령의 인도를 받는 삶이다(Nouwen, 2003, 37). 더 나아가 영적인 삶을 산다는 것은 살아있는 그리스도가 되는 것을 의미한다. 최대한 그리스도를 닮으려고 애쓰는 것만으로는 충분하지 않다. 다른 사람들에게 예수님을 일깨워 주는 것으로도 충분하지 않다. 심지어 예수 그리스도의 말씀과 행적에서 영감을 얻는 것으로도 충분하지 않다. 오히려 영적인 삶은 우리에게 훨씬 더 철저한 요구를 한다. 그것은 시공간 속에서 즉 지금 여기에서 살아있는 그리스도가 되는 것이다(Nouwen, 2003, 12-14). 또한 영적인 삶이란 하나님의 깊은 것을 통달하시는 그리스도의 영이 우리에게 주어짐으로써 우리의 마음과 정신이 새로운 지식을 얻어 하나님의 길을 깨닫는 생활이다. 영적인 삶은 우리 속에 있는 그리스도의 영의 삶이다. 이 삶은 우리로 하여금 연약한 가운데 강하게, 사로잡힌 가운데 자유롭게, 고통 가운데 즐겁게, 가난한 가운데 부요하게 해준다(Nouwen, 2003, 30, 32).

마이클 다우니도 기독교 영성은 하나의 체험된 경험으로서 그리스도 안에서 성령의 임재와 능력을 가지고 하나님을 위해 사는 삶의 방식이며(Downey, 1997, 44; 2001, 64), 성령 안에서 사는 그리스도인의 삶 즉 그리스도의 성품으로 변화되고 하나님과 연합하고 타인들과 연합하는 삶이라고 설명한다(Downey, 2001, 64). 몰트만 역시 기독교 영성이란 하나님의 영 안에 있는 삶과 하나님의 영과의 살아있는 교제라고 정의한다(김균진, 2002, 173).

III. 역설의 시대

1. 물질문명의 세속적 삶

서구 근대 문명의 중심을 이루고 시민사회와 공공영역을 움직이는 사회화된 세속적 삶은 종교나 신앙 대신에 이성과 과학을 더 중시하는 삶의 형태이다. 세속주의란 순수하게 인간적인 측면에만 근거한 삶과 관련된 의무사항을 가리키며, 종교를 무의미하고 현실과 동떨어졌으며 믿을 수 없는 것이라 생각하는 사람들을 위해 고안된 것이라고 세속주의 용어 창안자 조지 홀리오크는 말한다(Kelly, 2008, 83).

그러나 신학자들은 세속주의를 '실제적인 무신론'이라고 정의한다. 조지아 하크니스는 세속주의는 마치 하나님이 없는 것처럼 말하고 행동하는 삶의 체계라고 하였고, 라인홀드 니부어 역시 세속주의는 거룩하신 자, 궁극자, 신성하신 분, 더 정확히 말하면 하나님을 부정하는 삶의 철학이자 방식이라고 규정하였다(Clowney, 2005, 134). 인간이 신에 의존하지 않고서도 세계를 발전시킬 수 있고 자신의 욕구를 충족시킬 수 있다는 생각이 확산되면서, 종교를 무의미한 것으로 생각하는 세속주의는 점차 더 서구 근대 문명의 중요한 요소로 자리 잡았다. 특히 세속주의의 부상은 인간 중심적인 세계관과 긴밀하게 연결되었고, 이로 인해 자연에 대한 무분별한 착취가 이루어지게 되었다. 또한 세속주의는 과학주의와 연결되어서 자연에 대한 인간의 통치영역을 넓혀나갈 수 있다는 생각을 낳았고, 실제로 지난 200년 동안 눈부신 경제적, 물질적 발전을 이루게 되었다. 이런 점에서 근대화와 세속주의는 서로 불가분의 관계를 가지고 있다(김난예 · 정원범, 2019. 106).

과학적인 방법과 논리적 추론 위에 세워진 세속적 세계관은 물질적인 차원에서 인간의 필요와 욕구 충족으로 시작하고 그것으로 끝을 맺는다. 세상의 모든 것들, 특히 자연은 인간이 마음대로 쓸 수 있는 것처럼 취급되고, 물질적 조건의 개선과 발전만 이루어지면 그것으로 다 되었다고 생각한다.

2. 영성에 대한 욕구

물질문명이 고도화될수록 사람들은 정신적이고 영적인 세계에 더욱 목말라한다. 21세기를 지배하는 역설은 물질 문명적 세속주의와 그에 대한 반작용으로 나타난 영성이다. 19세기 후반과 20세기 초 많은 사회학자는 세계가 근대화와 세속화 과정을 거치게 되면 종교가 쇠퇴하게 되고 결국은 사라지게 될 것이라고 주장했다. 그러나 20세기가 지나고 새로운 천년이 시작됐음에도 불구하고 그들의 예상과는 달리 종교는 오히려 더 부흥하는 현상이 나타났다(Cox, 2010, 9). 세속주의자들은 그동안 경제적으로 번영하고 교육 수준이 높아지고 과학, 기술이 발전하게 되면 될수록 종교는 사회의 주변부로 사라지게 될 것이라고 주장했지만, 그것은 서구 세계에서만 적용되는 것이었고 아시아, 아프리카, 남미의 지역에서는 그 정반대의 현상이 나타나고 있다(Kelly, 2008, 95). 이것은 그동안 세상을 지배해온 세속주의에 대한 하나의 반작용으로 영성에 대한 관심이 고조되는 역설의 현상이다.

21세기는 영성의 시대로서 영성은 전례 없이 붐을 이루고 있다. 기독교 영성만이 아닌 영성에 대한 관심이 고조되고 있다. 매체 비평가 존 카츠에 따르면 섹스와 전자 상거래 다음으로 영성과 종교라는 단어가

검색 엔진에서 많이 등장하고 있으며, 2000년에는 영성과 종교에 대한 웹사이트가 145,000개 있었다고 한다(Sweet, 2005, 210-211).

미래학자 패트리셔 애버딘은 이 시대 메가트렌드가 영성에 대한 탐구라고 한다(Aburdene, 2006, 33). 그가 말하는 영성이란 초월적인 존재, 신성함, 신과 연결되고자 하는 욕망에서 시작되는 것으로 삶의 의미나 목적, 연민, 깨달음, 서비스, 웰빙 등을 추구하려는 갈망, 즉 내적인 평화, 명상 등 돈으로는 살 수 없는 것들에 대한 갈망을 의미한다(Aburdene, 2006, 33-34). 이러한 영성에 대한 탐구는 학교나 병원, 법률사무소, 정부 기관, 기업체, 감옥에서도 명상을 가르치고, 요가와 명상 프로그램을 진행하는 콜로라도 샴발라 마운틴 센터의 1998년 방문객이 1,342명이었고, 2003년에는 15,000명이나 되었으며, 뉴욕 캐츠킬산맥에 있는 호텔들이 너무나 빨리 명상의 장소로 변하고, 보르슈트 벨트(캐츠킬산맥에 있는 유대인 피서지 일대)가 불교 벨트로 이름이 바뀌고 있다고 타임지 기사 등에 나타난 영성에 대한 열기를 애버딘은 전했다(Aburdene, 2006, 35-36). 미국에서 1,000만 명에 달하는 사람이 명상하고, 레버린스(일종의 명상 공간)가 인기를 누리고 있다(Pink, 2009, 240-241).

그렇다면 이렇게 많은 사람이 자신들의 삶에 영성을 받아들이고 있는 이유가 무엇일까? 어떠한 물질적 풍요도 삶의 의미나 행복을 가져다주지 못한다는 자각과 지금까지 개인과 기업의 생존과 안녕을 보장해주던 기반이 무너졌기 때문이다. 평생 직장도 없어졌고, 기업의 이윤을 보장해주던 장수 제품의 수명은 점점 더 단축되거나 없어졌고 시장 상황은 끊임없이 변하고 있다. 새로운 에너지, 새로운 아이디어가 없이는 생존이 어려운 무한 경쟁의 시대에서 스트레스와 불확실, 우울감이 넘쳐나는 시대가 되었다. 이런 시대에 삶의 의미, 정신적 가치, 새로운 아이디어, 새로운 에너지 등을 얻으려고 몸부림을 치다가 발길이 머문 곳이 바로 영성의 세계이다(김난예·정원범, 2019, 108). 특히 미국은 역사상 가장 거대한 영적 추구 시대를 맞이하고 있는데, 미래학자들은 이구동성으로 "영성은 세 번째 천년의 성배가 될 것이다"라고 말한다(Sweet, 2005, 212). 한국교회는 이 시대의 많은 사람이 삶의 의미나 정신적 가치를 추구하고 있고, 보다 깊은 영적인 삶을 갈망하고 있다는 사실에 주목하며 그들의 욕구에 부응해야 한다.

IV. 코로나19 시대를 읽는 교회 지도자들의 영성

1. 교회 지도자의 영적 역량

미국 사람들은 지난 50년 동안 그 어느 때보다 더 영적인 성향을 보였다고 조지 갤럽조사는 말한다. 베스트셀러 비소설 부문은 대부분 영혼과 영성을 다룬 책들로 이루어져 있다. 이처럼 영적인 관심은 점점 더 고조되는데 교회는 점점 더 쇠퇴하고 있는 현실은 무엇일까? 영국의 교회쇠퇴 경향을 BBC 뉴스 자료에 따르면, 2000년 자신을 무신론자라고 밝히는 영국인 비율 44%, 영국 청년(18-24세) 중 자신을 무신론자라고 밝힌 사람들의 비율 66%, 영국의 교회 출석률 관련 전문가인 피터 비얼리가 추정한 2040년의 영국 내 교회 출석률 0.5%로 나타나고 있다(Kelly, 2008, 87-88).

2005년 캐나다의 조사에 따르면, "1961년에서 2001년 사이에 캐나다 성공회는 신도 53%를 잃었고, 만일 이 추세가 계속된다면 2061년에는 교인이 단 1명 남을 것이다. 또한 1961년에서 2001년 사이에 캐나다 연합교단은 교인 39%가 줄었고, 다른 주류 교단들도 몸집이 급격하게 줄었다. 1988년과 1998년 사이에도 예배 모임에 참석하는 캐나다인 수는 적어도 한 달 사이에 41%에서 34%로 줄었다"고 밝히고 있다(Jenkins, 2009, 193).

미국도 "적어도 한 달에 한 번 예배에 참석하는 미국인의 수가 1981년에서 1998년 사이에 5%가 하락"했다(이 기간 중에 오스트리아는 15%, 스페인은 15%, 서독은 10%, 네덜란드는 9% 하락했다). 미국의 청소년 3,100만 명 가운데 불과 12%만이 교회에 출석하며, 그 가운데 88%는 학교를 졸업한 후 발길을 끊는다(Sweet, 2005, 213).

한국도 예외가 아니다. 2005년 통계청 자료에서, 개신교회는 10년 전에 비해 14만 4천 명이 감소했는데 단순히 감소했다는 사실보다 더 문제가 되는 것은 종교 이탈율이 다른 종교에 비해 월등히 높다는 것이다. 1997년 한국갤럽 조사에 따르면, 개신교에서 다른 종교로 개종한 사람은 204만 명, 불교에서 다른 종교로 개종한 사람은 115만 명, 천주교에서 다른 종교로 개종한 사람은 34만 명으로 나타났다. 또한 불교를 믿다가 불교를 떠나간 사람 402만 명, 천주교를 믿다가 천주교를 떠나간 사람은 180만 명, 개신교를 믿다가 교회를 떠나간 사람 1,090만 명에 달했다(이원규, 2003, 160).

영성에 대한 욕구가 많은 시대에 사람들이 교회를 떠나는 현상은 영성과 영성적 삶에 대해 교회와 지도자들이 슬기롭게 대응하지 못한 증거이다. 이제 예수 믿고 구원 받기 위해 예배당에 모여 무조건 아멘으로 믿는 것만을 고집하기에는 이미 늦었다. 코로나19가 퍼지는 한국에서 방역 우선 체재와 시장경제 체제 간 충돌은 개신교와 정부의 정면충돌로 이어졌고 한국교회 전체가 사회로부터 비난을 받고 있다. 생명 존중과 생명 우선의 정부 방역정책보다는 신앙적 예배 우선을 앞세우고 모이는 것을 금지하는 것에 반기를 드러내고 있는 일부 교회 지도자의 영적 지도력이 도마 위에 오르내리고 있다. 이런 상황에서 교회 지도자들이 가져야 하는 영적 지도력은 어디에 있는가? 교회와 사람들을 통솔하고 인도할 영적 지도자들은 그 시대를 읽을 수 있고 마땅히 사람들이 마땅히 행할 것을 알아야 한다(역대상 12:32). 코로나19 바이러스가 창궐하는 현실 상황에서는 모이면 죽고 흩어지면 산다는 말이 왜 나왔을까? 하나님께 예배하는 자들은 생명 우선 원칙을 삼아야 한다. 교회 예배만을 강조하여 마치 하나님이 교회에만 계신 것으로 가르친다면 젊은이들은 교회를 외면할 수도 있다. 코로나19로 대면 예배가 50인 이하로 금지되었을 때 60대 이상 나이 드신 분들만 교회를 오고 젊은이들은 실시간 온라인 예배를 드리는 것을 볼 수 있었다. 진정한 예수 정신은 생명 존중과 생명 우선 원칙인데 이것을 잃어버리면 영성의 시대에 교회가 점점 더 외면을 당할 것이고 영적 지도자들과 교회의 대응에 심각한 문제가 있음을 보여주는 것이다.

2. 코로나19에 교회의 대응이 실패한 이유

요즘은 이유 여하를 막론하고 기독교인이라면 사람들이 가까이하기를 꺼려 하고 있다. 그렇다고 사람들이 영적인 관심이 없는 것은 아니다. 영적 관심이 큼에도 한국 사회에서 교회는 왜 외면과 비난을 받고 있는 것일까? 한국 기독교는 교회 조직의 생존을 위해 교회가 지켜야 할 본질적 가치보다는 근본주의적 보수신앙과 권위적 제도를 고집하고 교회 조직은 강한 정치적 역량을 보여주고 있다. 이에 조지 갤럽은 그의 책『사람들의 종교』에서 오늘의 교회들은 영적인 문제에 관심을 보이기보다는 교회의 내부적이고 제도적인 문제에 너무 많은 관심을 보였기 때문이라고 대답한다(Collins, 2000, 9-10). 즉 영성적 삶보다는 교회가 종교화되고 기업화됨으로 교회의 공공성을 잃어버리고 본질에서 멀어졌기 때문이라고 할 수 있다.

1) 종교가 된 기독교 교회

미국 사람들은 신앙을 상실해서가 아니라 오히려 자신들의 신앙을 지키기 위해서 교회를 떠나며 교회가 더이상 자신들의 영적인 발전에 아무런 도움이 되지 않는다는 충격적인 보고를 하였다(McNeal, 2003, 4). 이 말은 교회가 영적인 갈망에 부응할 수 없을 정도로 종교화되고 기업화되었다는 것인데 이렇게 변질된 기독교를 자크 엘릴은 다음과 같이 비판한다. 첫째, 기독교는 권력과 결탁하면서 복음의 소중한 가치들을 잃어버리고 종교가 되었다. 기독교 복음은 은총, 사랑, 박애, 생명체에 대한 염려, 비폭력, 사소한 것에 대한 배려, 새로운 시작에의 소망과 같은 여성적인 가치들을 가지고 있었다. 그러나 기독교가 정복과 권력과 지배의 권력과 결탁하면서부터 그러한 가치들을 잃어버렸다(Ellul, 1994, 61-62).

둘째, 교회가 제도화되고, 교회 조직이 계급제도가 되면서 기독교가 종교로 변했다. 고대 교회는 교인들 간에 평등한 사랑의 사귐이 있었고, 교회 안과 밖에서 자신의 것을 서로 나누며 살았던 사랑의 공동체였다. 그러나 교회 교인들이 늘어나고 부자와 권력자들이 많아지고 돈이 풍부해지면서 필요에 의해 제도가 만들어졌고, 그 제도는 제국 제도의 영향을 받으며 직분의 계급화, 권력화가 이루어졌다(Ellul, 1994, 59). 이것은 계급이 우월한 자가 계급이 열등한 자를 섬겨야 한다는 예수님의 가르침에 배치된다(Ellul, 1994, 131).

셋째, 기독교가 성공주의와 결탁되면서 종교로 변질되었다. 기독교는 로마의 국교가 되면서 수많은 사람은 물론 황제의 가족과 정부의 지배계급까지도 기독교인이 되었다. 이렇게 기독교는 성공했으나 복음적인 삶이 왜곡되어 결국 사회가 기독교에 의해 변화되기는커녕 오히려 기독교를 뒤집었다(Ellul, 1994, 56).

넷째, 기독교 신앙이 도덕주의가 되면서 기독교는 종교가 되었다. 교회는 사회의 부도덕한 상황과 맞서 싸우게 될 때 그 문제를 도덕으로 해결하려고 했다. 즉 서구 사회가 도덕적으로 혼란스러울 때 교회는 복음에 기초를 둔 마음의 진실된 회심보다는 공통으로 받아들일 수 있는 도덕을 세우는 일에 진력하였고, 도덕의 엄격함을 사용하여 주변의 부도덕과 맞서 싸웠다. 이런 과정에서 교회는 복음을 도덕으로 변형시키고 계시를 도덕법칙으로 변형시켰다(Ellul, 1994, 142-145).

2) 너무나 멀리 계신 하나님으로 인식

바르트의 영향을 받아 종교를 계시와 복음에 대한 반대 개념으로 보고 종교를 비판했던 디트리히 본회퍼도 종교를 비판적으로 보았다(Matthews, 2006, 60-64; Gundry and Johnson, 1976, 75-76). 첫째, 본회퍼는 하나님의 초월성을 강조한 나머지 종교가 하나님을 저 멀리 계신 절대적 존재로만 파악하는 것을 비판한다. 종교는 하나님을 인간의 이성으로부터 일종의 최고 존재를 추론하려는 시도를 통해 하나님을 형이상학적 존재로 묘사한다. 종교는 하나님을 세상과 구별되는 초월적인 존재, 그래서 '너무나 먼 존재'로 묘사하는데 이는 예수 그리스도를 통해 사람에게 가까워지고자 하시는 성경의 하나님 이해와 배치된다고 주장한다(김난예·정원범, 2019, 115-116).

둘째, 본회퍼는 종교가 하나님을 특정한 부분에서만 경험할 수 있는 존재로 생각한다고 비판한다. 종교는 기도, 예배 등과 같은 종교적 행위만을 통해서 하나님을 만날 수 있다고 생각한다. 이는 현실을 영적인 것과 세속적인 것으로 구분하고 영적인 것과 저 세상적인 것만 강조하고 세상적인 것과 거리를 두려는 태도이다. 그러나 이런 태도는 종교적 태도이고 기독교적 태도가 아니다. 왜냐하면, 그리스도를 통해 인간이 되신 하나님은 현실의 모든 영역에 존재하시는 분이기 때문이다.

셋째, 본회퍼는 종교가 기독교적인 삶을 공동체적인 삶으로 이해하지 않고 개인주의적인 삶으로 이해한다고 비판한다. 그는 교회를 공동체의 형태로 존재하는 그리스도라고 말한다. 그리스도 안에서 살아가는 기독교인이란 공동체 안에서 사는 사람일 수밖에 없다는 것이다.

넷째, 본회퍼는 종교가 언제나 바리새적인 우월의식, 특권의식을 조성한다고 비판한다. 그는 독일 교회가 십자가에 못 박힌 그리스도를 본받으려는 태도를 결여한 채, 특권의식을 구축하려 한다고 보았다. 당시의 독일 기독교인들은 사회적 특권의식을 가지고 안일함을 추구하면서 그리스도에게서 점점 멀어져갔다는 것이다.

다섯째, 본회퍼가 종교는 하나님을 선택된 자들에게 기적적 도피수단을 제공하고 위기의 순간에 개입하여 문제를 해결해주는 문제해결사로서 생각한다고 비판한다. 그래서 종교는 사람들이 자신의 능력으로 할 수 있고, 또 해야 할 일에 대해서까지도 하나님에게 의존하려는 미성숙하고 과도한 의존성을 부추긴다고 비판한다(정원범, 2004, 24, 28).

3) 교회주식회사 CEO로서 목회자 인식

언젠가부터 목회자는 교회주식회사 CEO의 인상을 주고 있고, 많은 목회자는 설교 제조기로서 탈진 현상을 보이고 있다. 비록 목회에 성공했다 할지라도 무엇을 위해 달려가고 있는지 목적의식을 잃고 그저 달리고 있을 뿐이라고 고백하기도 한다. 교인들도 교회에서 진행되는 수많은 프로그램에 지쳐서 힘들어하고 있다. 많은 교인이 영적인 만족없이 점점 탈진상태에 빠지는 이유는 무엇일까? 글렌 와그너는 이 모든 문제의 근원은 목회자와 교회가 공동체 모델이 아닌 기업 모델에 맞춰 변화되었기 때문이라고 말한다(정원범, 2004, 23-24). 많은 교회가 그동안 하나님과의 친밀한 사귐을 소중히 여기고 사람을 존중하며 격려와 친밀함을 나누며, 하나님 나라의 가치인 생명, 정의, 사랑, 평화의 삶을 위해 헌신하는 하나님 나라 공동체를 만드는 일보다는 성장과 확장과 번영을 추구하는 기업체를 만드는 일에 여념이 없었다. 예로서 일부 대형교회들이 경차와 컬러 TV, 디지털카메라와 세탁기 그리고 백화점 상품권 같은 경품을 내걸고 교인 끌어모으기에 안간힘을 쓰고 있다. 이런 예들은 하나님 나라 공동체라기보다는 교회 기업체에 가까워졌음을 부인하기 어렵다.

V. 본질적 교회의 참된 영성적 삶 회복의 길

한국의 코로나19 상황에서 한국교회는 기독교 복음의 본질을 잘 구현하고 있는 것일까? 영적으로 실패하고 있는 많은 주류 교과 교회는 제도, 조직, 형식, 규칙, 질서, 교리, 권위, 위계질서 등에 집착하면서 안에 있는 사람들은 얽어매고, 밖에 있는 사람들은 배척함으로써 사회로부터 외면받을 뿐만 아니라 자체의 활기와 동력을 잃어버렸다(Bass, 2017).

그렇다면 어떻게 종교화되고 주식회사가 된 교회가 코로나19 시대에 영적인 갈망을 가진 수많은 사람의 요구에 제대로 부응하는 교회가 될 수 있을까? 무엇보다 교회의 본질적 목적 회복과 기독교의 참된 영성을 회복하는 것을 통해서만 가능하다. 교회란 본래 영적으로 거듭난 사람들의 공동체이고, 개인과 공동체의 영적인 성장과 성숙을 돕기 위해 존재하는 영성공동체이기 때문이다.

1. 관계적 인격 영성

교회가 회복해야 하는 본질적 참된 영성적 삶이란 무엇일까? 기독교란 종교라기보다는 관계이며(Campolo and Darling, 2007, 119), 영적 삶이란 본래 하나님과의 살아 있는 관계 즉 하나님과의 친밀한 교제를 추구하는 삶이다. 그것은 무엇보다도 하나님과 맺는 인격적 관계의 영성이다. 마이클 다우니의 말대로, "기독교 영성은… 성령 안에서의 그리스도인의 삶 이외의 다른 것이 아니다. 그것은 그리스도의 인격으로 변화되고 하나님과 연합하고 다른 사람들과 연합되는 것이다. 영성은 성령에 응답하는 기독교인의 삶의 총체를 지칭한다"(Downey, 1997, 46).

헨리 나우웬에 따르면, 영성 생활은 우리의 가장 깊은 내면을 향해, 우리의 인간 동료를 향해 그리고 우리의 하나님을 향해 다가가기 위해 발돋움하는 작업이다(Nouwen, 1997, 10-11). 즉 관계적 영성은 우리의 가장 깊은 내면과의 관계, 이웃 인간에 대한 관계, 자연에 대한 관계, 하나님에 대한 관계라는 사중적인 관계성을 기본 구조로 가지며 인격적인 만남과 친밀감이 전제된다. 그러나 그동안 한국교회는 이러한 사중적 관계성을 균형 있게 추구하지 못했기에 종교화의 길, 기업화의 길을 걸어오게 되었을 것이다(김난예 · 정원범, 2019, 120). 따라서 이제 한국교회는 사중적 관계성을 특징으로 하는 인격적 영성을 회복하려는 노력을 통해 교회의 교회다움을 회복해야 한다.

그동안 많은 대형 교회는 작은 쇼핑몰이 되어 커피숍과 서점과 미용실을 열었다. 교회의 행정과 생활 속으로 사업 구조가 침투했고, 자기 계발 기독교는 표준이 됐다. '목적' 중심의 영성개발과 재발견된 성경적 기도들은 번영을 약속했으며, 그 탓에 세속적인 문화에서 그리스도의 몸으로 사는 것이 무엇인지에 관한 우리의 인식은 정신없이 '진보'하게 됐다. 그러나 이것은 신앙부흥운동의 마케팅 버전처럼 보였고 수많은 젊은이의 영적 갈증은 깊어갔다. 결국 제도적 종교를 버리고 떠났는데 이들이 영성에 대한 관심이 없어서 그런 것은 아니었다(Santos, 2009, 200). 이들은 하나님과의 살아 있는 관계 즉 하나님과의 친밀한 인격적 관계를 추구하며 지친 영혼을 위로해주며 쌍방적 소통을 할 친밀한 하나님을 찾는 것이다.

한국교회의 상황도 크게 다르지 않다. 많은 사람이 제도적 종교를 버리고 떠나는데 그들이 영성에 대한 관심이 없어서 그런 것은 아니다. 오히려 마케팅 모델을 활용하고 프로그램을 다양하게 운영하는 데서 인격적인 관계의 기쁨보다는 피곤함을 느끼고 영적 필요를 채우지 못했기 때문이다.

2. 공동체적 영성

기독교 영성은 기본적으로 삼위일체 하나님의 신비 위에 근거한다. 본회퍼는 말한다. "그리스도께서 공동체 안에 계시고 그 공동체만을 통해서 인간들에게 접근하신다는 사실은 그 공동체가 갖고있는 신비이다. 그리스도는 우리 가운데 공동체로 존재하신다. 그것은 마치 교회가 역사 속에 숨어있는 것과 같다. 그 교회는 우리 가운데 숨어있는 그리스도이다. 그러므로 인간은 이제 결코 혼자일 수 없다. 그리고 그에게 그리스도를 안겨주는 공동체를 통해서만 인간은 존재할 수 있다. 그 공동체는 인간을 스스로와 연합시키고 공동체의 생명 가운데로 인간을 이끌어 들인다. 그리스도 안에 있는 인간은 공동체 안에 있는 인간이다. 즉 인간이 존재하고 있는 공동체이다. 그러나 인간은 동시에 개인으로 공동체의 완전한 일원이기 때문에, 그러므로 이 공동체 안에서만 인간 존재의 연속성이 그리스도 안에서 보존된다. 그러므로 인간은 자신으로부터 스스로를 이해할 수 없고 오직 그리스도로부터 자신을 이해할 수 있을 따름이다"(D. Bonhoeffer, *No Rusty Swords, Letters, Lecture and Notes 1928-1936 from the collected Works of D. Bonhoeffer vol. I*, trans. by Edwin H. Robertson; 김형근, 2010, 88-89. 재인용). 즉 본회퍼는 기독교 영성은 공동체적 영성이어야 함을 강조하였다. 그리스도께서 공동체로 현존하시고 공동체 안에 현존하신다는 사실을 통해 그리스도 안에서 그리고 그리스도와 함께 살아가는 기독교인의 삶 역시 공동체적인 삶이어야 한다.

헨리 나우웬은 공동체란 살아가는 방식이고 관계 맺는 방식이라 한다. 공동체 안에는 가장 함께 살고 싶지 않은 사람이 늘 함께 살고 있는 곳이고, 비위에 거슬리거나 요구가 너무 많은 사람이 공동체 안 어딘가에 늘 있게 마련이다. 공동체란 모두가 함께 살면서 서로 사랑하고 항상 잘 지내는 뭔가 이상적인 장소나 시간이 아니며 외로워서 함께 모여 외로움을 해결해주는 곳도 아니며 공동체 안에서 서로 가깝게 느껴지거나 사랑이 느껴지지 않을 때도 있다. 그러나 비록 쉽지 않은 일이지만 예수님은 우리를 신앙과 헌신의 한 가족으로서 함께 살도록 부르신다. 공동체 안에서 우리는 자신의 연약함을 고백하고 서로 용서한다는 것이 무엇인지 배운다. 공동체 안에서 우리는 내 아집을 버리고 진정으로 남을 위하여 산다는 것이 무엇인지 터득한다. 공동체 안에서 우리는 참된 겸손을 배운다. 신앙의 사람들에게는 공동체가 필요하다(Nouwen, 2015, 151-153).

그런데 만약 공동체의 삶이 없다면 개인주의적이다 못해 때로 자기중심적이 된다. 공동체는 어렵지만 영적인 삶에서 선택사항이 절대 아니다. 공동체는 고독에서 비롯되며, 공동체가 없이는 하나님과의 교제가 불가능하다. 우리는 각자 따로따로가 아니라 하나님의 식탁으로 함께 부름받았다. 그러므로 영성 개발에는 언제나 공동체 생활의 개발이 포함된다. 우리 모두는 고독 속에서 그리고 다른 사람들과의 공동체 속에서 하나님께 가는 귀향길을 찾아야 한다(Nouwen, 2015, 153).

이처럼 기독교인의 영적인 삶은 공동체적 영성이지만 오늘날 한국교회는 점점 더 공동체성을 상실해가고 있고 그로 인해 많은 문제를 야기하고 있다. 이런 위기의 극복을 위해 조나단 캠벨은 현재의 문화적 위기 속에서 복음을 가장 강력하게 증명해 보이는 것은 길과 진리와 생명이신 예수를 구현하는 공동체가 되는 것이며, 건강한 공동체는 우리 안에서, 우리를 통하여 살아가시는 예수의 삶이라고 한다(Gibbs and Bolger, 146).

공동체의 의미를 가장 잘 설명해주는 단어는 아프리카의 반투어로 '우분투'인데 이는 "당신이 있기에 내가 있습니다"(I am because you are)라는 뜻이다. 남아프리카공화국에서 대통령을 지내고 95세의 일기로 생을 마친 넬슨 만델라는 우분투의 개념을 이렇게 설명한다: "한 여행자가 어떤 마을에 들렀습니다. 그가 음식과 물을 요구하지도 않았지만 마을 사람들은 그에게 음식을 주고 여러 가지 편의를 제공해 주는데 이것은 우분투의 한 면에 지나지 않습니다. 우분투의 개념이 투철한 사람은 갈등과 해함이 있을 때 자유로워지는 유일한 길은 용서밖에 없음을 알게 됩니다." 성공회 주교 데스몬드 투투는 우분투란 인간이 갖추어야 할 기본 조건이며, 인간은 혼자서는 살아갈 수 없는 존재라는 것이 바로 우분투의 핵심이라 한다. 우분투는 사람이 서로 얽혀 있다는 점을 강조하며 홀로 떨어져 있다면 진정한 의미에서 인간이라고 할 수 없고, 우분투라는 자질을 갖추어야만 비로소 관용을 갖춘 사람으로 인정받을 수 있다고 한다.

3. 참여적, 책임적 영성

참여적 책임적 영성의 뿌리는 예언자들의 사역에서 찾을 수 있다. 예언자들의 사명은 무엇보다도 하나님의 말씀을 대언하는 것이었다. 아모스, 호세아, 이사야, 예레미야 같은 예언자들의 메시지는 사회변혁에 집중되어 있었고 지도자들의 부정과 부패를 폭로하고 심판하는 내용으로 이루어져 있다. 그들은 권력자들이 정의롭게 다스리지 못하고 불의를 행하고 가난한 자들에게 자비를 베풀지 않는다고 하나님의 심판이 내려질 것이라고 선포했다. 이것은 기독교 영성이 처음부터 사회 도피적이지 않고 사회 참여적이며 동시에 불의에 저항하고 사회를 변혁하려는 책임적 영성이었음을 잘 보여준다.

장로교 신학의 원조인 칼뱅과 감리교 신학의 원조인 웨슬레의 영성은 참여적 영성의 좋은 모델이다(김난예 · 정원범, 2019, 125). 칼뱅에게 정치경제적인 문제는 그리스도의 지배에 속하기 때문에 정치 사회적인 문제와 영적인 문제는 서로 분리될 수 없었다. 그는 교회가 이웃을 위한 책임성에 충실하려면 교회는 필연적으로 정치적, 경제적, 사회적 삶에 참여할 수밖에 없다고 보았다. 그래서 그는 복음의 빛에서 사회 문제를 비판적으로 분석하고 해명하였으며 불의한 경제 질서에 대해 신랄하게 비판하였다. 예컨대, 노동자들에게 정당하지 못한 임금을 주거나 임금 지불을 미루는 일을 신성모독에 해당되는 것이라고 보았던 칼뱅은 가난한 사람들에게서 노동을 착취하고 그의 피를 빨아 먹는 자는 낯선 사람들을 상해하는 행위보다 더 잔인한 일이라고 비판했다(렘 주석 22:13). 또 매점매석하는 상행위를 비판하며 "우리는 곡물창고를 폐쇄해 버린 사람들을 본다. 이로 인해 가난한 사람들이 극단적인 기아를 경험하게 되는데, 이러한 일은 가난한 이들의 목을 자르는 것과 다를 바가 없다" 고 하였다(정승훈, 2000, 160-164). 그뿐 아니라 칼뱅은 왕의 독재나 사악한 정부에 대해서도 행정관들이 항거할 수 있다고 보았고 "교회는 타락한 정부를 향해 그 권위의 남용에 저항할 수 있는 권리와 의무가 있다" 고 보았다(정승훈, 2000, 171). 칼뱅은 영성과 사회정의를 위한 행동이 분리될 수 없음을 분명히했다.

존 웨슬리에게 영성은 하나님을 만나는 체험을 하는 성령 체험의 영성이고, 그리스도의 완전한 성품과 사랑의 모방을 강조하는 성화의 영성이다. 그뿐 아니라 그의 영성은 정치, 경제, 사회의 제반 문제에의 참여를 강조하는 사회적 영성이다(김영선, 2002, 60-67). 웨슬리는 18세기 산업혁명 시대에 병자 방문을 시작하였고, 아마추어 의사 역할을 맡기도 하였으며, 무료 진료소를 만들기도 하였고, 나그네, 병자, 가난한 사람들을 위한 나그네친구회도 조직하였다. 그는 이러한 사회 봉사적 운동을 통해 이웃사랑을 실천했을 뿐만 아니라 고용주들의 횡포에 맞서는 노동조합 결성 등 노동운동에도 영향을 끼쳤다. 19세기 격동의 시기에 감리교는 노동자들의 고통에 적극 참여함으로써 처음에는 박해를 받아 신도들이 줄어들기도 하였으나 후에는 1800년 교인 수보다 여섯 배로 증가할 만큼 무산대중들에게 인기를 끌었다(김홍기, 2001, 99-111).

웨슬리는 흑인들을 비참하게 취급하던 당시의 노예제도에 대해 신랄하게 비판하면서 그것은 사회정의를 파괴하는 사회적 불의의 구조적 죄악임을 강조하였고, 당시의 혹독한 형벌 제도에 대해서도 문제 의식을 가지고 감옥 제도의 개혁을 주장하였으며, 시장경제의 문제점에 대해서도 비판하였는데, 시장경제에 의한 시장과 대지와 자본의 독점화를 반대하였다. 경쟁을 부추기는 시장경제 체제를 거절하였으며, 당시의 가난과 실업은 게으름 때문이 아니라 사회의 불평등한 체제의 결과로 보았다. 따라서 그는 고용체제의 개혁과 세금 제도의 개혁을 주장하였다(김홍기, 2001, 116-133). 그는 사회봉사의 차원을 넘어서서 사회 변혁적 희년운동을 벌였기에 그의 영성이 사회변혁을 지향하는 참여적 영성, 책임적 영성이었음을 분명히 확인할 수 있다.

이처럼 기독교의 영성은 참여적, 책임적 영성이었으나 오늘날의 기성종교는 기존 질서에 순응하는 쪽으로 기울어져 있다. 문제를 직면하고 세상에 의문을 제기해야 할 비전을 잃고 게슴츠레한 눈으로 안락과 안전만 추구하고(Leech, 2009, 90), 성공과 번영만을 추구한다. 위에서 살펴본 대로 그리스도를 모델로 하는 기독교 영성은 기존 질서를 지지하는 기득권 옹호의 영성이 아니라 고통당하는 약자를 옹호하며, 그들을 억압하는 불의한 기존 질서에 저항하는 예언자적 저항의 영성이다. 따라서 기독교 영성이 이 땅 위에 하나님 나라를 구현하는 영성이라면, 하나님 나라 백성인 그리스도인들은 역사 현실의 고난에 참여하며, 고통당하는 약자들의 아픔에 참여하는 참여적 영성을 추구해야 하며, 동시에 사회적 약자들을 고통 가운데 몰아넣는 사회 불의에 저항하는 책임적 영성을 추구해야 할 것이다.

하나님에 대한 예배는 정상적인 상황에서는 대면 예배가 맞지만 지금 같은 경우는 비정상 상황, 특히 교회 집단 감염 확산이라는 것이 자명할 때에는 각자 있는 곳에서 예배드리는 것이 사회적 책임을 회피하지 않는 것이다. 국가 공동체의 일원으로 국가의 생명 우선 정책에 참여하는 것이 참여적, 책임적 영성이다. 기독교적 영성은 거룩한 삶과 세상적인 삶을 분리하여 예배를 강조하며 사회를 벗어나 사회로부터 도피하는 데 목적이 있지 않다. 참된 영성은 세상 도피적 영성을 지지하기보다 오히려 세상 안에서의 삶을 보다 철저하게 기독교인답게 살도록 해줌으로써 참여적이고 책임적인 영성을 지지한다.

VI. 나가는 말

지금은 우리가 경험해 보지 않은 어렵고 힘든 바이러스 상황에서 총체적 위기를 경험하고 있으나 함께 극복해야 할 때이다. 교회가 사회적 책임을 깊이 새기면서 정치적 이념이나 논리에 매몰되거나 휘둘리지 않고, 기독교의 본질에서 벗어나지 않도록 함께 노력하면서 이 짐을 함께 지고 가야 한다. 교회는 사회에 희망을 주고 세상을 구원하는 생명의 통로가 되어야 한다. 본 논문은 코로나19 상황에서 시대를 움직이는 거대한 역설적 메가 트렌드가 있다는 사실에 주목하면서 첫째로, 영성과 영성적 삶에 대해 살펴보았고, 둘째로, 사람들은 세속적인 삶 속에서 영적 갈망이 있으며 이를 찾고 있다는 것을 보았으며, 셋째로, 코로나19 시대를 읽는 교회 지도자들의 영성과 교회의 대응이 실패한 이유로 종교가 된 기독교와 하나님을 너무나 멀리 계신 분으로 인식하는 것과 목회자들이 교회주식회사 CEO로 인식되거나 인식하고 있음을 살펴보았다. 넷째로, 본질적 교회의 참된 영성적 삶을 회복하는 길은 관계적 인격 영성과 공동체적 영성, 참여적·책임적 영성으로 제시하였다.

그동안 교회는 보이지 않게 사회 곳곳에서 선한 일을 많이 해 왔으며 사회적 책임도 마다하지 않고 묵묵히 감당해 왔으나 한국사회의 교회에 대한 비난과 조롱은 그 위험수위를 넘은 지 오래다. 어떻게 이 심각한 교회의 위기를 극복할 수 있을까? 기독교의 참된 영성을 회복하는 것만이 교회 위기를 극복하는 가장 근본적인 대안이 되리라 확신한다. 왜냐하면 오늘의 시대가 종교의 시대가 아니라 영성의 시대이기 때문이며, 교회 정체성의 핵심 요소인 영성을 회복해야 하기 때문이다. 더욱이 자연과 동식물과 함께 더불어 살아가는 영성을 배워야 한다. 우리는 코로나19 앞에서 무기력하기만 했다. 코로나19로 멈추어 서기 시작했고 혼자 있는 시간을 가지게 되었고 자연으로 눈을 돌렸으나 이 일로 인해 생태계가 다시 숨을 쉬기 시작하고 자연이 회복되는 측면이 있다고 생태

학자들이나 생물학자들은 보고하고 있으며 인간 존재의 나약함과 한계
도 조금씩 느끼게 되었다. 이런 가운데 부산의 샘터교회 안중덕 목사의
"코로나 감염시대가 전해주는 메시지"가 많은 이들에게 마음에 울림을
주고 있기에 여기 소개한다.

마스크를 착용하라는 것은 '잠잠하라'는 뜻입니다.
막말과 거짓말을 하지 말며 불필요한 말을 줄이고 타인의 말에 귀를 기울이
라는 말입니다. 입을 다물면 사랑스러운 것들이 시선에 머물고 아름다운 소
리와 세미한 속삭임이 들려올 것입니다.
손을 자주 씻으라는 것은 '마음을 깨끗이 닦으라'는 뜻입니다.
악한 행실과 죄에서 돌이켜 회개하고 성결하라는 말입니다. 안과 밖이 깨끗
하면 자신도 살고 남도 살릴 수 있다는 말입니다. 마음의 거울을 닦으면 자신
이 보이고 마음의 창을 닦으면 이웃도 보일 것입니다.
사람과 거리를 두라는 것은 '자연과 가까이 하라'는 것입니다.
사람끼리 모여 살면서 서로 다투고 상처를 주지 말라는 것입니다. 공기와 물
과 자연의 생태계를 돌보며 조화롭게 살라는 것입니다. 자연을 가까이하면
마음이 넉넉하여 모든 것들을 사랑하게 될 것입니다.
대면 예배를 하지 말라는 것은 '언제 어디서나 하나님을 바라보라'는 뜻입니다.
위안을 얻거나 사람에게 보이려고 예배당에 가지 말고 천지에 계신 하나님
을 예배하라는 것입니다. 어디서나 하나님을 고요하게 예배하면 그의 나라
와 그의 뜻에 가까이 이르게 될 것입니다.
집합을 하지 말라는 것은 '소외된 이들과 함께하라'는 뜻입니다.
모여서 선동하거나 힘자랑하지 말고 사람이 그리운 이들의 벗이 되라는 말
입니다. 우는 이들과 함께 울고 무거운 짐을 홀로 진 이들과 나누어진다면 세

상은 참으로 포근해질 것입니다.

안 목사님의 글은 기독교인으로서 코로나 시대에 대처하는 방법을 담고 있다. 마스크를 착용하고, 손을 자주 씻고, 사회적 거리를 두고, 대면 예배와 집합을 금지하는 현 상황의 신앙적 의미를 "잠잠 하라, 마음을 깨끗이 하라, 자연과 가까이 하라, 언제 어디서나 하나님을 바라보라, 소외된 자들과 함께하라"고 전하고 있다. 지금까지 신앙생활이 습관적이고 교회나 목회자에 지나치게 의존적이었거나 자기 교회 중심적으로 신앙생활을 했다면 이제는 영성적 삶의 지경을 넓혀 각자의 삶에서 신실한 그리스도의 제자와 하나님 나라의 세계적 시민으로 책임적 믿음을 실현하는 것이다.

코로나19 시기 이후의 기독교교육의 방향*

김성중(장로회신학대학교)

1. 들어가는 말

코로나19가 전 세계를 휩쓸고 있다. 2019년 12월에 중국의 후베이성 우한시에서 처음 새로운 유형의 코로나바이러스에 의해 감염된 환자가 발생했다. 그 이후 급속도로 중국 전역과 전 세계로 바이러스가 확산되어 확진자가 대규모로 발생하게 되었다. 코로나19가 걷잡을 수 없을 정도로 전 세계로 확산되자 세계보건기구(WHO)는 2020년 3월 11일 사상 세 번째로 "세계적으로 전염병이 대유행하는 상태로 전염병 경보 단계 중 최고 위험 등급"인 팬데믹을 선포했다"(두산백과, 2020). 우리나라의 경우는 2020년 1월 20일에 국내 첫 확진자가 발생한 이후 신천지를 중심으로 확진자가 기하급수적으로 증가했고, 그 이후에는 수도권을 중심으로 증가했다. 코로나19는 소강과 확산을 반복하며 계속되고 있다.

---

* 이 글은 2020년 9월 30일에 발간된 「기독교교육논총」 63집에 실린 논문을 수정, 보완한 것이다.

코로나19 상황 가운데서 많은 교회는 온라인 예배를 드리고 있다. 온라인 예배가 지속되면서 교회의 문화와 신앙의 기준들은 성찰할 기회도 없이 급속도로 바뀌게 되었다. 예를 들어, 교회가 전통적으로 견지해온 "주일에는 교회에 나와서 거룩하게 예배드려야 한다"는 "주일 성수"의 개념이 변화하게 되었고, 온라인 예배는 지금과 같은 위기 상황에서는 어쩔 수 없이 받아들여야 한다는 공감대가 형성되었다. 오히려 기독교인조차도 코로나19 위기 상황 가운데서 현장 예배를 드리는 교회를 비판적인 시선으로 바라보는 경향이 생기게 되었다. 주중 소그룹 모임과 교제, 교육, 교회가 하는 봉사활동과 선교도 멈추게 되었다. 마리아 해리스(Maria Harris)가 초대 기독교 공동체에서 발견되는 목회적 소명과 기능으로 제시한 5가지(케리그마, 레이투르기아, 디다케, 코이노니아, 디아코니아) 중에 "디다케"(가르침과 훈련), "코이노니아"(친교와 교제), "디아코니아"(봉사와 섬김)는 멈추게 되었고, "케리그마"(말씀의 선포와 전도)는 설교를 통해서 일부만 시행되고 있고, "레이투르기아"(예배와 예전)도 성찬식과 같은 예식이 빠진 상태로 시행되고 있다(대한예수교장로회총회교육부, 2001).

이러한 혼란한 상황이 발생 된 이유는 코로나19라는 우리가 생각지도 못한 외적 요인이 강력하게 빠르게 다가와서 어떻게 해야 할지 생각하고 대비하고 준비할 여유를 전혀 주지 않았기 때문이다. 이뿐만 아니라 코로나19 이전에도 한국교회는 부흥기가 아니라 하락기를 지나고 있었기 때문에 외적인 어려움이 다가올 때 체계적으로, 빠르게 대책을 마련하고 극복할 수 있는 자생력과 에너지, 노하우가 없었기 때문이다. 따라서 지금 코로나19 시기를 지나면서 기독교교육은 앞으로 어떤 방향으로 나아가야 하는지를 살펴보고, 코로나19 시기 이후 시대를 대비해야 한다. 본론에서는 코로나19 시기 이후의 기독교교육 방향의 기반이 될 수 있는 이론을 소개하고, 구체적인 방향의 내용에 대해서 살펴보도록 하겠다.

II. 코로나19 시기 이후의 기독교교육 방향의 이론적 기반

코로나19 시기 이후의 기독교교육의 방향은 우리의 영적인, 정신적인 필요를 채워주는 방향이어야 하고, 우리가 살아가는 사회적인, 시대적인 필요를 채워주는 방향이 되어야 한다. 이러한 방향에 기반이 되어주는 이론으로 아가페적 만남의 이론과 카테키시스 이론, 디아코니아 이론을 제시하고자 한다. 코로나19로 인해 만남에 대한 갈망, 만남에 대한 정신적인 목마름이 우리에게 있기 때문이다. 그리고 우리나라의 코로나19 확산 가운데 이단의 민낯이 드러나고 전국적으로, 사회 곳곳에 퍼져있는 이단의 정체를 알게 되었다. 이러한 상황에서 바른 카테키시스 교육을 통해 영적인 필요를 채워주어야 하기 때문이다. 이뿐만 아니라, 코로나19로 인해 개인적인 욕심으로 이루어진 꿈과 야망이 아닌, 자신이 있는 삶의 자리에서 생명을 살리며, 사회의 안전과 발전을 위해 헌신하며, 시대적인 사명을 감당하는 기독교인들이 세워져야 하기에 디아코니아 이론을 기반으로 구체적인 방향을 설정해야 한다.

1. 아가페적 만남의 이론

코로나19 시기 이후의 기독교교육의 철학이 되어야 하는 이론은 바로 만남의 이론이다. "만남"의 의미를 더 강조하기 위해 "아가페적 만남의 이론"이 되어야 한다. 만남의 이론에 있어서 핵심적인 용어는 바로 "나와 너"와 "나와 그것"이다. "나와 너"는 서로 존중하고, 서로 이해하고, 서로 받아들이는 상생의 관계, 상호적인 관계이다. 물론 "나와 너"의 관계는 사람 사이에서의 관계만 한정 짓는 것은 아니다. "나와 너"의 관계 안에는 자연도 들어갈 수 있고, 신 관념도 들어갈 수 있다(고용수, 1994, 38-39). 반면에 "나와 그것"의 관계는 "나와 너"의 관계와는 완전히 다르다. "나와 그것"의 관계는 이용과 지배, 소유의 관계이다. 즉 서로 동등한 관계가 아니고, 한쪽이 상대방을 이용하고, 지배하고, 소유하는 관계인 것이다. 이러한 관계 속에서는 상호성이 부족할 수밖에 없고, 상대방을 자신의 목적을 위한 도구적 존재로 전락시킬 수 있다. 슬픈 현실은 "나와 너"의 관계로 시작해도 시간이 지나면 "나와 그것"의 관계로 변해버리기 쉽다는 것이다(최한구, 1992, 67).

만남의 기독교교육이론가인 루이스 셰릴(Lewis Sherrill)은 진정한 만남을 통해서 존재의 불완전함이 있는 "실존하는 자아"에서 태초에 하나님의 형상대로 지음을 받은 인간의 본래적인 모습, 즉 사랑할 수 있고 성장할 수 있고 자유로울 수 있는 "가능적 자아"로 변화될 수 있다고 보았다(Sherrill, 1955; 고용수, 1994, 207-208). 기독교교육학에서 관계신학을 강조한 랜돌프 밀러(Randolf Miller)는 종교적 성장에서 중요한 요소로서 "구속의 공동체"를 강조한다. 진정한 공동체의 전제는 신뢰이며, 제일 먼저 그 신뢰를 경험하는 공동체는 바로 부모와의 관계 속에 이루어지는 가정이다. 가정에서의 관계가 다른 관계에 영향을 주기 때문에 가정 공동체 안에서의 신뢰의 만남을 경험하는 것이 매우 중요한 것이다(Miller, 1950; 고용수, 1994, 178). 기독교교육에 있어 대화의 원리를 강조한 루엘 하우(Reuel Howe)는 대화라는 것은 인격과 인격이 상호 교류하는 것임을 강조한다. 그래서 대화를 통해 상대방을 이해하고 상대방을 있는 그대로 받아들이고, 또한 자신도 상대방에게 있는 그대로 알리는 것이다. 이러한 대화는 상대방을 판단하거나 상대방에게 무엇인가를 강요하는 것이 아니라, 상대방을 존중하고 수용하는 것이다. 이러한 대화가 전제될 때 진정한 만남이 이루어지는 것이다(Howe, 2000).

기독교교육에서 추구하는 만남은 "나와 너"의 인격적인 만남이다. "가능적 자아"로 변화될 것을 기대하는 만남이요, 신뢰의 관계에서 공동체 형성을 기대하는 만남이요, 서로를 있는 그대로 수용하는 대화의 만남이다. 이러한 만남의 전제는 "아가페" 사랑이다. 아가페 사랑은 조건을 뛰어넘는 무조건적 사랑이다.

코로나19 시기 이후의 기독교교육의 방향을 논할 때 필요한 이론은 바로 아가페 사랑과 인격적인 관계가 전제된 아가페적 만남의 이론인 것이다.

2. 카테키시스 이론

"카테키시스"는 신앙생활을 하는 데 있어서 필요한 내용을 가르치는 것이다. 다시 말하면, 하나님을 믿는 신앙공동체 안에서 기독교의 가르침을 체계화한 교리와 지금까지 유지하고 발전되어온 전통을 가르치면서, 성도들로 하여금 기독교인으로서 정체성을 형성하게 하고, 기독교인으로 온전히 성숙할 수 있도록 양육하는 것을 말한다(고용수, 2003, 139). 카테키시스 교육에 있어서 중요한 3가지는 성경의 텍스트, 기독교 전통, 현재의 삶이다. 지금 시대와 다른 성경의 텍스트와 기독교 전통을 해석하는 것이 카테키시스에 있어서 중요한 내용이고, 또한 성경의 텍스트와 기독교 전통의 내용을 현대 우리의 삶과 연결하는 것도 중요한 내용이다. 즉 성경의 텍스트, 기독교 전통과 현대 우리의 삶 사이에서 이해가 일어날 수 있도록 대화를 시도해야 하는 것이다(Osmer, 2007).

따라서 카테키시스에 있어서 핵심은 첫째, 학습자로 하여금 성경이 쓰였을 당시의 정치, 경제, 문화, 사회, 역사 안에서 하나님께서 어떤 메시지로 주셨는지를 이해하도록 돕는 것이다. 즉 성경의 1차 독자, 1차 수신자에게 어떤 말씀을 주셨는지를 해석하는 것이다. 둘째, 성경의 메시지와 기독교 전통을 통해서 체계화된 기독교교리(삼위일체 하나님, 창조, 인간, 죄, 십자가, 부활, 은혜, 믿음, 구원, 세례, 성찬, 교회, 종말 등)를 학습자들에게 자세히 알려주는 것이다. 셋째, 성경을 통해 말씀하신 하나님의 뜻을 이해하고, 그 뜻대로 현재의 삶을 살기 위해 노력할 수 있도록 도와주는 것이다.

카테키시스에 대한 강조는 현재 코로나19로 인해 이단의 민낯이 세상에 드러난 상황에서 성도들이 더이상 이단에 현혹되고 빠지지 않게 하기 위해 그리고 이단에 있던 자들이 빠져나와서 정통 교회에 잘 정착할 수 있도록 돕기 위해 기독교교육이 나아가야 할 방향이다.

3. 디아코니아 이론

마리아 해리스(Maria Harris)는 초기 기독교로부터 내려온 목회적 소명의 하나로 "디아코니아"를 언급한다. 마리아 해리스(Maria Harris)는 디아코니아를 "공동체의 모든 범위의 섬김과 봉사활동을 지칭한다"고 주장한다(Harris, 1997, 176). 그렇기 때문에 디아코니아는 교회 공동체 안과 교회 공동체 밖의 섬김과 봉사활동을 모두 포괄하고, 공적 영역과 사적 영역 모두를 포괄한다. 디아코니아는 "약자를 위해 봉사하는 것이지만 하나님 백성의 삶의 태도이며 하나님 나라를 건설하기 위한 신자의 사회책임이다"(이금만, 2002, 220). 이를 통해 우리가 소속된 "공동체의 안위와 이익, 행복"이 이루어지게 되고, "공동체의 선"을 바라보게 된다(김정희, 2019, 125).

디아코니아에 대한 성경적 근거 몇 가지는 다음과 같다. 성경에서는 디아코니아의 구체적인 표현으로 가진 것 나눔, "손님에 대한 호의, 식탁 봉사, 가난한 사람 구제" 등으로 나온다(이금만, 2002, 216). 첫 번째, 사도행전 4장 34-35절이다. 초대 기독교 공동체에는 자신이 가진 것을 내어서 서로 섬기며 살았기 때문에 박해 시기에도 굳건하게 버틸 수 있었다. 두 번째, 히브리서 13장 1-2절이다. 사랑의 구체적인 실천의 모습은 도움의 손길이 필요한 사람들을 대접하는 것이다. 세 번째, 마태복음 25장 40절이다. 지극히 작은 자, 우리 주변의 사회적 약자에게 베푸는 것이 예수님께 베푸는 것이 되는 것만큼 중요한 것이다. 하나님 사랑과 이웃 사랑이 연결되어 있음을 드러내 주시는 말씀이다. 네 번째, 신명기 24장 19-21절이다. 구약 율법에는 약자보호법이 나온다. 하나님께서는 사회적 약자를 보호하시고, 그들을 위해 자비를 베풀 것을 말씀하신다. 다섯 번째, 마태복음 20장 28절이다. 예수님은 이 세상에 우리를 섬기러 오신 분이시다. 크리스천은 예수님을 본받아 힘들고 약한 자들을 섬기는 자이다.

디아코니아의 원리에서 중요한 것은 첫째, "긍휼히 여기는 마음"이다(Harris, 1997, 179). 긍휼히 여기는 마음이 있다는 것은 "함께 고통에 동참하는 마음, 고통을 함께 나누는 마음"이 있는 것이다(Harris, 1997,

180). 둘째, 겸손한 마음이다. 빌립보서 2장 3절의 말씀처럼 오직 겸손한 마음으로 각각 자기보다 남을 낫게 여기는 마음이다. 다른 사람을 나보다 낫게 여기고, 세우고 존중하는 마음이 있을 때 진정한 디아코니아가 이루어질 수 있다(최성훈, 2014, 431). 셋째, "삶을 통한 실천"이다. 예수님께서 제자들을 발을 씻겨주시면서 섬김을 삶 속에서 실천하신 것처럼 디아코니아에 있어서는 삶을 통한, 삶 속에서의 실천이 강조되어야 한다(최성훈, 2014, 431).

디아코니아의 영역은 첫째, "사회적 돌봄"이다. 사회적 돌봄은 사회적 약자를 품고 그들을 수용하고 섬기는 것이다. 둘째, "사회적 의식"이다. 사회적 의식은 사회적 돌봄이 시행될 수 있도록 기도하는 의식, 사회적 돌봄에 적대적인 행동에 대해 항의하는 행진이나 사회적 돌봄을 위한 캠페인이나 퍼레이드 등을 시행하는 것이다. 셋째, "사회적 능력부여"이다. 사회적 능력 부여는 사회적 약자를 도와주는 것을 뛰어넘어 그들이 다른 사람에게 의존하지 않고 스스로 자립할 수 있도록 도와주는 것이다. 넷째, "사회적 입법"이다. 사회적 입법은 사회적 약자를 제도적으로, 시스템적으로 도와주고, 사회적 약자가 나오는 사회 구조적인 모순을 해결하기 위해 입법 활동을 추진하는 것이다(Harris, 1997, 180-189).

디아코니아 이론은 코로나19로 인해 힘들어하고 있는 많은 사람을 구체적으로 돕기 위해, 더 나아가 교회가 사회적 약자를 돌보며 생명 살리는 일에 앞장서기 위한 방향으로 나아가기 위해 기독교교육의 중요한 기반이 되어야 한다.

III. 코로나19 시기 이후의 기독교교육의 방향

위에서 살펴본 "아가페적 만남의 이론"에 근거해서 자연환경과의 만남을 강조하는 기독교교육, 가족 구성원 간의 만남을 강조하는 기독교교육, 세계 시민 간의 만남을 강조하는 기독교교육, 온라인을 통한 만남을 중시하는 기독교교육을 코로나19 시기 이후의 기독교교육의 방향으로 제시했다. 그리고 "카테키시스 이론"에 근거해서 이단의 공격에 대응하는 기독교교육을 기독교교육의 방향으로 제시했고, 마지막으로 "디아코니아 이론"에 근거해서 사회를 위한 봉사와 섬김의 기독교교육과 데이터를 기반으로 한 섬김의 기독교교육을 우리가 나아가야 할 기독교교육의 방향으로 제시했다.

1. 자연환경과의 만남을 강조하는 기독교교육

서울대학교 의과대학 홍윤철 교수는 "팬데믹"이라는 책에서 "무서운 전염병들은 세균이나 바이러스가 사람을 공격했다기보다는 사람이 세균의 생태계를 교란한 후 사람과 병원균 사이에 새로운 생태학적 균형을 찾아가는 과정에서 벌어진 일"이었다고 강조한다(홍윤철, 2020, 31). 구체적으로 "인간의 이동과 교류, 농경지의 개간, 벌목 등 인간의 활동에 의한 생태학적 균형의 교란이 세균이나 바이러스에 의한 감염성 질환의 근원적인 이유"라는 것이다(홍윤철, 2020, 32). 인간이 이기적인 목적을 위해서 자연환경을 변화시키면, 자연환경은 "새로운 적응과 균형 상태로 가기 위한 여정을 거치는데, 그것이 바로 질병으로 나타난다는 것이다"(홍윤철, 2020, 41).

결국 코로나19와 같은 감염병의 원죄는 인간의 욕심에서 비롯된 것이다. 자연을 "나와 너"의 관계로 보는 것이 아니라, 인간을 위한 이용의 대상인 "나와 그것"의 관계로 보았기 때문에 인간이 치러야 하는 무서운 대가가 발생한 것이다.

이제 생태신학적 관점을 가지고 "나와 너"의 관계로 자연환경과의 만남을 강조하는 기독교교육이 이루어져야 한다. 자연환경은 하나님께서 만드신 작품이고, 창세기 1장 28절에 인간에게 자연을 아름답게 잘 관리할 것을 명령하셨다. "하나님이 그들에게 복을 주시며 하나님이 그들에게 이르시되 생육하고 번성하여 땅에 충만하라, 땅을 정복하라, 바다의 물고기와 하늘의 새와 땅에 움직이는 모든 생물을 다스리라 하시니라", "다스리라"를 인간이 원하는 대로 자연을 마음껏 사용하고 훼손하는 것으로 잘못 이해하면 안되고, 사랑하고 관리하고 자연과 상생해야 함을 깨달아야 한다. 하나님께서는 자연과의 평화를 원하신다. 종말론적 비전 속에서 하나님의 세계는 인간과 자연 사이에 평화가 이루어진 세계이다.

구체적으로 교회 안에서 생태신학적 관점에서 환경 교육, 성경 교육이 이루어져야 하고, 교회 안에서 자연환경을 보호하기 위한 구체적인 캠페인을 시작하고 구체적인 실천 사항을 지켜가는 가운데 자연을 보호하는 일이 얼마나 중요한 일인지를 성도들이 깨닫게 해야 한다. 구체적인 실천 사항으로는 음식물 쓰레기 줄이기, 일회용품 사용 금지, 플라스틱 사용 줄이기, 재생지 사용하기, 자전거 타고 교회 오기, 에너지 절약을 위해 태양광 지붕 설치하기, 환경 주일 지키기 등이 있다.

2. 가족 구성원 간의 만남을 강조하는 기독교교육

코로나19로 말미암아 현장 예배가 힘들어지고 온라인 예배가 일상화되면서 목회자와 교사들에 의해 이루어지는 교회 안에서의 신앙교육보다 부모에 의해 이루어지는 가정 안에서의 신앙교육이 더더욱 중요하게 되었다. 더욱이 자녀들의 경우는 집에서 온라인 수업을 듣게 되고, 부모의 일터 현장의 경우에도 100% 재택근무하는 회사, 탄력적 재택근무하는 회사, 한 달에 반만 출근하는 회사가 많아짐에 따라 가정 안에서 아빠, 엄마, 자녀가 함께하는 시간이 많아지게 되었다. 이것은 신앙교육의 측면에서는 기회가 될 수 있다. 물론 부모와 자녀가 함께 모여서 온라인 예배를 드리고, 가정예배를 드리고, 신앙에 대한 이야기를 나누다 보면 서로의 생각과 신앙의 기준과 태도가 다르기 때문에 갈등할 수도 있지만, 부모의 노력에 따라 충분히 긍정적인 교육의 효과를 가져올 수 있다. "한국기독교목회자협의회와 한국기독교언론포럼 등은 지앤컴러서치-목회데이터연구소에 의뢰해 지난 2020년 4월 2일부터 6일까지 5일간 전국 만 18세 이상 남녀 개신교인을 대상으로 '코로나19로 인한 한국교회 영향도 조사'를 실시"했는데, 온라인 예배를 드린 사람을 대상으로 온라인 예배의 긍정적인 요인을 조사한 결과 응답자의 "90.4%가 '가족과 함께 예배를 드려서 좋았다'"고 답했다(이인창, 2020. 4. 13).

이제는 교회와 가정이 실제로 연계해서 기독교교육을 시행할 때가 왔다. "교회만이 신앙교육의 주체라는 인식의 전환과 맞물려 가정을 신앙교육의 현장으로 인식"해야 하는 것이다(신승범, 2016, 298). 부모가 자녀의 신앙교육에 가장 중요한 존재가 되어 신앙의 멘토 역할을 온전히 감당해야 한다. 부모는 가정 안에서 자녀를 대할 때 나의 소유물이 아니라, "나와 너"의 인격적인 관계, 상호 존중하는 관계로 만나야 한다. "나와 너"의 인격적인 관계가 전제되지 않으면 강압적인 교육, 율법주의적 교육이 되고 만다. 이러한 교육이 진행되면 우리 자녀들에게 신앙이 바르게 전수될 수 없고, 우리 자녀들은 사랑의 하나님을 온전히 만날 수 없게 된다. 가정 안에서 부모는 하나님 앞에서 자신의 불완전함을 깨닫고 겸손함을 가져야 한다. 그리고 자녀를 인격적으로 존중하는 가운데 신앙교육의 역할을 감당하므로 말미암아 부모와 자녀 모두 하나님 앞에서 성장하고 에베소서 4장 15절의 말씀처럼 예수 그리스도께까지 지속으로 자라가야 한다.

3. 세계 시민 간의 만남을 강조하는 기독교교육

코로나19 사태는 세계가 하나임을 보여준 사건이다. 세계화가 이미 이루어진 지구촌의 환경 속에서 코로나는 급속도로 전 세계에 퍼지게 된 것이다. 세계는 하나이다. 그러나 이러한 위기의 상황 속에서 많은 국가는 바이러스 확신을 막기 위해 자국 문을 꼭꼭 걸어 잠그는 노력을 했다. 세계 경제 1, 2위 국가인 미국와 중국은 코로나19 관련 이슈로 서로의 힘을 과시하며 갈등하고 있다. 사회학자들은 코로나19로 말미암아 세계화는 역행해서 "배타적 민족주의, 극우적 포퓰리즘"의 시대가 될 것이라고 걱정스럽게 예측하고 있다(임진희, 2020. 5. 15). 세계화에 역행하는 폐쇄적 경제가 강대국 중심으로 진행되면 사슬같이 연결되어 있는 세계 각국의 제조산업은 큰 타격을 입게 되고, 세계 경제는 예측할 수 없을 정도로 혼란하게 될 것이다(임진희, 2020.5.15).

코로나19의 근본적인 해결을 위해 백신, 치료제를 개발하고, 세계 경제를 정상궤도로 올려놓기 위해서는 세계는 서로 협력해야 한다. 막대한 예산이 들어가는 백신 개발은 경제적으로 부유한 선진국에서나 가능하고, 가난한 국가에서는 불가능하다. 백신이 개발되어도 자국민 우선주의가 된다면, 선진국에 사는 국민만 혜택을 보게 될 위험성이 있다. 그렇기에 백신을 개발해서 전 세계 공공재로 쓰기 위한 목표를 세워야 하고, 세계가 힘과 지혜를 함께 모아서 백신을 개발해야 한다.

베스트셀러 『사피엔스』의 저자이자 이스라엘의 역사학자로 유명한 유발 하라리(Yuval Harari) 교수는 "코로나19가 팬데믹이 된 상황에서 인류는 국수주의적 고립과 글로벌 연대의 사이에서 선택해야 한다"고 말한다(한지연, 2020. 3. 21). 물론 유발 하라리는 글로벌 연대를 선택해야 한다는 답을 말하고 있다. 글로벌 연대는 지구가 하나의 마을이라는 '지구촌'이라는 개념을 받아들이고 전 세계에 있는 사람들은 우리의 이웃이라는 글로벌 시민의식을 가지고 있을 때 가능하다. 세계 시민 간에는 서로 연결되어 있다는 정신적 만남의 연대 그리고 세계 시민들과 소통하고 교류하는 실제적 만남의 연대를 위한 기독교교육이 이루어져야 한다. 이를 위해 구체적으로 기독교교육 안에서 평등을 지향하는 복음 교육이 이루어져야 한다. 갈라디아서 3장 28절을 보면, "너희는 유대인이나 헬라인이나 종이나 자유인이나 남자나 여자나 다 그리스도 예수 안에서 하나이니라"고 나와 있다. 평등을 지향하는 복음 교육의 핵심 구절이 될 수 있다. 예수님 안에서 전 세계인은 동등하고 서로 존중받아야 하며, 복음 안에서 "나와 너"의 인격적인 관계로 하나가 될 수 있다는 정신적 만남의 교육이 이루어져야 하는 것이다. 그리고 우리나라에 거주하고 있는 다문화 사람들("외국인이 한국으로 결혼이민이나 취업 그리고 북한 주민으로 탈북을 하여 대한민국에 정착한 모든 자들")과 지속적으로 "나와 너"의 관계로 만나서 예수님의 사랑을 나누는 실천적 만남의 교육이 이루어져야 하는 것이다(박미라, 2011, 244).

4. 온라인을 통한 만남을 중시하는 기독교교육

4차산업혁명 시대의 중요한 키워드 중의 하나는 바로 온라인이다. 이번 코로나19 위기가 원하든 원치 않든 4차산업혁명 시대를 더욱 앞당기고 있다. 그 이유는 온라인 사회가 가속화되었기 때문이다. 온라인 예배가 진행되면서 각 교회마다 촬영 및 영상 시스템을 갖추고, 예배를 실시간 혹은 녹화 중계를 하고 있다. 이러한 상황 가운데 목회자는 설교를 준비하는 것 이상으로 설교를 온라인에 올리기 위해 편집하는 것에 더 많은 에너지와 시간을 투자하고 있다. 다음 세대의 경우는 내용과 형식 중 형식을 우선시하는 경향이 있다. 형식이 자신들의 문화와 기호에 맞아야 내용을 받아들이는 세대이기 때문이다. 즉, 목회자 설교의 경우 설교의 내용보다 설교를 담는 그릇인 전달의 형식을 우선시한다는 것이다. 이 형식이 자신들의 문화와 기호에 맞아야 내용을 집중해서 보게 된다는 것이다 즉, 다음 세대의 아이들은 설교 영상의 형식적인 측면(편집이 잘 되었는지, 영상 화질이 좋은지, 다양한 이미지나 자막, 부연 자료가 영상 가운데 나오는지 등)을 따지게 되고, 이것이 자신들의 문화의 수준과 기호에 맞으면 설교의 내용을 보게 된다는 것이다. 이제는 온라인을 통해서 내용보다 형식이 우선인 다음 세대들의 눈높이를 맞춰야 하는 시대가 도래하게 된 것이다. 그래서 온라인이라는 형식을 온라인설교뿐만 아니라, 공과 교육에도 전문적으로 사용할 수 있는 노하우와 전문성을 갖추어야 한다. 유튜브와 같은 온라인 플랫폼을 통해 주중 큐티 영상을 제공해주어야 하고, ZOOM과 같은 온라인 프로그램을 통해 아이들과 쌍방향적인 온라인 소통을 해야 한다. 즉 온라인을 통한 만남을 중시하는 기독교교육이 되어야 한다. 온라인 사용을 단지 편리하고자 혹은 오프라인으로 할 수 없는 상황이어서 형식적으로라도 하려고 한다면 잘못된 온라인 사용이다. 기독교교육에서 강조해야 하는 온라인에 대한 입장은 온라인도 중요한 기독교교육의 장이며, 온라인을 통한 예배와 교육에도 하나님과의 진정한 만남, 목회자와 교사와 학생 사이의 따뜻한 만남, 학생들 사이의 친밀한 만남이 이루어질 수 있다는 것이다.

이처럼 온라인을 통한 만남을 중시하는 기독교교육을 준비하기 위해 목회자가, 교사가 "디지털 리터러시"를 가지고 있어야 한다. "디지털 리터러시"는 "디지털 시대에 필수적으로 요구되는 정보 이해 및 표현 능력. 디지털 기기를 활용하여 원하는 작업을 실행하고 필요한 정보를 얻을 수 있는 지식과 능력"인데, 이 능력을 목회자와 교사들이 갖추기 위해 목회자 교육이 필요하고, 많은 교회에서 의례적인 연례행사로 해 오는 교사 교육의 주제를 "디지털 리터러시"에 대한 주제로 파격적으로 바꾸어야 한다(네이버 사전, 2020). 이제는 교육 내용, 교육 커리큘럼에 관한 주제보다는 영상 촬영과 편집기술, 유튜브 안에서의 PPT 활용, 다양한 온라인 플랫폼 활용법과 같은 교육의 형식적인 부분에 관한 교사 교육이 이루어져야 한다. 온라인을 통해 예배에 관심 없는 아이들, 공과교육에 집중하지 않는 아이들의 눈높이를 맞춰서 신앙에 흥미를 가질 수 있도록 도울 수 있는 기회가 찾아온 것이다.

5. 이단의 공격에 대응하는 기독교교육

코로나19가 우리나라에서 급속도로 번지게 된 계기는 31번 확진자의 신천지예수교 증거장막성전 다대오지파 대구교회 예배에 출석한 이후부터였다. 이 예배에 참석했던 신천지 교인을 중심으로 확진자가 폭발적으로 증가했다. 더욱더 충격적인 사실은 이 신천지 대구교회 예배에 전국에서 모여들어 함께 예배를 드렸다는 사실이다. 신천지를 통한 코로나19의 확산으로 말미암아 신천지의 실체가 드러났다. 놀라운 것은 신천지 교인이 전국 곳곳에, 우리나라 곳곳에 스며들어 있었다는 사실이고, 신천지가 소유하고 있는 건물이 놀라울 정도로 많이 있었다는 것이다. 신천지 측에서 정부에 제출한 신천지 교인 숫자는 무려 "24만 5천 605명(국내 21만 2천 324명, 해외 3만 3천 281명)"이나 되고, 교육생은 "6만 5천 127명(국내 5만 4천 176명, 해외 1만 951명)"이나 된다(홍준헌, 2020.2.28). 뉴시스에서 종말론사무소 윤 소장을 인터뷰한 내용에 의하면, 신천지 건물은 전국에 "1529개(성전 72개소, 교육생들을 교육하는 선교센터 306개소, 사무실 103개소, 기타 1048개소)"나 된다(남정현, 2020.2.27).

너무나 많은 사람이 신천지에 빠져 있다는 사실이다. 신천지뿐만 아니라 많은 이단의 유혹에 기존 성도들이 위협을 받고 있다. 이러한 상황 가운데 필요한 기독교교육은 카테키시스 교육이다. 한국교회는 예배 안에서의 설교, 큐티식 성경공부, 개인 경건 위주의 기도를 통한 신앙교육은 강조해 왔지만, 정작 신앙의 뿌리가 되는 교리 교육은 소홀히 해 왔다. 카테키시스 교육을 통해서 성경의 중심 메시지를 이해할 수 있고, 기독 교회가 현재까지 발전되어 온 역사와 지켜온 전통을 알 수 있고,

그 안에서 기독교인으로서 정체성을 깨달을 수 있다. 카테키시스 교육은 딱딱한 것이 아니라, 우리의 신앙과 믿음의 중요한 근거가 되는 복음의 체계적인 교육이 핵심적인 교육이기 때문에 기독교교육에서 반드시 강조가 되어야 한다. 지금과 같이 이단이 득세하고 있는 시대 속에서는 카테키시스 교육은 아무리 강조해도 지나침이 없다. 각 교단은 카테키시스에 기반을 둔 명확한 내용의 교재를 연령대별로 만들고, 모든 교인이 참여할 수 있게 해야 한다. 또한 교회 안에서는 철저한 성경 공부가 진행되어야 한다. 현재의 우리 삶에 적용을 위한 큐티식 성경 공부가 아니라, 성경이 쓰였을 당시의 역사, 문화, 사회적 배경 속에서 누구에게 어떤 의미로 메시지를 주셨는지를 찾아내는 성경 공부가 진행되어야 한다. 이러한 성경 공부가 진행되지 않았기 때문에 많은 교회 성도가 성경을 많이 읽어도 그 중심내용을 모르는 것이고, 신실한 성도들이 성경 자체를 알고 싶은 갈급함을 가지고 살다가 성경을 체계적으로 가르쳐준다는 이단의 유혹에 넘어가는 것이다.

6. 사회를 위한 봉사와 섬김의 기독교교육

코로나19 위기 가운데서 가장 수고하고 고생한 분들은 바로 의료계에서 종사하는 분들이고, 확진자들을 병원으로 이송하는 구급대원들, 질병관리본부 공무원들, 감염의 위험을 없애기 위해 현장을 누비며 관리 감독하는 공무원들일 것이다. 이들은 코로나19 바이러스 감염의 위험이 가장 큰 곳에서 봉사하면서 코로나19 위기로부터 사람들을 지키기 위해 고분분투하고 있다. 이들의 봉사와 희생의 모습은 바로 크리스천들이 삶 속에서, 사회 안에서 보여야 하는 모습이다.

코로나19 위기를 겪으면서 봉사와 섬김의 실천 교육이 기독교교육에서 구체적으로 이루어져야 함을 깨닫는다. 봉사와 섬김은 가까운 곳에서부터 시작된다. 교회 안의 전 구성원이 교회 안의 모든 분야에 1인 1봉사가 이루어져야 한다. 1인 1봉사의 필요성을 교육하며, 1인 1봉사 영역을 효율적으로 분배하고, 효과적으로 시행하는 시스템이 마련되어야 한다. 그리고 교회 밖 봉사와 섬김이 이루어져야 한다. 교회가 위치하고 있는 지역에 소외되고 힘들고 어렵고 아픈 자들을 찾아서 정기적으로 봉사하고 섬기는 훈련을 해야 한다. 봉사하고 섬겨야 하는 대상은 주민센터나 구청을 찾아가면 찾을 수 있다. 봉사와 섬김은 이벤트가 되어서는 안 된다. 이벤트가 되지 않으려면 정기적으로 이루어져야 한다. 이 밖에도 지방의 미자립교회를 돕는 것을 뛰어넘어 미자립교회가 위치하고 있는 지역에 1박 2일, 2박 3일, 3박 4일 봉사수련회를 진행함으로 말미암아 집중적으로 봉사를 실천하는 교육의 기회를 성도들에게 제공해주어야 한다.

7. 데이터를 기반으로 한 섬김의 기독교교육

4차산업혁명 시대의 중요한 키워드 중에 하나는 빅데이터이다. 빅데이터는 문자 그대로 방대한 데이터를 의미한다. 코로나19 확진자의 동선을 파악하는 데 있어서도 중요한 역할을 하는 것이 바로 빅데이터이다. 확진자의 이동 동선을 파악하는 데 있어 기본적으로는 본인의 진술을 토대로 하지만 정확도가 떨어지기 때문에 휴대전화 기지국에서 전파사용을 통해 수집된 데이터 그리고 휴대전화 위치추적을 통해 수집된 데이터를 통해서 이동 동선을 파악한다. 이것이 데이터의 힘이다. 방대한 데이터를 수집 및 체계적으로 분석하는 능력이 높으면 높을수록 확진자의 이동 동선을 정확히 파악할 수 있고, 확진자와 만난 대상들에게 코로나19 검사를 신속히 진행할 수 있게 해서 코로나19의 지역사회 감염을 막을 수 있게 된다. 4차산업혁명 시대를 주도하는 회사는 데이터를 수집, 저장, 관리, 분석, 활용, 제작하는 회사, 즉 데이터를 기반으로 하는 회사이다. 우리가 검색 엔진을 통해 가고 싶은 식당, 탐방하고 싶은 장소, 사고 싶은 물건, 관심 있는 인물 등을 검색한 데이터를 종합해서 데이터 기반 회사가 가지고 있다. 즉 우리에 대한 다양한 정보를 그 회사가 가지고 있는 것이다. 중요한 사람, 기관, 조직 등의 데이터를 가지고 있다는 것은 그 자체로 엄청난 권력이 되는 것이다. 이뿐만이 아니라 데이터를 활용하는 회사는 "그냥 단순히 컨베이어 벨트에서 소품종 상품을 대량으로 생산하지 않고, 빅데이터를 가지고 소비자의 니즈를 파악하고, 효율적이고 유연한 생산을 추구하게" 된다(최진기, 2019, 125). 이렇게 본다면, 방대한 데이터를 빅데이터로 정의하는 것에서 그치는 것이 아니라 "사람의 마음을 읽음으로써 인간 행동의 결과를 예측하고 그것을 기반으로 인간의 행위를 변화시키는 기술로" 빅데이터를 인문학적으로 정의해야 한다고 최진기는 주장한다(최진기, 2019, 126).

조직 안에서의 데이터의 종류에는 첫째, 조직 구성원의 인적 사항, 조직이 위치하고 있는 지역과 관련된 인구통계학적 데이터가 있고, 둘째, 조직 구성원이 조직 환경과 문화에 대해 어떻게 생각하고 인식하고 있는지를 보여주는 인식데이터가 있고, 셋째, 조직 구성원의 학습과 업무의 평가 결과에 대한 학습데이터가 있고, 넷째, 조직 구성원이 목표한 것을 이루기 위한 과정이 어떻게 되었는가를 보여주는 과정 데이터가 있다. 구체적으로 과정 데이터에는 목표한 것을 이루기 위해 시행한 다양한 프로그램과 활동, 전략, 투자 시간, 목표로 나아가는 과정에서의 구성원들 간의 관계 등에 대해 파악할 수 있는 데이터가 포함된다(김성중, 2019, 98-100).

이렇게 조직 안에서 정말 필요한 것이 데이터인데, 교회 안에서 수집되고 저장되고 관리되고 분석되고 활용되는 데이터의 수준은 어떠한가? 교회 안에 있는 데이터는 데이터의 종류 중에 가장 기본적인 인구통계학적 데이터 정도라고 판단된다. 즉, 교인들의 인적 사항 정보(사진, 주소, 연락처, 이메일, 생년월일, 직업, 가족관계 등)와 신앙생활 정보(세례 유무, 직분, 소속 남/여전도회, 심방 내역, 봉사 사항, 헌금 사항, 기도 제목 등)를 가지고 있는 것이다. 이 외에 교회가 위치하고 있는 지역과 관련된 정치, 경제, 문화에 대한 상황 등, 지역 주민들의 특징이나 기호, 관심, 어려움 등의 데이터도 인구통계학적인 데이터에 들어가는데 대다수 교회는 이러한 데이터를 가지고 있지 않다. 이 외에 인식데이터, 학습데이터는 거의 없고, 아주 적은 수의 과정데이터를 가지고 있다.

4차산업혁명을 경험하고 있는 시대를, 코로나19 위기를 경험하고 있는 시기를 지나면서 데이터가 얼마나 중요한지를 깨닫고, 인구통계학적 데이터, 인식데이터, 학습데이터, 과정데이터를 체계적으로 수집하고 저장하고 관리하고 분석하고 활용하는 노하우를 가지고 있어야 한다. 이를 위해서 목회자들을 대상으로 데이터에 대한 전문적인 교육이 이루어져야 하고, 교회에 데이터와 통계를 공부한 데이터 관리 전문 직원이 상주하고 있어야 한다. 그리고 교회학교의 경우에도 부장 교사들이 데이터에 대한 일정 수준의 지식을 갖출 수 있도록 정기적인 데이터 관련 교육이 이루어져야 하고, 교사교육이나 교사대학의 주제에도 데이터에 대한 주제가 있어야 한다. 그리고 교회 안에서 데이터를 중심으로 한 합리적인 행정이 이루어져야 한다. "행정"이라는 단어 안에는 "섬김"이라는 의미가 전제되어 있다(김성중, 2019, 9-11). 구성원들을 잘 섬기기 위해서는 구성원들이 이해하고 수용할 수 있도록 합리성을 갖춰야 하고, 이러한 섬김의 행정을 위한 도구는 반드시 객관적이며 종합적인 데이터가 되어야 하고, 이러한 행정이 이루어지는 가운데 기독교교육이 나아가야 한다.

IV. 나가는 말

사람들은 말한다. 이제 역사는 "BC(Before Covid19)와 AC(After Covid19)"로 나뉠 것이라고 말이다. 그만큼 코로나19는 강력하게 우리에게 찾아와 우리의 삶을 송두리째 바꿔놓고 있다. 이것은 비단 우리의 삶에만 해당되는 것이 아니다. 교회의 모습에 있어서도 코로나19 이후의 모습은 코로나19 이전의 모습과도 확연히 다를 것이다. 현장 예배를 드리지 않고, 온라인 예배를 드리는 경험을 할 줄 그 누가 예상했겠는가! 코로나19가 언제까지 지속할지 모르겠지만, 그 기간이 길어지면 길어질수록 더욱 그러할 것이다. 코로나19 시기를 지나는 동안 교회의 목회를 성찰한다면 온라인 예배에 집중한 나머지 교육적인 부분은 너무나도 소홀했다고 비판적으로 평가할 수밖에 없다. 더욱이 교육이 필수적인 교회학교의 경우에는 빠른 대안이 마련되어서 다음 세대를 위한 교육이 지속하여 이루어졌어야 했는데 그러하지 못했다. 게다가 코로나19 위기가 오기 전에 세웠던 2020년 상반기 계획을 하반기에 미뤄놓는 정도의 대처를 했는데, 2020년 하반기인 현재에도 코로나19는 진행 중이라 어떻게 해야할 지 몰라 갈팡질팡하고 있다. 이제 좀 더 적극적으로, 능동적으로 코로나19 상황에 맞는 기독교교육을 구상하고 하나 하나 실천으로 옮겨야 한다. 그리고 더 중요한 것은 코로나19 시기 이후에 우리의 생각과 고민이, 우리의 중요한 가치가, 우리의 삶의 모습이 바뀔 것은 자명하기 때문에 이러한 변화를 예측하면서 코로나19 시기 이후의 기독교교육을 준비하고 계획해야 한다. 올바른 방향을 가지고 철저하게 준비한다면 코로나19 시기 이후에 본질에 강조를 두지만 시대 상황에 맞는, 학습자 개개인의 눈높이에 맞는 기독교교육이 이루어질 수 있다고 확신한다.

포스트 코로나 시대, 교육목회의 성찰과
패러다임 전환

김영미(한남대학교)

I. 예기치 않게 찾아온 코로나19와 변화들

미래예측은 대체로 강력한 신기술의 등장과 그로 인해 사회와 경제가 어떻게 변할지 각종 분석으로 예상하는 것으로, 20세기 후반부터 미래의 발전을 예측하기 위해 현재의 경향을 연구하는 사회과학의 한 분야인 '미래학'(futurology, 未來學)이 발달하고 있다. 대표적인 학자는 다니엘 벨(Daniel Bell), 앨빈 토플러(Alvin Toffler), 존 나이스빗(John Naisbitt), 제러미 리프킨(Jeremy Rifkin), 제이미 메츨(Jamie Metzl) 등으로 볼 수 있다. 그런데 미래를 예측하는 것이 과연 가능한 일인가? 이에 대하여 미래학자들은 "미래를 예측하는 것은 불가능하다. 그러나 미래학은 미래에 일어날 가능성이 높은, 인류의 생존과 삶에 큰 영향을 미칠 여러 가지 가능성을 도출하고, 그 가능성에서 국가와 사회가 미리 준비해놓아야 할 대처방안들이 무엇인지 제시하는 것을 목적으로 삼는다"
라고 설명한다(최항섭 외 23인, 2008, 27-28). 이러한 미래연구 영역은
21세기 초반 한국 사회에도 영향을 미쳐 2003년부터 한국 정보통신정
책연구원에서는 한국과 국제사회에서 일어나고 있는 변화들에 대한 메
가트렌드(Megatrend) 연구를 20가지 영역별(ex: 신경제세력들의 등장,
양극화의 가속화, 디지털기술로 인한 인간능력의 진화, 경계의 소멸, 디지털 경
제패러다임의 등장, 신유목적 민주주의 출현, 정부의 유비쿼터스화, 미디어의
집중분산화, 아이코닉한[Iconic] 사회의 도래 등)로 제시하고, 기타 뉴미디어,
디지털 정보화, 커뮤니티 등의 내용으로 컨버전스(Convergence) 상황
이 도래한 한국의 미래사회 변화에 대한 거시적 추세를 포착하였다(최
항섭 외 23인, 2008, 34-48).

그런데 2019년 12월 이후 눈에 보이지도 않는 아주 작은 미지의 생
명체(코로나 바이러스감염증-19: COVID-19)가 전 세계를 멈추게 하는
미래가 올 것이라고는 어느 누구도 예측하지 못했다. 코로나19는 국경
과 종교, 인종 등을 구분하지 않고 조용하고 은밀하게 그리고 빠르게 확
산하며 인류의 생활방식을 위협하고, 공중보건 및 사회·경제 시스템의
탄력성을 시험하며, 전 세계를 팬데믹(Pandemic)으로 초래했다.

또한 코로나19로 인해 지구상의 많은 국가가 가늠할 수 없는 피해를
입었다. 2020년 9월 1일 기준, 코로나19 국외 발생 현황은, 확진자
25,633,194명, 격리해제자 17,938,980명, 사망자 854,747명으로 집
계되었고, 그 밖에 정치, 경제, 사회, 문화, 의료 등 사회 전반의 피해는
막대하다. 한국 사회 역시 코로나19 확산으로 인하여 2020년 9월 1일
기준, 확진자 20,182명, 격리해제자 15,198명, 사망자 324명의 코로나
19 현황이 집계됐다(질병관리본부, 2020). 이런 상황에 혹자는 "예기치

않게 찾아 온 불청객 탓에 인류가 신음한다"라고 언급하며, "미증유의 사태", "준전시의 상태"라고 언급하였다(최재천 외 6인, 2020, 7-50). 더불어 코로나19 사태가 장기화되면서 한국 사회 전반에서는 원격교육, 원격근무, 원격진료, 사회적 거리두기 등 비대면과 원격활동의 새로운 일상(New Normal)이 진행되고 있다. 이러한 상황에서 우리는 코로나19 이후(포스트 코로나, Post-Coronavirus World) 한국 사회 전반에 어떤 변화가 어떻게 발생할지 예측할 수 있을까? 미래학자들을 포함하여 많은 전문가들은(이도영, 2020, 20-27) 한국을 포함하여 전 세계가 기존의 일상으로 돌아가는 것은 요원하다라고 분석하고 있다.

이렇게 코로나19 상황은 정치, 경제, 사회, 문화, 의료, 교육, 종교 등 인류의 모든 삶을 새롭게 바꾸어 놓고 있다. 이런 상황에서 한국 교회 공동체도 예외 없이 코로나19와 마주하게 되었다. 교회 안에서도 발열체크 및 마스크 착용, 안전거리 지키기, 주일 현장 예배 중지, 공동모임 금지, 교회학교 비대면 예배, 드라이브 예배, 전자출입명부사용 등 교회 공동체는 신앙생활 팬데믹 상황을 맞이하게 되었다. 그렇다면 이 모든 상황을 직면하고 있는 한국교회는 과연 코로나19에 대하여 어떻게 반응하고, 어떤 성찰 과정을 보이고 있는가? 그리고 포스트 코로나 시대에 어떤 대안을 준비하고 있는가? 본고는 이러한 내용을 기독교교육적 시각으로 성도들이 살고 있는 삶의 자리(Sitz im Leben)를 정확히 분석하고 진단하며, 성도들의 진정한 필요(Real Needs)를 파악하여 채워주는 목회, 즉 '교육목회'(教育牧會)(김도일 외 13인, 2017, 20-21)를 통하여 제시하고자 한다.

II. 코로나19와 마주한 교육목회의 반응과 성찰

한국 교회공동체는 코로나19 이전부터 한국 사회의 화두로 떠오른 '4차 산업혁명'(The Fourth Industrial Revolution)과 '고령화 혁명' (Aging Revolution)으로 인한 다양한 변화와 위기를 맞이하여 여러 대안을 모색하고, 실행하고 있는 상황이다. 특별히 한국교회의 교육목회 현장은 이미 교육목회의 메가트렌드로 명명되는 교회의 신뢰성 추락, 세대 간 불균형 현상(저출산·고령화), 교회학교 인원 감소, 신앙공동체의 정체성혼란, 대형교회와 중소형교회·도시교회와 농촌교회의 양극화, 교회와 지역사회의 분리, 다문화사회 진입 및 대안 미비, 앎과 삶의 분리 현상 등으로 다음 세대에 대한 신앙의 대 잇기 희망이 요원해지며 교육 목회 전반에 걸쳐 새로운 방향 전환, 즉 패러다임 전환(Paradigm Shift) 이 제기되었다. 이런 상황에서 예기치 않은 코로나19를 마주한 한국교회 신앙공동체의 교육목회는 다시 한번 포스트 코로나 시대에 대응하는 패러다임 전환의 재요청을 받게 되었다. 본고에서는 먼저 코로나19를 직면한 교육목회의 반응과 성찰에 대한 부분들을 간략히 살펴보며, 신앙생활 팬데믹의 큰 파도를 넘어서 교회공동체가 회복되고 이후 다음세대의 신앙의 대 잇기에 핵심 역할로 자리매김할 교육목회 패러다임 전환 내용들을 살펴보고자 한다.

교육목회는 목회적 소명과 교육적 소명을 지닌 하나님의 백성들, 즉 성도들로 하여금 바람직한 그리스도인이 되도록 교회의 전 목회를 통해서 실현되는 교회의 한 기능이며, 이웃을 섬기고 봉사하는 목회 그 자체이다. 이러한 교육목회는 회중과 교회라는 신앙공동체를 근간으로하여 다양한 기독교교육의 장과 상호유기적 관계를 맺는 목회로 볼 수 있다

(박봉수, 2004, 135-187). 그런데 코로나19와 마주한 한국교회의 교육목회 현장은 갑작스러운 재난에 대한 기본 메뉴얼이 준비되지 않아 혼란 그 자체였으며, 변화에 대한 사회와의 소통부재, 생명존중과 진정한 이웃사랑의 부재로 인하여 외부적으로는 공교회성, 공공성 등 여러 부분에서 한국 사회의 지탄의 대상이 되었고, 내부적으로는 신앙공동체의 정체성 부재로 인하여 신학적 성찰에까지 이르게 되었다. 이에 대하여 한국 목회데이터연구소 주간리포트 〈넘버즈〉에서는 '한국인의 종교에 대한 인식 조사 결과'의 내용 "코로나19 이후 개신교인을 보는 일반 국민의 시선"을 '거리를 두고 싶은', '사기꾼 같은'이라는 부재와 함께 개신교에 대한 국민적 이미지가 하락했음을 제시하였다(목회데이터연구소, 2020). 그리고 대한예수교장로회(예장통합) 총회는 '코로나19 이후 한국교회'를 주제로 대토론회를 개최(cts25, 2020)하여 코로나19와 관련된 한국교회가 보여준 부끄러운 민낯을 제시하며 여러 대안과 성찰을 제시하였다. 이제 이러한 내용들을 토대로 변화를 예측할 수 없는 포스트 코로나 시대의 교육목회는 과연 어떠한 패러다임 전환을 시도해야 하는지 구체적으로 살펴보기로 한다.

III. 포스트 코로나 시대, 대응하는 교육목회의 패러다임 전환

1. 컨버전스 형태의 교육목회 전환

포스트 코로나 시대의 교육목회는 먼저 '컨버전스 형태의 교육목회'를 추구해야 한다. '컨버전스'(융합, 融合)는 제4 차 산업혁명과 더불어 경제, 과학 부분에서 주로 제시된 용어이며, '여러 기술이나 성능이 하나로 융합되거나 합쳐지는 일'로 정의되고 있다. 그러나 이 컨버전스는 단순한 융합이 아니라 인문, 과학, 기술, 문화 등 각각의 세분화된 학문들을 결합하고 통합할 뿐만 아니라 더 나아가 응용함으로써 새로운 분야를 창출하는 과정의 융합이라고 볼 수 있다(권호정 외 18인, 2016, 5-13). 또한 이러한 컨버전스는 이제 종교에도 그 영향을 미쳐 여러 학자는 이미 '컨버전스 교회'(Convergence Church) 형태에 대한 내용을 제기하기도 했다. 양금희는 디지털문화 시대 이후 유동적 네트워크를 통해 확대된 영적 신앙공동체는 교단이나 개교회를 뛰어넘어 광범위하게 나타나며, 인격적 관계를 형성할 수 있는 지역적이고 작은 교회들이 활성화될 수 있는 컨버전스 교회 내용을 제시하였다. 그리고 미래 한국교회는 정보통신 수단의 발달을 바탕으로 형성되는 '하나님나라 구현'의 과제를 직면하게 되기 때문에 전통적 의미의 인격적 관계의 신앙공동체와 지역사회와 연결되는 지역교회들을 살려야 하는 과제를 수행해야 한다고 주장하였다(양금희, 2014, 135-137).

또한 김효숙은 컨버전스 교회의 모델에 대한 내용을 '교육목회 플랫폼 설계'라는 명명하에 제시하였다. 김효숙은 제4차 산업혁명의 특징인 '초연결(Hyper-Connectivity)과 초지능(Super-Intelligence)'을 매개하고 활용하여, 서비스와 서비스가 만나고 기술과 기술이 만나 새로운 가치가 창출·확산되는 '플랫폼'(Platform)을 변화하는 환경 속에서 보다 효과적이고 효율적이며, 지속가능한 학습환경을 설계하고 실행할 수 있도록 교육공학적 관점의 학문과 융합하여 교육목회의 장을 플랫폼으로 제시한 것이다. 즉 4차 산업혁명이 초래할 변화를 경험하고 관찰할 수 있는 플랫폼에 대한 이해를 토대로 하여, 개교회에서 가장 보편적으로 활용하고 있는 커뮤니티 플랫폼(ex: 페이스북의 팬 페이지 활용)과 콘텐츠 플랫폼(유튜브와 비메오: Vimeo 활용)의 활용사례를 분석하고 그에 대한 장·단점을 보완하여, 제4차 산업혁명시대의 교육목회는 교회라는 한정된 공간과 주일이라는 한정된 시간을 넘어, 기술과 미디어를 활용하는 개인들과 온 회중이 참여하고 대화하며, 서로 소통, 환대, 참여, 연합할 수 있는 제3의 교육목회의 장을 가꾸어야한다는 새로운 시사점을 제기하였다(김효숙, 2017, 10-18).

이러한 컨버전스 교회와 플랫폼 설계에 대한 내용은 포스트 코로나 시대를 맞이하여 단순한 교육목회 차원이 아니라, 교육목회도 이제 전 지구적 스케일로 표현되며, 유동적 네트워크를 통해 교회공동체에 대한 비인격성의 부정적인 면들을 회복하고, 지역사회와 지역교회 등과 연대 및 공유함으로써, 개인과 공동체의 내면적·사회적, 양적·질적 성장도모, 신앙공동체의 정체성, 지역사회에 대한 교회의 신뢰성 회복 등에 새로운 대안을 줄 수 있는 교육목회의 방향 전환으로 볼 수 있다.

2, 공적 교회와 공공성 실천의 교육목회 전환

'공적 교회'(Public Church)는 '공동의 삶'(Common Life) 또는 '공적인 삶'(Public Life)에 대하여 책임감을 갖고, 여러 종파의 사적인 목적 또는 목표를 성취하는 차원을 넘어서서 공공의 선을 추구하는 사회 전체의 관심에 부합하는 교회공동체를 일컫는다. 이러한 공적교회는 개개인의 공적 신앙이 양육되고 일깨워지는 생태환경의 역할을 하며, 동시에 공적 신앙을 지닌 그리스도인들을 하나님의 봉사와 나눔에 참여하는 자들로서 세상의 변혁을 위하여 파송시키는 역할을 감당한다. 또한 '공공성'(公共性, Public Interest)은 사회 일반의 여러 사람 또는 여러 단체에 두루 관련되거나 영향을 미치는 성질이라고 정의한다(장신근, 2007, 52-57). 이렇게 공적교회와 공공성의 정의와 내용들을 통하여 교회공동체는 결국 공공성 실천과제를 부여받은 공적공동체임을 알 수 있다. 그러나 10여 년 전부터, 사회적 신뢰의 상실, 공교회성과 공공성의 상실과 더불어 미래 교육에 희망이 없으며, 상식이 통하지 않고, 교회의 자정 능력은 고갈되었다. 라고 한국교회, 특별히 개신교를 향한 비판의 목소리가 계속 제기되고 있다.

19세기 말부터 20세기에 걸쳐 역사의 아픔을 짊어지고, 수많은 민족 지도자들을 길러내며 조국의 광복과 근대화의 등불 역할을 감당했던 한국 개신교가 어쩌다가 이렇게 비기독인들의 비판과 경멸의 대상이 되었는가? 이것은 바로 한국교회 개신교에 대한 부정적인 인식들이 한국 사회에 만연해 있음을 알 수 있고, 개신교의 목회와 신앙생활의 바탕을 이루는 신학적 패러다임의 위기를 드러낸 것으로 볼 수 있다. 즉 한국 개신교가 제시하는 삶의 양식과 가치가 한국 사회와 그 구성원들이 갖고 있는 보편적 가치, 집합적 요구, 추구하는 삶의 양식과 큰 괴리가 있다는 것이다. 더불어 변화하는 사회의 욕구와 기대에 부합하는 새로운 방향성을 제시하지 못하고 있음을 의미한다. 이러한 내용들은 코로나19가 발생하기 이전 개신교가 직면한 위기의 내용들이다.

2020년 코로나19 확산 이후에는 개신교의 위기의 한계선이 무너졌다. 앞에서 언급한 한국 목회데이터연구소가 제시한 코로나19 이후 개신교인을 보는 일반 국민의 시선에 대한 내용, 즉 '거리를 두고 싶은', '사기꾼 같은', '이중적인', '배려가 없는'이라는 통계 반응은 포스트 코로나 시대에 개신교에 대한 사망선고와 같기 때문이다. 코로나19 확산을 대비하여 정부 정책에 협조하면서, 방역수칙을 지키며, 비대면 예배를 드리고, 마스크 착용과 사회적 안전거리 등을 준수하였음에도 불구하고, 그렇지 않은 일부 교회와 일부 개신교 성도들의 무분별한 엇박자 행동이 언론과 각종 SNS에 공개되며 한국 개신교는 공적교회와 공공성, 공적 사명 등 모든 부분에서 비기독인들에게 공적공동체로서 신뢰가 바닥으로 떨어진 것이다. 개신교는 더이상 세상의 빛과 소금도 아니며, 하나님 사랑과 이웃 사랑도 실천하지 못하는 교회공동체로 전락하게 된 것이다.

그렇다면 현재 한국교회 개신교와 세부적으로 교육목회는 어떤 대안을 준비하고 실천할 수 있는가? 여러 부분에서 연구하고 실천하고 있지만, 가장 먼저 한국교회의 생존과 존립이라는 초창기의 당면과제를 넘어서 이제는 세계화 시대의 사회적, 영적, 도덕적, 공적 책임과 역할을 감당할 수 있는 패러다임의 옷을 바꿔 입어야 한다(이학준, 2011, 19-39). 포스트 코로나 시대에 교육목회 역시 그 무엇보다도 더 깊은 신학적 성찰과 비판을 담아, 교육목회 전반에 걸쳐 공적교회와 공공성 실천의 패러다임 전환이 필요하다. 이는 코로나19로 인하여 지치고 고통 당한 이웃에게 위로와 소망을 줄 수 있는 섬김의 자세이며, 하나님을 사랑하고, 세상과 소통하고 세상과 함께하는, 세상을 섬기는 강도 만난 자의 이웃이 될 수 있는 가장 기본적인 실천이기 때문이다.

3. 다음 세대의 놀이터가 될 수 있는 교육목회로 전환

2016년 '알파고와 이세돌의 대결' 이후 한국 사회는 '혁명'(革命, Revolution)의 시대를 실감하게 되며, 특별히 제4차 산업혁명으로 인한 사회 전반에 제기될 다양한 변화와 문제들에 대하여 여러 대안을 모색하고 있다. 그러나 최근 4차 산업혁명보다 더 엄청난 속도로 진화하면서 새로운 사회, 새로운 시장, 새로운 생태계를 만들고 있는 '스마트 신인류'(Neo-Smart-Human)로 인하여 다시 한번 혁명의 시대를 실감하고 있다. 2011년부터 제기된 '포노 사피엔스'(Phono Sapiens: 지혜가 있는 폰을 쓰는 인간)라는 새로운 인류를 만나면서 또다시 놀라운 혁신에 휩싸이게 된 것이다(최재붕, 2019, 4-17). 그런데 포노 사피엔스의 중심은 우리 다음세대들이며, 스마트폰 사용에는 중독과 부작용이라는 부정적인 요소들이 있기 때문에 스마트폰 문명은 사실 우리에게 양날의 검과 같이 다가왔다. 이렇게 한국을 포함한 전 세계는 포노 사피엔스라는 신인류와 문명을 마주하며 빠른 속도로 변화를 맞이하게 되었는데, 이러한 상황에서 과연 교육목회의 한 분야인 교회학교 신앙교육에는 얼마만큼의 영향력이 미치고 있는 것일까? 코로나19를 마주하기 전까지 부모 세대들은 학업과 정서에 대한 여러 부작용 때문에 현실적으로 스마트폰 사용을 제재한다. 교회공동체의 교회학교에서도 마찬가지이다. 예배와 공과 등 신앙교육에 관련된 시간도 스마트폰 사용은 금지하고 있다. 그러나 이러한 상황은 코로나19가 발생하면서 전혀 예상치 못한 상황으로 바뀌게 되었다.

코로나19의 영향은 예외 없이 다음 세대 교회교육 전반에도 영향을 미쳤다. 대표적인 상황은 비대면 예배 또는 온라인 예배이다. 코로나19 재확산으로 어린이집부터 대학에 이르기까지 다음 세대의 학업의 장도 모두 멈추게 되었다. 그리고 본격적으로 비대면 수업이 진행되었다. 마찬가지로 1년 52주의 교회학교 과정이 2020년 2월부터 30주 이상 현장에서 진행되지 못하고, 심지어는 여름성경학교와 수련회까지 모두 취소되거나 비대면으로 진행하는 상황이 발생했다. 예배는 모여서 드려야 하고, 신앙교육은 만남의 교제를 통해 이루어진다는 믿음이 흔들리며, 비대면의 낯선 상황과 위기 앞에서 교사들과 부모, 아이들 그리고 교역자들은 모두 혼란스러운 상황과 마주하였다. 교회학교 또는 교회공동체의 모든 신앙교육은 자연스럽게 '교회'에서 '가정'으로 이동하게 되었다. 교회에서 가정으로 이동하게 된 가정 신앙교육의 상황은 어떠한가?

코로나19로 인하여 예배는 물론 교육 전반이 가정에서 진행되기 시작했다. 기존의 학년별 예배는 가정예배로 대체되고 또는 가정에서 SNS를 통하여 실시간 온라인 예배를 드리게 되었다. 교사들이 진행하던 공과교육 활동도 디지털전송 또는 직접 전달하여 부모교육이 이루어졌다. 상상하지 못한 방식이다. 기존의 아날로그 교육 방법이 디지털 기기(ex: 스마트폰, 노트북, 플랫폼 사이트, 기타 SNS)를 통해 디지털 교육 방법으로 진행하는 상황이 된 것이다. '손바닥 안의 작은 교실'이 현실에서 실행되고 있는 것이다. 위기의 상황 속에서 스마트폰 문명의 긍정 부분이 효과적으로 활용된 것이다. 다음은 가정과 교회에서 이루어지는 신앙교육에 영향을 미치는 시간을 점으로 이미지화한 교육 내용이다.

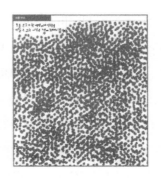

〈한 생명에 영향을 미칠 수 있는 교회와 가정의 영향력 시간표〉

코로나19로 인하여 현재 가정에서 신앙교육을 진행하고 있는 부모들은 낯설고, 현실적으로 많은 어려움이 있을 것이다. 그런데 레지 조이너(Reggie Joiner)는 보통교회가 한 생명에게 영향을 미칠 수 있는 시간은 1년에 40시간이며, 보통 부모가 한 생명에게 영향을 미칠 수 있는 시간은 1년에 3,000시간임을 제시하며, 어린이와 함께하는 모든 주간을 최고의 시간으로 만들어야 한다고 주장하였다. 또한 조이너는 포스트모던 사회에서 교회와 가정, 신앙의 회복과 재건(ex: 가정의 재활성화와 교회공동체 강화)을 위해, 'Think Orange'라는 교육목회 패러다임 전환을 시도하여 다음세대에게 영향을 미치는 교육목회 프로그램을 제시하였다(Joiner, 2011, 147-164). 조이너의 이러한 교육모형은 포스트 코로나 시대에 한국교회의 교육목회와 교회교육에 모델이 될 수 있는 선한 영향력으로 볼 수 있다.

이러한 내용을 통하여 우리는 교회교육 역시 새로운 변화, 새로운 방법으로의 전환이 필요함을 깨닫게 된다. 더불어 포스트 코로나 시대에 이제 교회교육 또는 다음 세대의 신앙교육도 다시 한번 점검할 사항들과 마주한 것이다. 즉 자국 중심에서 다문화국가다문화사회 중심으로, 개교회 중심에서 연합교회 중심으로, 교회 중심에서 가정 중심으로, 교역자 중심에서 부모 중심으로, 관객 중심에서 참여·체험 중심으로, 성장 중심에서 성숙 중심으로, 학년·학교 시스템에서 지역사회·지역거점 통합시스템으로, 형식 중심에서 바른 신학과 성찰 중심으로, 일반교육에서 간 세대 교육으로, 주일 중심에서 일상 중심으로의 패러다임 전환에 직면한 것이다. 많은 시행착오와 불편함, 갈등 등의 상황도 있지만, 반대로 가정 신앙공동체 회복, 신앙공동체의 정체성 회복, 일상에서의 영성회복, 공적사명 실천, 교육생태계 회복 등 긍정적인 영향으로 더 변화되고 회복되는 교회의 모습을 우리의 다음세대들이 목도하게 된다면 포스트 코로나 시대에 다음세대들은 반드시 자신들이 놀던 신앙의 놀이터로 돌아올 것이다. 이는 기독교교육이 추구하는 최상의 교육의 장의 모습이기도하다.

IV. 포스트 코로나 시대, 교육목회 회복을 꿈꾸며

코로나19로 인한 위기와 변화는 그 누구도 예측할 수 없다. 때문에, 현재 한국교회의 지도자들 및 모든 교회공동체 구성원들은 이전보다 더 교회와 교육목회 활성화를 위한 다양한 대안들을 연구하고 모색해야 할 것이다. 야곱이 이스라엘로 변화된 것처럼 우리도 코로나19라는 문제와 처절히 씨름하면서 새롭게 변화되어야 한다. '하나님, 도대체 왜 이러세요?' 가 아닌 '하나님, 하나님은 어떤 분이신가요?' '하나님, 우리가 무엇을 해야하나요?'라는 신학적 질문을 통해 그리스도인의 정체성 회복에 한 걸음 나아가고, 여러 교육목회에 대한 패러다임 전환을 통해 실천적인 성찰에 이르러야 할 것이다. 또한 예측이 안 되는 위기의 상황에서 우리가 미래를 대하는 방식은 '결단'이다. 삶의 자리와 소속된 공동체에서 어떤 가치가 중요한지? 다음세대를 위해서 어떤 밑그림을 그려야하는지? 우리는 먼저 컨버전스 형태의 교육목회 전환, 공적교회와 공공성실천의 교육목회 전환, 다음세대의 놀이터가 될 수 있는 교육목회로의 전환을 통해 이제부터 결단하고 진정성 있게 실천해야 할 것이다. 결국 미래는 예측하는 것이 아니라 함께 만들어가는 것이다. 한국교회는 이제 세상의 목소리에 더 귀 기울이며 경청하고, 나누고 섬기며, '타자를 위한 교회'를 뛰어넘어 '타자와 함께하는 교회'를 지향하며 보다 적극적으로 세상과 연대해야 할 것이다. 그 속에서 우리는 '함께 존재하고 (being with others), 함께 실천하고(doing with others), 함께 소망하는(hoping to pray with others)' 하나님께서 기뻐하시는 교육목회의 회복을 꿈꿀 수 있을 것이다.

코로나19와 기독교 생태교육
— 교회 환경 교육을 중심으로

김도일(장로회신학대학교)

조은하(목원대학교)

여는 말

인류가 신음하고 있다. 예기치 못하게 찾아온 코로나로 인한 고통과 죽음의 그림자는 생각보다도 강렬했다. 피할 수 없는 고통에 신음하였고, 대비하지 못한 죽음을 맞이하여야 했으며 예전과 다른 형태로 일상을 재구조화해야 했다. 코로나는 우리 사회의 경제, 문화, 교육, 의료뿐 아니라 모든 일상의 모든 측면에 변화를 요구했다. 역사상 유례없는 인류의 자연 침범은 바이러스가 최전성기를 누릴 수 있는 기회를 제공했다. 지구의 온난화, 공기오염, 수질과 녹지 파괴 등은 환경 파괴에 대한 당연한 결과였고 이와 더불어 대비치 못한 바이러스가 전 지구를 강타한 것이다. 코로나19 앞에서 우리는 삶의 전반적인 부분을 성찰해야 한다. 인간 중심의 욕망으로 자연을 파괴한 것을 반성하고 회복시키고자 하는 생태적 노력에 힘을 기울여야 한다. 이를 위하여 환경 교육에 대한 관심을 적극적으로 기울여야 하며 교회는 창조신앙 복원의 차원에서도 환경 교육에 대한 관심을 가지고 적극적으로 앞장서야 하는 교육적 과제를 가지고 있다.

I. 왜 교회에서 환경 교육을 해야 하는가

지구 생존의 위기를 알리는 환경 위기 시계가 위험 수준에 가깝다. 2018년 발표된 지구 위험시기는 9시 47분이며 12시가 되면 인간은 지구 위에서 생존할 수 없게 된다. 우리에게 남은 시간이 많지 않았다.

펜실바니아 주립 대학(Penn State University)의 환경공학자 마이클 맨(Michael Mann) 교수는 "지구 온난화가 이제 실시간으로 우리를 위협하고 있다"고 말하면서 "지구 온난화가 지구의 환경을 엄청난 속도로 환경을 파괴하고 때문에 이를 막기 위해 지금이라도 온실가스 배출을 억제하는 시도는 매우 절실하다"고 역설하였다.[1] 대한민국은 경제적으로 빠른 성장을 경험하였지만 그에 따른 환경의 파괴에 대한 대가는 오늘날 일상의 현상으로 나타나고 있다. 만일 지구 전체의 인구가 100

〈그림 1〉 지구 환경위기 시계, 종료 시간 12시에 가까울수록 위험함(환경포커스, 2018)

명의 한 마을이라면 0.7명은 한국인이다. 그런데 그 0.7명이 배출하는 이산화탄소는 100명이 배출하는 이산화탄소 평균의 1.8명분이다. 이런 가정 하에 일본인은 100명 중 2명이다. 그 2명이 배출하는 이산화탄소는 100명이 배출하는 이산화탄소 평균의 5인분이다(이케다 가요코 池田香代子, 2018, 28-29). 이러한 환경위기는 인류의 공생 공멸의 중요한 원인이 된다. 지속 가능한 발전과 생존이 가능한 나라, 다함께 잘 살고 다음세대가 더욱 건강하게 살아갈 수 있는 나라가 되기 위하여 환경 교육은 필수적인 요소이다.

환경 교육의 기초를 제공한 UNESCO의 정의(1970년)에 의하면 환경 교육은 "환경의 질(quality)에 관한 의사결정과 행동을 스스로 결정하고 선택하여 공식화하는 것이며 생물학적 환경과 인간, 사회와 문화의 상호연관성을 인식하고 이해하는데 필요한 태도와 기술을 개발하고 가치를 인지하고 개념을 명확히 하는 과정"이다.[2] 이것은 상호 연결되어 있고 서로 영향을 주고받는 생태계의 구조를 이해하고 공존 공생할 수 있는 가치 체계 및 기술과 방법을 교육하는 과정으로 볼 수 있으며 이것은 생명을 살리는 교육이라고 정의할 수 있다.

기독교교육은 인간의 구원, 생명과 직결된 문제를 다룬다. 이런 관점에서 그동안 우리의 교회는 성장에 집중하며 죽어가는 인간 영혼을 살리고자 노력해왔다. 그동안의 기독교교육, 특히 교회교육은 복음 전도를 포함한 인간 구원의 문제에 초점을 두고 이루어져 왔다. 이는 한국교회의 선교적 관점에서 복음 전도의 실천이 시대의 요청이기도 했기 때문이다. 이러한 상황에서 환경의 문제는 부차적인 교육의 주제로 인식

---

1 https://www.theguardian.com/environment/핵심어: climate change. 2019년 1월 19일 10:50 접속.
2 https://jinyoungkang.com/category 2019년 9월24일 13:45분 접속.

되어 온 것이 사실이다. 그리하여 '자연이 곧 나임을 알아차려 자연에게 행함이 곧 나에게 행함이며 자연을 돌봄과 나를 돌봄이 다르지 않다'(유미호, 2019, 머리말)는 삶의 철학은 기존의 교회교육의 개념에서는 잘 다루어지지 않는 사각지대에 놓여 있었다.

이제 '생명'이라는 단어를 접하게 될 때, 그동안 국한되어 온 인간 구원을 넘어서 생태계까지 우리의 시선을 확장해야 할 것이다. 오늘날 기후의 변화는 인간의 삶의 기반을 흔드는 위기로 다가왔다. 이런 시대의 문제 속에서 생명을 살리는 교육은 단순히 성서의 지식을 전달하는 차원을 넘어 우리의 삶의 터전을 살피고, 되살리는 교육까지 확장되어야 할 것이다(김도일, 2012, 2018).

II. 지구 위기 시대 교회학교를 위한 설문 조사의 응답 내용 요약

이러한 환경 교육의 시급성 앞에서 교육과정 설계를 위하여 지구 위기 시대에 교회학교에서 환경 교육을 얼마나 어떻게 수행하고 있는지를 알아보기 위한 설문조사3를 실시하였고 응답에 관한 내용이다(설문 참여자 222명). 이러한 응답의 내용은 앞으로 교회가 환경 교육을 계획하고 실시하는 데 있어서 중요한 사전 조사 및 요구분석이 될 것이다. 이러한 맥락에서 본 글에서는 설문조사에 대한 분석과 아울러 환경 교육이

---

3 본 설문 조사는 '기독교환경 교육센터 살림'(https://blog.daum.net/ecochrist, 센터장 유미호)이 주최가 되어 2018년 8월에 기독교대한감리회(김낙환 교육국총무), 대한예수교장로회(통합, 김치성 교육자원부 총무), 한국기독교장로회(기장, 김진아 교육원부장)의 후원으로 김도일 교수, 조은하 교수, 유미호 '살림'센터장이 함께 실시하고 분석하였다.

나아갈 방향에 대한 제언을 하고자 한다.

1. 응답자의 맡고 있는 부서는 유초등부가 31.5%, 중고청년부가 32.4%, 유아유치부가 18.9%로 전체의 82.8%에 달하였다.

	명	비율(%)
유아 · 유치부	42	18.9
유초등부	70	31.5
중 · 고 · 청년부	72	32.4
장년부	22	9.9
기타	16	7.3

*기타: 전체 총괄 3(1.3%), 영유아-청소년 2(0.9%), 부서를 맡고 있지 않음 2(0.9%), 방송실 1(0.5%), 감리교 교육국 1(0.5%), 개척교회 통합 1(0.5%), 소속 목회자 1(0.5%), 집사 1(0.5%), 속회 인도자 1(0.5%), 사랑부(장애우) 1(0.5%), 부목사(교구) 1(0.5%), 은퇴 선교사 1(0.5%)

2. 응답자의 직분은 교육전도사가 50.5%이고, 교사가 20.3%, 교육목사가 12.6%로 교회학교에 직접적으로 관련된 이들이 83.4%였고, 담임목회자도 6.3%나 참여하여 응답하였다.

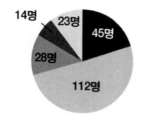

	명	비율(%)
교사	45	20.3
교육전도사	112	50.5
교육목사	28	12.6
담임목사	14	6.3
기타	23	10.3

*기타: 간사 4(1.8%), 목사 2(0.9%), 부목사 2(0.9%), 환경부장 1(0.5%), 청년 1(0.5%), 지금은 전도사가 아님 1(0.5%), 사모 1(0.5%), 집사 1(0.5%), 전임전도사(교육부 담당) 1(0.5%), 교육부 총괄 및 청년총괄 목사 1(0.5%), 새가족부목사 1(0.5%), 가톨릭 신부 1(0.5%), 전임전도사 1(0.5%), 권사 1(0.5%), 청년부 청년, 찬양팀 인도 1(0.5%), 담임전도사 1(0.5%), 은퇴 선교사 1(0.5%), 선교사 1(0.5%)

3. "생태환경 교육이 교회교육에 있어서 중요한 내용이라고 생각하십니까?"라는 질문에는 62.3%가 매우 중요하다고 답변했고, 중요하다고 답변한 사람까지 포함하여 93.2%로 거의 모든 사람이 교회 교육에 있어 생태환경 교육의 중요성을 인식하고 있는 것으로 나타났다.

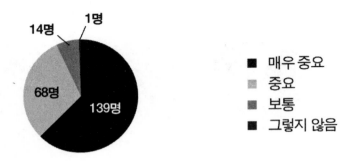

	명	비율(%)
매우 중요	139	62.6
중요	68	30.6
보통	14	6.3
그렇지 않음	1	0.5

4. 현재 "교회에서 지구 위기 시대를 사는 미래세대에게 생태환경 교육을 하고 있는가" 하는 질문에는 60%에 달하는 이들이 그렇지 않다고 답변하여 '중요하다'고 인식하는 만큼 교육이 이루어지지 않고 있는 것으로 나타났다.

5. 미래세대에게 환경 교육을 실시하고 있는 이들(40.5%)의 사람들이 진행하면서 겪은 가장 큰 어려움은 '환경문제에 대한 무관심이나 지식 부족'(49%)과 '생태환경 교육 관련 자료(프로그램, 교재, 교구 등) 부족'(45.9%)로 나타났다. 그 밖에도 생태신학(창조신앙 관련 성서말씀)에 대한 교양 부족(32.7%), 생태환경 교육을 진행할 역량 있는 교사 부재(28.6%), 교회지도자들의 관심 부족 혹은 반대(25.5%), 한정된 시간과 인력, 예산 부족(22.4%), 미래 세대 당사자들의 무관심(22.4%), 환경주

일 등 기독교적 교육 절기 등의 내용에 정보 부족(18.4%) 등의 순으로 어려움을 드러냈다.

6. 교회 생태환경 교육 진행한 사례와 관련해서는 53명의 응답자가 다음과 같은 사항을 열거해주었다. 1) 환경 교육 관련 예배 및 설교, 수업 및 이야기 나누기 2) 환경 캠프/수련회 3) 분리수거 공동체 수업 4) 일회용품 사용 줄이기 캠페인 5) 텃밭 가꾸기 6) 환경관련 사진 전시회 7) 야생 동식물의 날(3월 3일), 물의 날(3월 22일), 지구의 날(4월 22일), 환경의 날(6월 4일), 농업인의 날(11월 11일) 등을 기억하고 자연학교 운영 등을 진행하였다.

7. 교회 생태환경 교육을 진행하지 못한 경우 그 이유로는 '생태환경 교육 관련 자료(프로그램, 교재, 교구 등) 부족'을 가장 큰 원인으로 꼽았다(65.2%). 그다음으로 '생태환경 교육을 진행할 역량 있는 교사의 부재'가 42.8%, 생태신학(창조신앙 관련 성서 말씀)에 대한 교양 부족(39.1%)으로 나타났고, 그밖에 환경문제에 대한 무관심 혹은 지식 부족, 교회 지도자들의 관심 부족 혹은 반대, 환경 주일 등 기독교적 교육 절기 및 내용이 있는 것 알지 못함, 생태환경 교육의 중요성을 인식하고 있지 못하다는 지적 등이 고르게 지적되었다.

8. 앞으로 진행해보고 싶은 교회 환경 교육에 대해서 세 가지씩 선택해보게 하였더니, 가장 관심 있는 것은 '환경주일 등 생태적 예배를 드리는 것'(51%)에 이어, 교회 안과 밖에 창조의 정원을 만들어 가꾸는 것(37.8%)으로 나왔다. 교회 생활의 일상에서 창조주 하나님의 은총에 젖

어들게 하고자 하는 교육의 의지를 엿볼 수 있는 부분이라고 생각된다. 환경문제에 대한 이론교육과 재생지로 된 주보와 포장 없는 선물 그리고 일회용품 안 쓰기 등 교육활동 중의 자연스러운 환경 교육, 예배 및 교육공간을 생태적으로 꾸미는 것 모두 30% 이상의 관심을 보였다. '녹색의 눈으로 성경을 읽고 묵상'하거나 '자연 체험활동', '절기에 따른 생태적 삶으로의 전환교육', '신음하는 피조 세계 현장 방문기도' 등도 다소 적은 듯 보이나 고른 관심을 표시해 주었다.

9. 위의 교육을 진행할 때 도움을 받고 싶은 부분은 어떠한 것입니까?

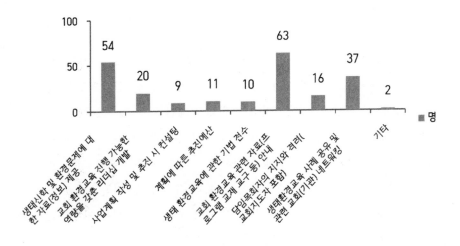

*기타: 실생활에서 실천하고 적용해볼 수 있도록 기회 제공하고 실천표도 작성해볼 수 있도록 독려 1(0.5%), 자료(1), 리더십 개발(2), 네트워킹(정보공유, 8) 1(0.5%)

III. 연구 분석을 위한 설문자/교회의 배경 질문

응답자의 교회학교가 위치한 지역은 다음과 같다.

	명	비율(%)
서울시	62	27.9
경기도	52	23.4
대전시	24	10.8
경상남도	23	10.4
부산시	12	5.4
충청남도	10	4.5
광주시	7	3.2
전라남도	5	2.3
인천시	4	1.8
울산시	4	1.8
강원도	3	1.4

	명	비율(%)
충청북도	3	1.4
전라북도	2	0.9
세종시	2	0.9
경상북도	2	0.9
제주도	1	0.5
인도	1	0.5
서아프리카 N국	1	0.5
일본	1	0.5
호주	1	0.5
응답 안함	2	0.9

응답자의 교회학교에 출석하는 학생수는? 귀 교회학교(교회)가 속한 교단은?

	명	비율(%)
100명 미만	106	47.7
100-200 미만	34	15.3
200-500 미만	34	15.3
500-1000 미만	19	8.6
1000 이상	25	11.3
모름	4	1.8

	명	비율(%)
예장통합	110	49.5
예장합동	6	2.7
예장고신	1	0.5
예장합신	1	0.5
기장	12	5.4
감리교	78	35.1
백석	1	0.5
예성	5	2.3
기성	2	0.9
카이캄	2	0.9
순복음	2	0.9
가톨릭	1	0.5
미응답	1	0.5

본 설문조사는 위에 나오는 것처럼, 대한민국 전역에 퍼져 있는 여러 교단에 속한 교회와 일본, 아프리카, 호주, 인도 등에 산재한 이민교회에서 실시되었다. 그러므로 비록 표본 집단은 크지 않지만 교회 환경 교육에 대한 다양한 실태를 골고루 획득했다고 볼 수 있겠다. 전체적으로 볼 때 한국교회의 환경 교육은 그 중요성을 인식하고 있는 것에 비해서 매우 저조하게 실시되고 있는 것으로 나타났다. 또한 환경생태에 대한 성경적 이해나 그 이해를 돕고자 하는 의지 또한 다른 것들에 비해 낮게 나타났다. 환경 교육을 실시했던 이들 가운데는 환경문제에 대한 무관심이나 지식의 부족과 더불어 교육 자료와 역량 있는 교사의 부재를 어려움을 드러냈다. 적은 수의 교회였지만, 구체적이면서도 다양한 환경 교육이 교회학교에서 실시되고 있음도 볼 수 있다. 그러므로 교회 환경 교육을 위해서는 성경을 녹색으로 눈으로 새로이 읽을 수 있도록 하는 교재와 더불어 교육사역자들을 위한 지도자 교육, 다양하면서도 지속적인 교육활동이 전개되도록 환경 교육콘텐츠와 정보 제공이 절실하다는 것이 증명되었다.

IV. 교회학교에서의 환경 교육 핵심 역량 확충을 위한 제언

위에서 진행한 기독교환경 교육에 대한 설문을 분석하여 보면 다음과 같은 결론을 얻을 수 있다.

1. 현재 환경 교육의 시급함과 중요성을 인식하고 있으나 실제적으로 교회 안에서 환경 교육을 실시하는 경우는 40%를 조금 상회하였다.

이것은 인식에 비하여 실제적 교육 실천이 이루어지고 있지 못하다는 것을 말해주고 있다. 이러한 이유에는 여러 가지 요소가 있겠으나 환경 교육에 대한 인식과 실천을 연결할 수 있는 구체적인 지식 및 교육과정, 교재 등의 부족에 기인한 것으로 볼 수 있다.

2. 환경 교육을 앞으로 구체적으로 하고자 하나 가장 큰 어려움은 환경에 대한 지식이 부족하고 또한 환경 교육을 위한 구체적 교육 방법, 내용이 부족하다는 점이다. 이러한 점을 고려한다면 기독교 환경 교육을 위한 교재 만들기, 교육자료 구비, 전문적 세미나의 정기적 실시 등을 통해 교회의 교육지도자들을 위한 환경 교육을 실시하는 것이 필요하다.

3. 환경 교육을 실시하는 교회들을 보면 다양한 연령별, 주제별, 구체적이며 흥미로운 교육을 시키고 있는 교회들을 볼 수 있다. 즉 환경 교육에 있어서는 실시하는 곳과 그렇지 못한 곳의 차이가 어떤 영역의 교육보다 현저하게 차이가 나고 있음을 볼 수 있다.

4. 설문에 응답자 대부분이 교회 사역자임에도 불구하고 담임목사의 환경에 대한 인식이 교회의 환경 교육에 대해 큰 영향을 미치는 것으로 볼 수 있다. 즉 프로그램 개발이나 예산 배정과 같은 것은 교육부에 한정되어 결정할 수 있는 상황이 아니기 때문에 담임목회자들의 환경에 대한 인식이 새롭게 바뀔 필요가 있다.

5. 기독교환경 교육의 영역에 기독교적 세계관에 기초한 환경 교육뿐 아니라 전 지구가 당면하고 있는 다양한 환경의 문제들에 관심을 가

지고 교회가 접근하고 함께 해결해 가야 한다고 하는 것은 아주 고무적인 제안이다.

6. 환경주일뿐 아니라 야생 동식물의 날(3월 3일), 물의 날(3월 22일), 지구의 날(4월 22일), 환경의 날(6월 4일), 농업인의 날(11월 11일) 등을 중심으로 해당된 날과 가까운 주일, 성경에 나타난 하나님의 창조 섭리를 통해 하나님 형상으로 창조된 인간에게 자연을 보존할 위임 명령에 대한 설교와 그에 따른 전문가들을 초청하여 교인들과 이웃들에게 환경의 중요성을 교육하는 방안을 제시하는 것은 교회가 지역사회와 더불어 사는 선교적 교회로서 사명으로 아주 중요한 환경 교육이며 공동체성 함양을 위해 적극적으로 고려해야 하는 환경 교육이라고 볼 수 있다.

나가는 말

상기한 분석을 토대로 기독교 환경 교육에 대하여 다음과 같이 제안한다.

환경 교육의 핵심 역량은 환경 감수성 교육, 비판적이며 창의적인 문제해결, 공동체문화 형성, 의사소통과 갈등 해결, 환경정보와 활용, 성찰과 통찰 및 실천 능력 등이며 이러한 역량을 함양하기 위하여 지역 환경에 대한 지식, 환경 쟁점과 사례, 생태계와 자원에 대한 지식과 가치관, 환경 관련한 생활주제, 지속 가능한 발전교육 등이 교육 내용으로 구성되어야 한다(정윤경, 2004).

이를 위한 교육 방법으로 공감하기, 다양한 감각으로 탐색하기, 상상하기, 시각화하기, 융합하기, 변화를 촉진하여 관점 바꾸기, 참여하기,

모색하기, 관련 짓기, 설명하기, 판단하기, 정보수집, 분석하기, 관련하기, 판단하기, 활용하기, 성찰하기 등의 교수 방법 등을 사용할 수 있다 (최기호, 박경미, 333). 이러한 점들을 가지고 다음과 같은 관점에서 기독교환경 교육을 시작하는 것이 필요하다.

첫째, 교회 안에서 환경 교육이 교육적으로 이루어지기 위해서는 교사의 환경에 대한 인식 및 생명신학 및 환경신학에 기반한 교수 역량을 지닐 수 있도록 교육하는 것이 무엇보다도 중요하다(조은하, 2017). 교사가 먼저 기독교적 세계관과 창조신앙에 대한 확실한 신앙과 확신을 가지고 자기성찰을 할 수 있어야 하며 이를 근거로 하여 환경신학에 따른 교육과정을 설계할 수 있어야 한다. 더 나아가 다양한 프로그램 진행, 교수방법 함양 등의 전문성을 지닐 수 있도록 교육하는 것도 필요하다.

둘째, 그런 점에서 교육자나 학생 모두가 일상을 생명감수성을 가지고 살아갈 수 있도록 하는 교육이 필요하다(임호동, 2019, 94-95). 하나님이 지으신 지극히 작은 생명 하나에도 '좋다' 하며 감탄할 줄 알도록 교육해야 한다(채혁수, 2019). 자신이 더불어 지어진 여러 생명과 하나로 연결되어 있음을 본다면 환경실천은 자연스럽게 행해질 것이다(김산하, 2018). 가능하다면 매달 제시되는 '지구주일 묵상'이나 '살림의 기억' 쓰기와 같은 것을 활용하여 정기적으로 창조된 존재들에 대해 묵상하는 시간을 갖게 하며, 그에 대한 기억을 글로 표현하도록 하는 교수과정도 필요하다.

셋째, 교회의 교육 환경이 생태적인 열린 공간으로 재구성될 필요가 있다. 교회 안에서 초록이 자라나는 생명의 성장을 느낄 수 있고, 공동체적인 만남과 아름다운 자연이 느껴질 수 있는 공간으로 환경을 구성해야 한다(주은정, 2018). 사각의 콘크리트에 익숙해진 다음 세대와 현대인들에게 가드닝(gardening)의 공간으로서 교회 정원(숲)을 만들어 교회교육 공간이 새롭게 구성된다면 중세시대 건축물을 통해 하나님의 임재를 느끼게 하고자 하였던 성당의 건축과 같이 기후변화시대에 교회는 하나님의 창조의 은총을 새롭게 자각할 수 있는 생명과 생태의 공간으로 구성될 필요가 있다.

넷째, 실천의 지속성과 확장성을 위해서는 교회학교 차원에서 녹색의 교회학교를 만들기 위한 교회의 생명 보존 지침들을 정하여 지켜가도 좋을 것이다. 구체적으로 녹색기독교 십계명은 개 교회에서 지켜나갈 수 있는 환경 교육의 지침이 될 수 있다. 녹색기독교인 십계명은 다음과 같다.

> 일회용품을 쓰지 맙시다/ 대중교통을 이용합시다/ 합성세제를 삼갑시다/ 중고용품을 사용합시다/ 오늘도 물, 전기를 아껴 씁시다/ 육식을 줄이고, 음식을 절제 합시다/ 칠일은 하나님도 쉬셨습니다. 시간에 쫓기지 않게 삽시다/ 소비광고에 한눈을 팔지 맙시다/ 구합시다, 작고, 단순하고, 불편한 것!/ 십자가 정신으로 가난한 이웃을 도웁시다

더불어 기독교환경 교육센터 살림에서 실천하는 살림씨앗의 녹색 다짐이나 녹색의 상징 물건들도 지속적이며 실천 가능한 교육지침으로 유용하다. 살림에서 제안하는 살림씨앗의 다짐은 다음과 같다.

1. 우리는 창조보전을 위한 자연과 더불어 풍성하면서도 단순 소박한 삶을 실천합니다.
2. 우리는 하나님의 자녀로서 내 몸과 지구를 지키고 돌봅니다.

3. 우리는 지속가능한 발전을 위해 노력하며 서로 살리는 성장을 합니다.

4. 우리는 마을공동체에 관심을 갖고 지역에 중심을 둔 먹을거리, 에너지, 자원순환에 힘씁니다.

5. 우리는 녹색신앙이 삶과 교회 안에 뿌리내리도록 일상에서 작은 실천을 시작합니다.

6. 우리는 신음하며 고통 받고 있는 피조물들을 위해 기도하며 연대합니다.

7. 우리는 모든 생명이 창조주 안에 하나임을 고백하며 피조물과 함께하는 기도에 힘씁니다.

매년 한국기독교회협의회 생명문화위원회와 기독교환경운동연대가 선정하는 녹색교회들의 기준을 참고하여 녹색신앙 캠페인을 전개하는 것도 큰 도움이 될 것이다. 녹색교회의 기준, 녹색교회의 열 다짐은 다음과 같다.

1. 우리는 만물을 창조하고 보전하시는 하나님을 예배한다.

2. 우리는 하나님 안에서 사람과 자연이 한 몸임을 고백한다.

3. 우리는 창조세계의 보전에 대하여 교육한다.

4. 우리는 어린이와 청소년을 친환경적으로 양육한다.

5. 우리는 생태환경을 살리는 교회 조직을 운영한다.

6. 우리는 교회가 절제하는 생활에 앞장선다.

7. 우리는 생명밥상을 차린다.

8. 우리는 교회를 푸르게 가꾼다.

9. 우리는 초록가게를 운영한다.

10. 우리는 창조세계의 보전을 위하여 지역사회와 힘을 모은다.

무엇보다 필요한 것은 설문 결과에서도 드러났듯이 교회 교육의 중심이 되고 있는 예배에 환경 교육을 접목하는 것이다. 환경주일 등 생태적 예배를 드릴 수 있도록 교육콘텐츠를 제공하되, 교회력(대림절, 사순절, 기쁨의 50일)에 따른 말씀 묵상과 실천프로그램뿐 아니라 매달 한 번씩 환경력에 따른 지구주일을 정하여 하나님이 지으신 창조 세계를 묵상하게 하면 공감과 배려의 능력을 갖춘 그리스도인으로 성장할 수 있을 것이다.

다섯째, 초록빛 삶이 가능할 수 있는 마을을 만들기 위하여 가정과 교회, 교회와 마을이 연대하는 것이다. 마을 환경선교의 힘은 사람에게 있으니 마을 환경선교사를 양성하고, 그들이 중심이 되어 교회와 교회 인근에 살고 있는 주민들과 작은 커뮤니티를 만드는 일로 시작하면 좋다. 마을의 생태적 환경을 조성하기 위하여 우선 마을자원을 조사하면서 마을의 환경의제를 찾아 함께 해결해가기 위한 실천계획을 수립해봐도 좋다. '생명밥상 차려 나누기, 탄소 줄이기 운동, 마을 인근의 정원 숲 조성 및 돌보기, 주민을 위한 생태감수성 교육, 플라스틱프리 등 쓰레기제로 실천, 아나바다장터 등 녹색가게 운영, 플라스틱프리 카페 운영, 마을공터에 텃밭 가꾸기, 농촌교회와 연대한 농산물 직거래, 절수-절전 및 일회용품 사용절제 운동' 등 가정과 교회와 마을이 힘을 합하여 할 수 있는 일들은 다양하다.

여섯째, 환경 교육을 위한 다양한 연대와 협력을 통해 지구를 살리고 다음 세대까지 초록빛 은총이 아름답게 전하여질 수 있도록 힘을 모아야 한다. 이를 위하여 지역교회가 서로 소통하고 협력하며 환경 단체와의 연대, 다양한 연구소 및 NGO, 학교와의 연대와 협력을 통해서 환경을 보존하고 생명을 살리는 일들에 지역적 차원에서 이루어질 수 있도록 해야 한다(조은하, 2018). 때에 따라서는 교회 내 생태환경에 깨어난 녹색의 그리스도인들이 크고 작은 소모임을 구성하여 활동하도록 하되, 자발적이면서도 자율적인 느슨한 네트워크로 연결되게 한다면 서로의 활동을 지지하며 함께 성장할 수 있을 것이다(박은종, 2019).

일곱째, 환경 교육은 교회 안의 교육만으로는 이루어질 수 없다. 일 상에서의 생명 실천, 환경보호의 실천이 이루어지기 위해서는 교사교육 과 더불어 부모교육이 함께 병행해서 이루어져야 한다. 부모참여교육, 부모를 위한 안내문, 다양한 생태교육 등의 프로그램을 통하여 부모의 인식이 환경감수성에 민감해질 수 있도록 돕는 교육이 되어야 한다. 환 경 교육전문가 수잔 토드(Susan Toth)는 "환경 교육이 가져다주는 10 가지 유익"을 다음과 같이 이야기한다.

첫째, 삶의 전반에 대한 상상력과 열정이 증대된다. 환경문제가 교육과정에 포함될 때 학생은 자신을 둘러싸고 있는 주변 환경에 관심을 갖고 사고 하고 열심을 낸다.

둘째, 학습이 교실을 초월한다. 환경에 관련된 공부를 하게 되면 사회적, 생 태, 경제, 문화, 정치 제반의 문제와 자신의 공부를 연결시키게 된다.

셋째, 비판적이고 창의적인 사고 기술이 증대된다. 환경 교육은 학생들로 하 여금 복잡한 환경문제들이 왜 발생하며 거기에 대응하여 어떻게 변화 를 야기하는 정책을 만들지에 대한 고민을 하게 한다.

넷째, 학생들의 인내와 이해가 지지를 받는다. 환경 교육을 통해 다양한 이슈 가 나오는 전체 그림을 볼 수 있게 된다. 다양한 문화와 관점에 대한 관 용(tolerance)하는 마음을 갖게 된다.

다섯째, 간학문적 학습을 위한 탁월한 배경지식을 얻게 되고 과학, 수학, 언어학, 역사 등과 같은 학문을 융합할 수 있는 능력을 배양하게 된다.

여섯째, 생명공포증(biophobia)과 자연결핍장애(nature deficit disorder)가 현격하게 줄어든다. 자연에 노출됨으로써 환경을 민감하게 존중하고 고마워하는 마음을 배우게 된다. 한마디로 "자연결핍장애와 싸울 전투력을 배양하게 된다." 매우 즐겁게 말이다.

일곱째, 건강한 라이프스타일이 장려된다. 환경 교육은 오늘날 어린이들이 겪고 있는 비만증, 주의집중결핍장애, 우울증과 같은 건강관련 이슈들에 눈을 뜨게 해준다. 균형 잡힌 식단이 장려되고 자연에서의 활동으로 말미암아 스트레스가 현저하게 줄어들기도 한다.

여덟째, 공동체가 강하게 결속된다. 환경 교육은 삶의 자리에 감각과 공동체에서의 참여와 관여를 통한 연결을 촉진시킨다. 학생들이 환경에 대하여 배우고 개선을 하기로 마음을 먹게 되면 커뮤니티(공동체) 내의 전문가, 기부자, 재능기부 및 봉사자 그리고 공동체를 아름답게 만드는 데에 관심을 가진 각종 단체에 연락을 하고 연결을 시도하게 되어 결국은 서로가 하나가 되는 과정에 들어가게 된다.

아홉째, 환경을 개선하는 조치를 취하게 된다. 환경 교육은 사람들이 취하는 결정과 행동이 환경에 영향을 미치게 된다는 점을 이해하게 되어 적절한 지식과 기술을 연마하여 복잡한 환경 문제를 잘 다룰 준비를 하게 된다. 그리하여 장차 건강하고 유지 가능한 환경을 가꿀 조치를 지금 여기에서 취하게 된다.

열 번째, 교사와 학생이 같이 능력을 부여받게 된다. 환경 교육은 리더십, 시민정신, 적극적인 학습을 촉진시키며 학생들은 학생 나름대로 자신의 목소리를 낼 확신을 갖게 되고 학교와 그가 속한 공동체에서 변화를 만들어낼 힘을 얻게 된다. 또한 교사는 자신이 속한 공동체를 건

강하게 건설한 지식과 기술을 얻게 된다.4

"자연은 후손에게 물려주는 것이 아니라 빌려 쓰는 것이다." 이미 늦었지만 시의적절하고 의미 있는 환경격언이다. 자연은 모든 이에게 공평하게 주어진 창조의 은총이며 삶의 터전이다. 과거나 오늘도 그리고 앞으로 다가올 미래에도 가장 기본이 되는 삶의 터전이며 생명의 유산이다. 그렇기에 모든 사람이 공통으로 관심을 가지고 돌보고 가꾸어 지속 가능한 성장과 공동체의 삶을 도모해야 한다. 이러한 관점에서 이번 조사에서 볼 수 있는 환경 교육에 대한 인식과 필요를 기반으로 환경 교육과정을 설계하고 실천하는 것은 그 무엇보다도 중요한 시점이다.5

---

4 https://www.plt.org/educator-tips/top-ten-benefits-environmental-education/
   핵심어:eco education(환경 교육). 2019년 1월 19일 13:00 접속.
5 본 글은 유미호 살림센터장 협력, 조은하, 김도일 공동연구로 진행되어 2019년『기독교교
   육정보』에 게재된 논문을 수정 보완한 것이다.

코로나 바이러스 위기와 인포데믹(infodemic) 극복을 위한 교회교육적 대안

오성주(감리교신학대학교)

I. 가짜뉴스와 허위사실 유포

인류 역사를 통해 우리는 바이러스 전염병이 얼마나 무서운 것인지를 알고 있다. 세균보다 작은 바이러스가 무서운 이유는 보이지 않기 때문이다. 전쟁에서 실패하는 원인 중에 하나는 매복해 있는 적군을 만났을 때이다. 2020년 2월에 발생한 코로나바이러스 감염증(COVID-19)은 아직도 베일에 싸여 정체불명으로 확산되고 있다. 전 세계 대다수 국가는 보이지 않는 적군과 같은 코로나바이러스와 제3차 대전을 방불케 싸우고 있다. 많은 사람이 두려움에 휩싸여 불안해하고 있으며, 날마다 보이지 않는 바이러스가 언제 어떻게 침투하여 감염될지 모르는 불확실한 상황에서 공포를 느낀다.

두려움과 공포감이 증폭되어 갈수록 매스컴에서는 연일 예기치 못한 다양한 정보들이 폭발적으로 늘어나고 있어 세간을 더욱 놀라게 하고 있다. 그 뉴스들 가운데 악성 코로나 바이러스와 함께 사람들에게 피해를 주고 방역을 저해하는 '거짓말 바이러스'가 나돌고 있다. 그것은 '가짜뉴스'(Fake News)와 '허위사실 유포'이다.

예를 들어, 첫째, 근거 없는 가짜뉴스의 경우를 보면, 신종 코로나 바이러스 감염을 막기 위해 인화성이 강한 독성 물질인 메탄올을 사용하면 좋다는 뉴스가 있다. 그러나 메탄올의 오남용은 복통과 구토 어지럼증 등의 중독증상을 일으키는 위험한 일이다. 그뿐 아니라 코로나 바이러스 예방에 '신 김치', '마늘 섭취', '참기름을 콧속에 바르기', '소금물로 입안 행구기' 등이 좋다는 가짜뉴스들이 예상 외로 온라인에 일파만파 퍼져있다. 더욱 어처구니없는 가짜뉴스가 보도된 것은 코로나 19(COVID-19)가 5G(5세대 이동통신)망을 타고 전파된다는 헛소문이 돌았고, 이로 말미암아 실제로 벨기에와 영국에서 5G 기지국에 방화사건이 일어나기도 했다는 보도가 있었다. 그리고 전 세계에 코로나 바이러스가 갑자기 확산될 조짐이 보이자 '지구촌 휴지 사재기'광풍이 미국과 유럽 등에서 발생하기도 하였다. 그러나 그것은 인터넷을 통해 돌아다니는 뜬소문으로, 사악한 자들로부터 조장된 결과라고 밝혀졌다 (Naver, "가짜뉴스" 2020. 7. 6. 17:46).

둘째, 무엇보다 '허위사실 유포' 혹은 '허위보고'는 코로나 바이러스를 조기에 차단하는데 결정적 방해 요소가 되어 오히려 코로나 바이러스 감염을 증폭시키는 역할을 하는 경우를 본다. 지난 2월 신천지 대구 교회에서 전국 신천지 신년 집회를 개최하면서 코로나 바이러스 감염 2차-3차-n차 피해자로 폭발적인 증가를 보일 때, 초기에 진압할 수 있었던 코로나 바이러스를 신천지 교인들이 방역당국에 협조하지 않고 교인명단과 시설현황 등을 누락 혹은 허위보고서를 제출함으로 감염자 확산을 차단하는데 어려움을 겪게 했다.

또한 코로나바이러스가 잠정 국면으로 들어설 때쯤 5월 초순에 이태원클럽으로부터 재확산 되기 시작했다. 방역대책기관에서 이태원클럽에 다녀온 사람들에 대해 역학조사를 하던 중, 인천의 한 학원강사가 바이러스에 감염된 상태에서 학원과 집에서 학생들에게 대면과외수업을 진행한 사실과 동선을 거짓 진술하는 사건이 발생했다. 이로 말미암아 코로나 바이러스 감염이 학생과 학생 부모로 이어져 2차 3차를 넘어 '7차 감염' 피해까지 초래하여, 인천에서 40명의 초중고 학생들과 전국적으로 80명이 넘게 감염되었다.

최근 8·15 광복절에 격렬한 반정부 광화문시위로 2차 코로나바이러스 대확산을 겪고 있다. 이날 시위는 민주노총노동자대회와 태극기집회가 주동했는데, 전국적으로 모인 집회시위자들 중에는 감염자들도 있었다. 이후 광화문집회에 참여했던 감염자들이 각 지역사회에서 단체활동을 하면서 감염이 광범위하게 일어났고, 수도권을 중심으로 '깜깜이 감염'과 'n차 감염'이 전국적으로 확산되며 그동안 수그러들고 있던 코로나바이러스 감염이 다시 확산되는 계기가 되었다. 문제는 감염확산을 막기 위해 광복절시위에 참석했던 감염자들을 검진하는 과정에서 방역 당국에 신고하지 않거나 참석했던 것을 속이고 잠적해 비협조적인 태도를 보이는 사례 때문에 감염경로를 추적하는데 어려움을 겪고 있다. 급기야 2.5단계 '사회적 거리두기'를 시행하게 되었고 3단계 시행까지도 고려하는 중이다.

방역 당국은 감염경로를 추적하기 위해 노력하고 있지만 허위 정보와 가짜뉴스가 방역을 더욱 어렵게 만든다. 예를 들면, '정치적 목적으로 진단 검사 결과를 조작하고 있다거나' '검진 과정에서 관련 확진자를 무조건 양성으로 판정한다거나' '검사 시 바이러스를 몰래 투입하여 확진자로 만들었다거나' '양성판정 이후 다른 병원서 재검사를 받았더니 음성이 나왔다'는 등 검진 과정에 부정 검사가 이루어진다는 유언비어가 퍼지고 있어 진단을 기피하는 현상도 일어나고 있다. 이런 유언비어와 가짜뉴스에 대응하기 위해 '대한민국대표블로그'가 운영하는 [사실은 이렇습니다]에서 "정부는 광복절 집회와 사랑제일교회를 현 단계에서 코로나19 방역에 큰 위험 요소"로 보면서, 바이러스보다 더 심각한 전염은 "일부 온라인상에서 진단검사의 신뢰를 훼손시키고 방역 활동을 방해하는 나쁜 가짜뉴스"라고 지적한다. 그리고 "방역 당국의 신뢰를 저해하는 가짜뉴스와 허위사실의 유포"로 말미암아 "많은 사람이 검사를 거부하며 방역조치에 비협조적인 태도를 보임으로 심각한 우려를 낳고 있다"고 본다(Naver 검색, 대한민국정부, "정책공감" [사실은 이렇습니다] 2020. 8. 21. 9:32).

이러한 허위사실유포, 가짜뉴스, 유언비어 등 다양한 형태로 진실을 왜곡하거나 아무런 근거 없는 사실을 유포하는 이유는 무엇일까? 여러 가지 이유가 있을 것이다. 장난삼아 혹은 호기심으로 우연히 시도해 보는 경우도 있지만, 대부분의 경우 혼돈과 무질서를 야기해 자신의 이익을 추구하거나 정치적 목적을 달성하려는 경우가 있다. 디지털시대에 우리 사회는 인터넷 정보가 광대하며, 특히 초고속으로 발전한 한국에서는 과거와는 달리 전 세계적으로 더 신속하게 유언비어와 가짜뉴스들이 쏟아져 나오고 있다. 이러한 잘못된 정보들이 "전염병처럼 급속도록 퍼져나감(인포데믹스)"으로 사회는 혼란에 휩싸여 있다.

II. 코로나 바이러스의 위기와 "인포데믹스"(infodemics) 사회의 위험

"인포데믹스"이란[1] 정보(information)가 전염병(epidemics)처럼 급작스럽게 확산되는 의미로 사용되는 합성어로 역사적으로 대형 재난이나 경제적 위기 혹은 코로나바이러스와 같은 대유행 전염병이 초래하였을 때 정치 사회적으로 불안정하고 불안해지면서 다른 어느 때보다 대중들은 새롭고 신선한 정보를 공유하려는 경향이 높게 나타난다. 소위 "거짓정보 유행병"이라고 부르기도 한다. 반면에 미디어나 인터넷매체를 통해 코로나바이러스에 대한 거짓정보나 뉴스 등 악성루머가 인터넷으로 "정보전염병"(infodemic)을 확산시켜 사실과 진실을 왜곡, 혼돈, 조작, 와전, 방해하여 상대를 조롱하거나 흠집을 내거나 명예훼손 혹은 사회적 혼란과 불안을 조장하려는 내막이 숨겨져 있다.

이번 코로나 바이러스가 위험한 것 중에 또 다른 요인은 바이러스 변형에 있다. 질병관리본부 중앙방역대책본부의 보고에 따르면, 코로나 바이러스가 RNA 바이러스이기 때문에 바이러스 변이가 상당히 많을 수 있다고 경고한다. 따라서 변종 바이러스 유행에 대비해야 한다는 지적이 나오고 있다. 바이러스 변이를 통해 계속 신종 바이러스가 재생되는 것처럼, 인포데믹스 또한 마찬가지다. 악성루머들이 모방, 재생산되면서 코로나 바이러스 '정보전염병'이 퍼져나가고 있다.

특히 오늘날 소셜 네트워크 서비스가 활발해지면서 페이스북(Facebook), 인스타그램(Instagram), 유튜브(YouTube) 등의 대중화

---

1 이 용어를 처음 사용한 사람은 데이비드 로스코프이다. 그는 미국의 전략분석기관인 인텔리 브리지 설립자로서 인포데믹스라는 단어를 2003년 워싱턴포스트 기고문에서 처음 사용함으로 알려지기 시작했다.

및 상업화로 인포데믹스의 확산 속도가 더 빠르게 나타나고 있다. 소셜 네트워킹은 시간과 공간의 제약이 없고 간단한 가입으로 사용하기 쉽고 익명성이 보장되며 사칭과 도용하기도 쉽고, 사실이 확인되지 않은 정보를 유포하기 쉽기 때문에 인포데믹스를 부추기는데 큰 역할을 하고 있다.

아날로그 시대보다 디지털 시대의 인포데믹스가 더욱 왕성하게 활기를 띠고 있다고 본다. 그 이유는 디지털 영상매체로 과거보다 신속하고 편리하게 정보를 전달하고 의사소통할 수 있는 시대적 특성이기 때문이다. 특히 디지털 영상매체를 통한 이미지 전달에 있다. 이미지를 통해 문자보다도 더 풍부하고 다양한 의미를 전달할 수 있으며 흥미진진하고 자극을 줄 수 있는 특징을 가지고 있다. 이와 같은 특징은 자본주의 시대에 광고효과를 가져오기 위해 디지털 영상매체가 없어서는 안 될 중요한 수단으로 사용되고 있다. 그러나 다른 한편으로 사이비 광고나 가짜뉴스를 통해 정보를 전염시키는 인포데믹스에 노출될 위험성을 앉고 있다.

이미지란 원래 라틴어 "이미타리"(imitari)에서 유래된 말로 "모방하다"라는 뜻가 있으며, 이 '모방'은 '재생'이란 뜻을 내포하고 있다. 따라서 '모방'과 '재생'의 뜻이 있는 이미지는 형상과 실체 사이에 명확한 구별이 어렵게 된다. 왜냐하면 이미지란 "관념적인 것이 체험된 것에 상반되는 것"이기 때문이다(김인식 편역, 1997, 86). 따라서 디지털 영상매체를 통한 이미지 전달은 '시각적 사고'에 집중됨으로 다양한 의미로 해석되고 깊은 본질을 파악하기 위한 분석적이고 비판적이며 반성적 사고를 놓치게 됨으로 착각과 오해를 쉽게 불러일으킬 위험성을 가지고 있다.

보드리야르(Jean Baudrillard)에 따르면 포스트모던 문화현상의 특성을 '시뮬라시옹의 질서'로서 설명하는데, '시뮬라시옹'이란 '시뮬라크르'(simulacres)의 동사형으로 "실제로 존재하지 않는 대상을 존재하는 것처럼 만들어 놓은 인공물"이란 뜻이다(장 보드리야르 지음/하태환 옮김, 2001, 각주 1). 따라서 디지털 시대에 포스트모던 문화의 특성은 "원본도 사실성도 없는 실재, 즉 파생(초)실재의 모델들을 가지고 산출하는 작업"이다. 이미지를 통한 끊임없는 모방과 재생은 상상력을 통해 생산된다(장 보드리야르 지음/하태환 옮김, 12). 따라서 이미지로 구성된 세계란 상상의 세계이다. 이러한 세계는 이미지가 모방할 혹은 재현할 실체는 없고 이미지가 실체인 세계는 존재를 상실하는 세계가 된다(장 보드리야르 지음/하태환 옮김, 각주 9). 이러한 시뮬라시옹의 특성을 가진 포스트모던 사회는 이미지 뒤의 본질적인 의미가 사라짐으로 '기호'와 '기의'가 없고 "부유하는 기표"만 떠돌아다니는, 정보가 SNS를 통해 전염병처럼 퍼져 넘쳐 나는 사회이다.

최근 인포데믹이 심각하게 일어나 사회적 혼란으로 위기적 상황에 처하자, 허위 및 가짜정보를 밝혀내기 위한 대응 기관들이 조성되었다. 예를 들면, '국제팩트체크네트워크'(International Fact Check Network)와 100개 이상의 '세계 팩트체크 기관'들이 있다. 세계보건기구 WHO의 경우도 'EPI-WIN'이라는 온라인상 정보 플랫폼을 세우고 COVID-19에 관한 정확하고 객관적인 정보를 제공하기 위해 팩트체크를 계속 업데이트하고 있다.

III. 인포데믹스의 근원적 원인과 기독교교육적 대안

심리학적 측면에서 인포데믹스의 근본적인 원인을 간단히 살펴보고자 한다. 그것은 신자유주의 경제체제에 바탕을 둔 자본주의 사회가 점점 나르시시즘(Narcissism)의 병리적 성향으로 바뀌어 가는 과정에서 나오는 요인이라 볼 수 있다. 심리학자 오토 컨버그(Otto Kernberg)에 따르면 대상 관계의 어려움을 겪는 사람들에게 나타나는 나르시시즘의 병리적 현상은 '현실적 자아'(real self)와 '이상적 자아'(ideal self)의 경계가 무너짐으로 자아의 왜곡은 물론 초자아(superego)의 구조적인 왜곡을 초래한다고 본다. 이러한 나르시시즘적 현대인들은 자신의 교만에 빠져 타자를 필요하지 않으며 타자가 생각하는 자신의 이미지를 무시하며 행동한다(Kernberg, 1975 & 1986).

오늘날 점점 심각해져 가는 거짓말 바이러스 인포데믹스의 경우도 나르시시즘의 병리적 현상의 하나로 볼 수 있을 것 같다. 다시 말해 심리적으로 자신의 욕망이나 욕구를 충족시키기 위해 타자를 무시하거나 의식하지 못하는 자폐적 성향이나 교만한 태도로 빠져드는 오늘날 사회문화에서 비롯되는 것은 아닌가하는 생각이다. 결과적으로 모든 에너지를 자기 자신에게 집중함으로 타자를 자신의 욕구충족의 대상으로만 삼고 관계함으로 타자에 대한 공감 능력이 떨어지게 된다. 자아 성찰과 비판의 힘을 잃게 되어 교만과 자기 오류에 빠져 비도덕적이고 비윤리적인 행동과 태도를 정당화한다.

이러한 나르시시즘적 병리 현상은 개인 심리뿐 아니라 사회제도적으로도 드러나고 있다. 지금 우리 사회는 자본주의 사회에서 치열한 경쟁 구도 속에서 성공지향의 교육제도와 함께 디지털과 제4차 산업혁명과 같은 과학만능주의 시대로부터 '무한 가능성' 혹은 '과잉 가능성'을 심어줌으로 '교만'과 '거짓'이라는 심리적 양극의 현상이 나타나고 있다. 그뿐 아니라 초고속 인터넷으로 말미암아 소셜네트워크가 일상생활화 되면서 개인주의를 넘어 고립된 자아로 빠져들고, 타자에 대한 공감능력과 공동체 인식능력을 저하시키는 부정적 원인이 되고 있다. 그리고 디지털 시대에 이미지 영상매체를 통해 현실(실재)과 상상의 경계가 무너지고 망상에 사로잡혀 도덕과 윤리적 균형감각을 상실함으로 게임이나 도박과 같은 흥미와 감각을 통한 쾌락주의에 빠져들게 하여 '가짜뉴스'나 '허위사실 유포'와 같은 것을 자극적인 수단으로 삼으면서 무책임한 태도를 보이고 있다.

'가짜뉴스'나 '허위사실 유포'는 하나님이 미워하시고 싫어하시는 인간의 죄악성임을 성서는 지적한다. 하나님은 "교만한 눈", "거짓된 혀", "무죄한 자의 피를 흘리는 손", "악한 계교를 꾀하는 마음", "빨리 악으로 달려가는 발", "거짓을 말하는 망령된 증인", "형제 사이를 이간하는 자"(잠언 6:17)를 미워하신다. 이러한 인간의 죄악성은 탐욕과 교만으로부터 잉태되며 부정적 자아에 빠져들게 한다.

그러므로 신앙적으로 방역해야 할 대상은 코로나바이러스보다 중요한 것은 '거짓말' '위선' '허위' '가증스러움'과 같은 인간의 영혼의 타락으로 발생되는 사악한 거짓말 바이러스로 전염되는 인포데믹스이다. 구약성서시대에 인간의 죄악성이 무성했을 때 '칼'과 '기근'과 '전염병'은 하나님의 무서운 심판과 같은 것이었다. 그러나 '칼'(전쟁)과 '기근'(자연재해, 가뭄)과 '전염병'(바이러스)의 근원은 인간의 죄악성에서 비롯된 결과이다. 물신과 같은 거짓 우상을 섬김으로 하나님의 '공의'와 '정의'와 '정직'이 지켜지지 않을 때 인간은 타락하게 되고 죄악으로 물들어 세상이 하나님의 심판 아래 놓이게 된다. 잠언 21장 3절에서 "공의와 정의를 행하는 것은 제사 드리는 것보다 여호와께서 기쁘게 여기시느니라"고 기록되어 있다.

교회는 '칼과 기근과 전쟁'을 두려워할 것이 아니다. 교회가 진정으로 두려워해야 할 대상은 '하나님의 부재'이다. 언제 어디서든 '하나님의 부재'로 말미암아 공의와 정의는 사라지고 인간의 교만과 거짓 바이러스가 발생하여 인간사회를 죄악으로 물들게 한다. 코로나 바이러스 시대 그곳이 온라인이든 오프라인이든 간에 만일 하나님이 부재하는 경우라면 어떤 경우든 '목석의 신'과 같이 우상을 섬기게 될 위험성이 있다.

현재와 같이 코로나 바이러스의 위기적 상황에서 거짓 바이러스를 전파시키는 인포데믹스를 막는 길은 공의와 정의와 정직을 실천하도록 하나님의 말씀을 가르치는 일이다. 어떠한 어려운 상황 속에서도 항상 지켜 나가야 할 중요한 교회교육의 본질과 사명은 '자녀들에게 진리의 말씀을 가르치는 일', 즉 '하나님의 명령과 규례와 법도를 마음에 새기도록 하는 일'이 가장 중요한 사명이다.

'셰마'(Shema) 교육의 핵심이 되는 신명기 6장 6-9절 말씀과 같이, "자녀에게 부지런히 가르치며 집에 앉았을 때에든지 길을 갈 때에든지 누워있을 때에든지 일어날 때에든지 이 말씀을 강론할 것이며 너는 또 그것을 네 손목에 메어 기호를 삼으며 네 미간에 붙여 표로 삼고 또 네 집 문설주와 바깥문에 기록"하여 가르치는 일이 교회의 사명이다. 살아 있는 말씀으로 하나님의 임재를 느끼게 될 때 하나님을 사랑하고 네 이웃을 내 몸과 같이 사랑함으로 나르시시즘적 병적 상태로부터 해방과 구원을 얻게 된다. 교회는 "말씀을 행하는 자가 되고 듣기만 하여 자신을 속이는 자가 되지 말도록"(야고보서 1:22) 가르쳐야 한다. 영적인 백신과 같은 변하지 않는 진리의 말씀으로 거짓 예언자들과 '가짜뉴스'나 '허위사실유포'와 같은 '거짓 바이러스'에 물들어 우상을 섬기는 자들을 경계하며 대적할 수 있도록 가르치는 교회교육의 사명을 다해야 한다.

오늘날 교회적 상황과 같이 코로나 바이러스로 인해서 비대면으로 개인적으로 혹은 각 가정에서 온라인으로 비대면 예배를 드려야 하는 상황에 처해 있듯이, 역사적으로 이스라엘 백성들에게도 어려운 상황으로 말미암아 나라를 잃고 바빌론 포로기 시대에 여러 민족 가운데 흩어져 신앙 생활을 할 수밖에 없었던 때가 있었다. 그러한 때에 이스라엘 백성들에게 모세는 불행히 "사람의 손으로 만든바 보지도 못하고 듣지도 못하며 먹지도 못하며 냄새도 맡지 못하는 목석의 신"을 섬기게 될 것을 예견하고 있다(신명기 4:28). 이것은 디지털 시대에 이미지를 통한 영상매체를 활용하는 포스트모던 사회문화의 위험을 경고하는 메시지가 될 수 있다.

교회는 역사적으로 '가짜뉴스'와 '허위사실 유포'와 같은 거짓말 바이러스와 싸워왔다. "여호와를 의지하고 교만한 자와 거짓에 치우치는 자를 돌아보지 아니하는 자는 복이 있도다"(시편 40:4). '생명의 근원은 마음에서 나오며 마음을 지키는 일'(잠언 4:23)이 중요하다. 마음을 지키는 일 중에 "구부러진 말을 네 입에서 버리며 비뚤어진 말을 네 입술에서 멀리하는"(잠언 4:24)일이다. 야고보서에도 "진리를 거슬러 거짓말하지 말라"(야고보서 3:14)고 가르치며 인포데믹스를 저지하였다.

끝으로 인포데믹스를 대처하기 위한 교회교육에 대해 다음과 같이 제시하고자 한다. 첫째, 예수께서 제자들에게 가르쳐주신 중요한 기독교 신앙에 대한 가르침의 덕목으로 "긍휼"과 "상호책임성" 그리고 하나님 나라 "공동체 세우기"를 교회교육의 비전으로 삼아야 할 것이다(Seymour, 2014. 19). 이것이야말로 인포데믹스의 근본적 원인이 되는 나르시시즘적 병리적 상태를 치유하기 위한 대안적 교회교육의 중심 주제가 될 것이다. 특히 "긍휼"과 "상호책임성"과 "공동체 세우기"는 신자유주의 경제체제서 비롯된 신자본주의의 사회적 문제가 되는 개인주의와 이기주의, 성공과 실패에 대한 두려움과 불안, 성과주의에 의한 과열된 경쟁과 차별 등으로 비인간화되어가는 위험사회를 구원하는 방주로서 신앙공동체의 사명으로 교회교육의 궁극적인 목적이 되어야 할 것이다.

둘째, 디지털 시대에 소셜네트워크로 정보가 넘쳐나 "극심하고 복잡한 교착상태"에서 지식을 포기하고 믿음만 앞세워 나감으로 믿음과 지식의 균형이 깨어지고 가짜뉴스와 허위사실유포에 현혹되는 일이 발생한다. 따라서 "믿음과 지식의 균형성"을 찾기 위해 "통찰"을 키울 수 있는 대안적 교회교육이 필요하다(코스타, 2010, 320). 교사는 과학과 신학, 이성과 신앙의 균형 있는 통전적 상호관계성을 가지고 학생들을 가르쳐야할 것이다. 그러나 M. 스코트 팩(Peck, 1991)의 주장처럼 "과학의 권위 밑에 도덕적 판단을 묻어두는 위험"을 경계해야 할 것이다. "우리는 과학을 그냥 진리(truth)가 아니라 대문자를 쓰는 진리(Truth)로 여기는 데 아주 익숙해있다. 그러나 사실은 과학적 지식이란 관련된 특수 분야에서 일하고 있는 대다수 과학자의 판단에 의해 진리에 가장 근접한 것이라 여겨지는 것에 지나지 않는다. 진리란 우리가 가지고 있는 것이 아니라 우리가 희망을 가지고 추구해나가는 목표인 것이다"(Peck, 1991, 318-319).

셋째, 마음의 병을 치료하고 건강한 자아, 즉 겸손함과 동시에 주체적 자아를 만드는 "다섯 가지 마음의 습관"을 키우기 위한 교회교육과정이 필요하다(Palmer, 2012, 92-97). 1) 하나님이 창조하신 모든 생명체가 하나임을 이해하는 길, 2) 서로 다름의 가치를 인정하는 길, 3) 생명을 존중하고 서로 지지해주기 위해 긴장된 관계를 포용하는 능력을 계발하는 길, 4) 개인적인 성찰과 주체적 의식을 키우는 일, 5) 공동체를 유지하고 창조하는 능력을 강화하는 길이 필요하다.

코로나19 이후의 기독교교육의 지속가능성

손 문(연세대학교)

I. 위기와 도전으로서 코로나19 시대

코로나19는 최근 전 세계가 전혀 예상하지 못했던 매우 심각한 위협과 도전이 되고 있다. 코로나바이러스는 생물학적으로는 SARS(중증급성호흡기증후군)이나 MERS(중동호흡기증후군)와 유사한 특성을 지닌다. 그래서 SARS-CoV-2라는 이름을 가지고 있다. 여기서 SARS-CoV와 비교되는 가장 강력한 특징은 인간 세포 수용체와 연결되는 ACE2인데, 기존의 SARS-CoV보다 10배 이상 강하게 결속되는 특징을 지닌다 (Scudellari, 2020, 252).

코로나바이러스의 껍질은 세 가지의 이상적인 단백질로 만들어진 스파이크로 덮여 있다. 각각의 스파이크 하단에는 인간 세포로 결속되어 들어가는 작은 연결 부위가 있는데, 이 부분이 숙주 세포를 결속하는 역할을 한다. 코로나바이러스는 기존의 SARS보다 더욱 강한 결속력을 가진다. 그리고 스파이크의 표면은 당류로 덮여 있는데, 이것은 면역 세

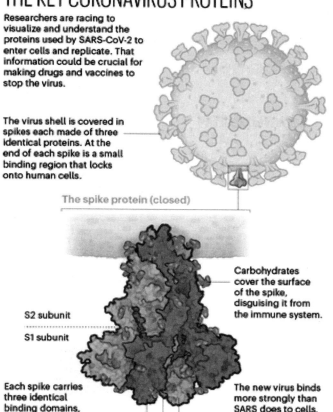

THE KEY CORONAVIRUS PROTEINS

Researchers are racing to visualize and understand the proteins used by SARS-CoV-2 to enter cells and replicate. That information could be crucial for making drugs and vaccines to stop the virus.

The virus shell is covered in spikes each made of three identical proteins. At the end of each spike is a small binding region that locks onto human cells.

The spike protein (closed)

Carbohydrates cover the surface of the spike, disguising it from the immune system.

S2 subunit
S1 subunit

Each spike carries three identical binding domains, all of which must bind the host cell.

The new virus binds more strongly than SARS does to cells, even though the spike shapes are similar.

©nature

〈그림 1〉 코로나바이러스의 핵심 단백질(Scudellari, 2020, 252)

포를 위장하는 역할을 한다(Scudellari, 2020, 253). 코로나19의 심각성은 전염성이 강한 감염병의 차원에 머물지 않는다. 경제 전반에서 나타나는 펜데믹의 충격은 보다 심각한 것으로 알려져 있다. 2020년 펜데믹으로 인한 세계 경제의 낙폭은 충격적인데, 경제 기구에서는 8퍼센트의 하락을 전망하고 있으며 이 수치는 2차 세계대전 이후 가장 큰 낙폭으로 기록되고 있다. 문제는 이후의 경기부양책이 세계 경제의 지속가능성을 고려하지 못할 경우, 그 심각성은 2050년에 극대화될 것으로 전망된다 (Hanna et al., 2020, 179).

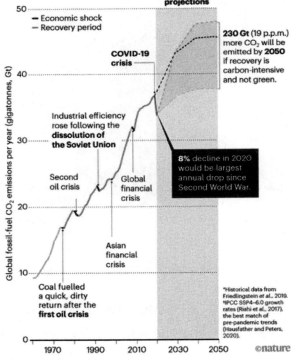

〈그림 2〉 경기 충격과 회복 (Hanna et al., 2020, 179)

이제 코로나19 펜데믹의 영향은 경제적인 충격을 넘어서서, 공동체 내에서 사회적이고 정치적인 균열 양상으로 나타나고 있다. 특히, 코로나19의 정책과 반응은 사회의 소수자에 불균형의 양상으로 나고 있다. 소수자에 대한 차별은 사회적, 정치적 그리고 역사적 맥락에서 발생하고 있다. 건강과 보건의 위협이 외교 정책과 무역 전쟁으로 전이되는 양상을 보이고 있으며, 타자에 대한 분리와 두려움이 가장 나쁜 결과로 나타나는 시대 속에 살고 있는 것으로 평가되고 있다(Devakumar et al., 2020, 1194). 따라서 코로나19 이후의 기독교교육은 타자를 포용하고 소수자를 수용하는 방향으로 주된 방향이 정해져야 할 것이다. 이점에서 토마스 그룸(Thomas Groome)의 공유적 실천과 나눔의 교사론은 우리에게 중요한 시사점을 말해 준다.

II. 기독교 교사의 소명적 책무 그리고 나눔과 실천

기독교교육을 수행하는 교사의 주된 특징으로 그룸은 일곱 가지 핵심 포인트를 제안한다. 첫째는 "삶의 거룩함 속에서 자기 자신의 영적 성장에 참여"하는 것이다(Groome, 2007, 362). 그것은 예수 그리스도의 제자로서 사명에 보다 충실해지는 것을 의미한다. 그는 "삶의 경건"을 교사가 마땅히 지니고 있어야 하는 교사의 자산으로 설명한다(Groome, 2007, 362). "당신 자신이 가지지 못한 것을 다른 사람과 공유할 수 없다"(you cannot share with others what you do not have yourself)는 경구의 인용과 소금의 비유를 제자직과 연결한 누가복음 14장 34절의 인용은, 삶의 경건이 예수 그리스도의 제자직을 담당하는 교사에게는 필수적인 덕목임을 강조하는 것이다(Groome, 2007, p. 362).

그룸은 종교 교사의 "힐라리타스"(hilaritas)를 강조한다. 여기서 "힐라리타스"는 성 아우구스티누스의 400년경에 저술한 『제1차 교리수업』(*First Catechetical Instruction*)에서 종교 교사의 덕목으로 강조한 개념으로, "열정," "즐거움"의 의미를 지닌다(Groome, 2007, 363). 그는 이러한 열정의 순간은, 자신의 가르침이 자신의 영성에 직접적인 영향을 주는 순간이라고 고백적으로 서술하고, 이것은 소금이 그 짠맛을 유지하는 것과 같은 의미를 갖는다고 주장한다(Groome, 2007, 363). 교사 자신의 영성과 거룩함 그 자체가 교육 전반의 가장 큰 영향 요인이 됨을 고백적으로 설명한 것이다.

두 번째로 교육의 목적에 주목해야 한다고 주장합니다. 순서에 있어서 교육의 내용과 방법은 목적 다음이라는 것이다. 그는 교육의 목적이 교육의 내용과 방법을 이끄는 것이라고 주장하고, 교육의 목적을 "우리가 사람의 삶 속에서 그리고 세계 속에서 달성하고 하는 희망"으로 정의한다(Groome, 2007, 363). 여기서 교육의 목적이란, 하나님의 나라가 "하늘에서와 같이 이 땅에서" 성취되는 이상으로, 교육의 목적으로서 "하나님의 통치"(God's reign)의 개념은 학습자와 교사가 최고의 희망을 표현한 요약적인 상징이 된다(Groome, 2007, 363). 이것은 우리 모두에게 요약적인 상징의 형태로 교육목적으로서 희망이 표현되어야 함을 의미하는 것이다.

교육의 목적을 설명할 때, 최종적인 희망으로서 "요약적인 상징"과 "보다 즉각적인 목적"은 구분된다(Groome, 2007, 363). 전자는 "하나님의 통치"를 의미하고, 후자는 "통전적인 본질"로 설명되는 "기독교 신앙"을 의미한다. 여기서 기독교 신앙의 통전적 본질이란 "하나님의 백성으로 알고, 사랑하고, 섬기는" 것으로 표현되는 교육에서의 "정신과 가슴 그리고 의지"의 영역을 세부적으로 설명하는 것이다(Groome, 2007, 363). 그는 정신은 "정보의 제공"(inform)과 연결하고, 가슴은 사람들의 삶을 "형성"(form)하는 것에 그리고 의지는 사람들의 삶을 "변형"(trans-form)시키는 것에 연결한다(Groome, 2007, 363). 그리고 이러한 정신과 가슴과 의지의 영역을 예수님께서 말씀하신 "길과 진리와 생명"(요 14:6) 그리고 "세상의 생명을 위한" 것으로 고백한다(Groome, 2007, 363). 다시 말해서, "통전적이고 관계적"이라는 말은 "지식과 앎에 대한 성서적 의미"로 파악될 수 있다(Groome, 2007, 363).

세 번째로, 자기 자신의 신앙공동체의 신앙을 구성하는 것에 충실해야 함이 강조된다. 여기서 "구성적인 신앙"(constitutive faith)이란 표현이 사용된다(Groome, 2007, 364). 구성적인 신앙이란 "진리의 위계"(hierarchy of truths)라는 개념과 연결된다(Groome, 2007, 364). 핵심 원리로 구성된 진리의 요구는 자연한 높은 진리의 위계를 지닐 수밖에 없다. 그리고 이와 같은 공동체의 핵심 원리로 진리를 집약하여 신앙을 구성하는 과업은, 바로 종교 교육가들의 몫에 해당된다. 보다 주목할 점은, 이러한 집약의 과정을 통해, 공동체 멤버들은 자신들의 신앙 정체성을 보존하게 되는 것이다. 신앙공동체의 정체성을 강조하면서, 그룹이 새롭게 제시하는 것은 신앙의 특수성과 보편성이다. 신앙의 특수성이란 앞에서 언급된 공동체 멤버들과 신앙공동체의 정체성의 긴밀한 관련성을 의미하고 신앙의 보편성이란, "하나님의 사랑과 자기-계시"에서 비롯된 보편성을 의미하는 것으로, 자신과 다른 이웃을 향한 사랑을 의미한다(Groome, 2007, 364). 이것은 신앙공동체의 자기 정체성에 주목하는 교육 활동은, 동시에 다른 전통과 자신과 다른 이웃에 대한 관심을 함께 병행해야 한다는 의미로 이해된다.

네 번째는 학습자에 대한 교사의 태도이다. 그룹은 교사는 학습자에 대한 무한한 가능성으로 그들을 대해야 한다고 조언한다. 가장 효과적인 의사소통은 "수취인의 관점"(according to the mode of the receiver)으로 학습자와의 관계를 형성하는 것이다(Groome, 2007, 364). 이를 위해 교사는 학습자의 일상과 그들의 문화 그리고 그들의 개인적인 일까지 알 필요가 있다고 조언한다. 여기서 "인간 조건"(human condition)에 대한 신학적 이해에 정기적으로 접근해야 한다는 것이 강조된다(Groome, 2007, 364). 이것은 그의 인간 이해의 단면을 보여주는 것으로, 그는 "인간의 가슴에는 그 어느 것으로도 채울 수 없는 하나님의 모습을 닮은 그릇"(God-shaped hollow in the human heart that nothing else can fill)이 있다는 파스칼이 말을 인용하며, 인간은 "하나님의 형상"(divine image and likeness)대로 지음 받은 존재임을 강조한다(Groome, 2007, 364). 이와 같은 인간 이해가 그의 교육에서 효과적으로 작용한다. 이것은 "교육의 효과"와 "학습자 이해" 사이에 어떠한 상관관계가 작용하고 있음을 암시하는 대목이다. 주목할 점은 학습자에 대한 이해가, 단지 교사와 학습자 사이의 관계에만 머무는 것이 아니라, 학습자에 대한 교사의 존중, 학습자의 언어 사용에 대한 교사의 인정, 학습자에 대한 교사의 배움 그리고 학습자들 사이의 동료 관계로까지 확대된다는 것이다. 학습자에 대한 이해가 학습자에 대한 기대치에 상당한 영향을 주고, 교사가 학습자를 어떻게 바라보느냐는 결국 학습자에 대한 교사의 기대치를 반영하며 이것은 교육에서의 효과와 긴밀하게 연결된다.

다섯 번째는 가정과 공동체에서의 "종교교육적인 의식"의 격려와 촉구이다. 이것은 "학교교육 패러다임"(schooling paradigm)에서 "공동체-기반"(community-based)의 패러다임의 종교교육에서의 새로운 전환을 의미하는 것이다. 여기에서 그룹은 종교적 전통에 "대해서 배우는 것"(learn about)과 종교적 전통"에서 배우는 것"(learn from)을 구별하여 설명한다(Groome, 2007, 365). 전자는 학교 교육 혹은 공식적인 교육 프로그램으로 학습이 가능하지만, 후자의 경우에는 공식적인 학교 교육만으로는 불충분하다는 것이다. 후자의 경우에는 공동체의 멤버들이, 자신들의 영적 정체감을 공동체의 신앙 전통에 기초하는 특징을 지니고 있다. 여기서 새로운 종교교육의 대안은 회중, 가정 그리고 학교 교육의 연대와 결합으로 이해될 수 있다. 이와 같은 형태의 종교교육은 삶의 다양한 측면을 공유하게 도와주며, 그러한 삶의 공유를 통해, 각각의 측면을 조명하는 장점을 지닌다. 그리고 그들 각자의 신앙으로 사람들을 양육하며 지속하게 하는 에토스를 공교하게 하는 특징을 가지게 된다. 이처럼, 특별한 정체감으로 사람들을 양육하는 과정을 그룹은 "마을을 형성하는"(takes a village) 것으로 설명한다. 여기서 "마을"(village)이라는 개념은 공식적인 학교 교육에 비하여, 공동체적 연대를 강조하는 특징을 지닌다(Groome, 2007, 365).

여섯 번째는 자기 자신의 교육적 실천(praxis)를 지속으로 성찰하고, 그것의 향상을 위해 노력해야 한다는 것이다. 교수와 학습을 성찰한다는 것은 경험을 "재구성한다"(reconstruct)는 말로 이해될 수 있다(Groome, 2007, 365). 여기서 재구성하는 활동은 교수와 학습의 목적과 사유 그리고 교수와 학습의 발생과 향상의 성찰을 의미한다. 그룹이 주목한 교육의 실천은 "신앙의 전통"(faith tradition)과 "학습자의 삶"(their lives) 사이의 유기적이며 상호적인 관계이다(Groome, 2007, 365).

교육의 실천 속에서 교사와 학습자는 신앙의 전통으로 자신들을 이동시키고, 다시 신앙의 전통을 그들의 삶 속으로 가져온다. 이러한 교수법이 바로 "공유적 프락시스 접근"(shared praxis approach)입니다(Groome, 2007, 365). 공유적 프락시스 접근이 가장 주목하는 핵심은 신앙과 삶을 "생활 속의 신앙"(lived faith)으로 결합하는 것이다(Groom, 2007, 365). 좀 더 정확히 말하면, 교사와 학습자 혹은 신앙공동체의 멤버들이 그들의 신앙과 삶을 결합시키거나 통합시킬 수 있도록 도와주는 활동이라 할 수 있다. 그는 이러한 "삶-신앙-삶"(life to Faith to life)의 접근 방법을 40년 동안 사용하였는데, 회상해보니 자신이 그러한 방법을 잘 사용하지 못한 것 같다고 고백한다. 그래도 그것을 폐기하지 않고, 더 잘 사용하기 위해, 그 방법을 지속으로 성찰한다고 설명한다.

일곱 번째는 쌍방 간의 "계약"(covenant)의 차원에서 인간 차원의 노력과 "하나님 은혜의 기억"(memory of God's grace) 사이의 조화와 균형이 강조된다(Groome, 2007, 365). 특히, 교육의 과정에서 최선을 다한 후에 나머지는 하나님의 손에 위탁하는 것이 중요함을 강조한다. 그는 이것을 세례 요한의 이야기를 통해 설명한다. 세례 요한이 자신을 "나는 메시야가 아니다"라고 고백한 것처럼, 어려움의 최후의 순간에, "내가 메시야가 아님"을 인식하고, 하나님의 능력을 의지해야 함을 강조하는 것이다. 여기에서 인간은 하나님과의 질적 차이를 지닌 존재로 이해가 된다. 잭 세이모어(Jack L. Seymour)는 기독교 교사의 직무를 보다 넓은 세계 속에서 기독교인의 삶의 의미를 가르치고 해석하는 활동으로 설명한다(2014, 31). 어찌 보면 기독교 교사는 현실 세계와 하나님의 창조의 꿈, 이 둘 사이의 질적 차이를 민감하게 반응할 수 있는 역량의 소유자들이라 할 수 있다(Mercer, 2017, 291). 코로나19 시대의 기독교교육의 지속가능성은 현실 상황을 비판적으로 성찰하고 자신의 신앙과 유기적으로 연결할 수 있는 기독교 교사의 신학적 신념과 성찰 그리고 실천에 의존된다고 할 수 있다.

III. 기독교교육의 지속가능성

기독교 교사의 소명적 책무와 나눔의 실천은 삼림의 무분별한 벌채와 생물 다양성의 심각한 감소, 특히 코로나19 펜데믹 발병의 주된 원인으로 지목된 야생 동물 거래가 중국에서 해마다 200억 달러로 추산되는 산업이라는 점에서 코로나19로 인한 세계 경제의 손실이 5조 6천 달러를 상회한다는 단순한 경제적 수치의 산술적 차이를 강조하는 활동을 넘어선다(Tollefson, 2020, 176). 기독교교육의 지속가능성은 신학적 성찰을 통해 현실 사회의 실재적 요구에 반응하는 비판적이고 창조적인 전용(appropriation)의 역량을 지닌 기독교 교사의 탄력적 회복력을 요청한다(Seymour, 2014, 60). 코로나19의 현실 경험을 분석하고 성서와 기독교의 전통을 이야기와 비전의 차원에서 공유하며 함께 성찰하고 대화하고 결정하고 행동하는 의지적 결단을 통해서 기독교 교사는 창조적이며 미래 지향적인 기독교교육의 수혜자들을 형성하게 되는 것이다(Seymour, 2014, 61). 이 과정에서 기독교 교사는 전통적 규범이 지닌 부적합성을 비판하고 지구의 생명 시스템에 적절하게 반응할 수 있는 생태적 지속가능성을 신중하게 고려할 수 있어야 한다.

실천신학적 조이스 머서(Joyce Ann Mercer)는 생태적 지속가능성의 관점에서 전통에 대한 적절하지 못한 해석은 인간이 현실 사회 속에서 겪게 되는 경험의 생생함이 신학적 구성과 규범적인 원리로 신중하게 고려되지 못한 결과로 이해한다(2017, 291). 이러한 경우 추상적 교리의 논리적 결합이 "경험의 구체적 실재" 속에서 분리되어도 신학의 구조는 "생태적 복지"의 관점에서 "신학적 개념의 부적합성"을 비판하고 "생태적 고통"과 "환경적 수모"에 적극적으로 응답할 수 있어야 한다고 주장한다(Mercer, 2017, 291). 이렇게 할 수 있는 신학적 해석의 근거는 개념, 설명, 분석이 불의, 고통, 억압으로 위축된 "창조의 풍성함"과 희미하게 된 "하나님의 꿈"에 우선하지 않는다는 실천신학의 사고와 "행동의 방식"에 기인한 것이다(Mercer, 2017, 292). 심지어 이러한 신학적 실천으로 발생된 죽음과 실종과 같은 위험에 직면한 위기 속에서도 창조의 풍성함을 파괴하고 훼손하는 위협에 대하여 하나님의 희망을 선포하는 증언자로 서야 한다는 점을 역설한다(Mercer, 2017, 295).

여기에서 머서는 "상호연관성"(interrelatedness)과 "상호의존성"(inter-reliance)의 생태적 행동주의의 신학적 논리를 제시한다(Mercer, 2017, 304). 열대 우림 지역의 상황적 특성 속에서 맹그로브의 생태, 철새의 이동 그리고 지역에 사는 그 원주민들의 생존은 서로가 긴밀하게 의존되어 설명된다는 것이다. 한 집단의 생존이 다른 집단의 생존에 의존하는 것, 이것을 상호의존성의 핵심으로 설명한다(Mercer, 2017, 304). 머서 역시 성서와 기독교의 전통이 삶의 경험과 실재적인 삶의 자리 속에서 "비판적 수정"이 가능하고, 이러한 과정에서 성과 기독교 전통은 삶의 현장과 "비판적이며 생산적인 관계"를 형성하게 된다고 주장한다(Mercer, 2017, 304). 이 점에서 기독교교육의 지속가능성은 하나님의 창조적 통치와 모든 피조물의 풍성함을 지향하며 성소와 기독교의 전통이 생태시스템의 파괴를 비판하고 상대화하며 생태시스템의 다른 구성원들과 인간의 상호연관성을 구성하는 방향으로 독특한 해석의 틀을 형성하게 된다(Mercer, 2017, 304). 여기에서 우리는 생태적 인간성에 대한 새로운 개념과 마주하게 된다. 그것은 포괄적인 인간 이해는 하나님의 창조적 풍성함과 그들 주위에 중요한 연결의 고리 속에 있는 다른 피조물의 생태와 상호 가능한 존재론적 함의 속에서 재규정된다는 것이다. 예를 들어, 열대 우림 지역에서 인간 존재는 필연적으로 그 지역 원주민들의 삶의 근거가 되는 물고기 그리고 맹그로브의 생태의 "피조물됨"(creaturehood) 속에서 상호 가능한 탐구의 함의를 얻게 되는 것이다(Mercer, 2017, 305).

이렇게 되면 인간이 아닌 다른 피조물의 생태적 환경과 복지는 인간의 의사 결정에 중요한 영향 요인으로 자리 잡게 된다. 다시 말해서 비인간 피조물의 생태와 생존이 인간의 생태적 지속가능성을 결정하는 핵심요인이 되기 때문이다. 따라서 기독교교육의 지속가능성은 다른 피조물과 인간이 경험하는 삶의 호흡에 대한 공감(empathy)의 역량을 충분히 배양하는 쪽으로 그 방향이 결정될 것이다(Mercer, 2017, 305). 더 나아가서 머서는 다른 피조물과 인간 존재의 정당한 관계의 형성을 위해, 인간 존재의 임시성(contingencies)에 대한 해석학적 성찰이 선행되어야 함을 강조한다(Mercer, 2017, 307). 기독교교육의 지속가능성을 이 점에서 에어스(Jennifer R. Ayres)는 기독교의 중심에 있는 신학적 요구를 다음과 같이 설명한다.

육체의 몸에 거주하시며 하나님께서는 이러한 몸을 모든 거룩함과 아픔으로 회복시키셨다. 육체의 생태적 중요성은 그것의 물질성에 거주하는 것이다. 그러한 물질성을 인간 존재, 비인간 생명 그리고 지구적 물질과 공유한다. 인간이 그들의 사회적이고 생태적 환경과 연결된 것을 발견하는 것은 육체 안에서이다…. 우리의 몸은 가녀린 정원사의 등에서 채소를 수확하는 땅의 작업에서 그리고 솟아오르는 강물의 넘실거림에서 땅의 요소의 힘을 이해한다. 생태적 학과 생태적 의식에서 몸의 역할을 고려함으로 분명하게 되는 것은 그것이 동시에 학습자의 정서적 관심을 소환하는 것이다. 인간 존재가 그들의 몸을 통해서 경험하는 것은, 흥분, 노동, 피곤, 건강, 고통, 감각적 경험으로 명백하게 그리고 가시적으로 인간의 정서, 자기 이해 그리고 종교적 정체성과 연결된다(Ayres, 2020, 21).

결국, 자연 속에서 그리고 자연과 함께하지 않고, 우리의 몸은 하나님의 성스러움을 경험하고 체득하지 못하게 된다. 기독교교육의 지속가능성은 이처럼 하나님의 초월적 아름다움과 신비로움을 학습자들이 자연 속에서 마주하는 기이함과 기쁨의 공간에 초대하는 발견의 학습 환경을 구성하는 노력이 된다(Ayres, 2020, 24).

참고문헌

1부 | 코로나19 시대, 성서적 이해와 세계의 상황

코로나19 시대, 성서(구약)의 전염병의 신학적 의미 _ 박신배

박신배 (2020). 구약이야기. 서울: KC대학교 출판국.

이용호·조갑진 (2019). 성서의 이해. 부천: 서울신학대학교출판부.

롤랑 드보 (1993). 구약시대의 종교 풍속. 이양구 역. 서울: 나단출판.

Ehrekranz N. Joel, M. D. and Sampson, Debrah A. Ph. D.(2008). *Origin of the Old Testament Plagues: Explications and Implications*. The Yale Journal of Biology and Medicine, 81, 31-42.

Gammie, John G. (1989). *Holiness in Israel*. Minneapolis: Fortress.

Gunkel, Hermann/tr. by William F. Albright. (1966). *The Legends of Genesis*. New York: Schocken Books.

Knohl, Israel. (1995). *The Sanctuary of Silence*. Minneapolis: Fortress.

Martin Noth/tr. by Stanley Godman. (1958). *The History of Israel*. London: Adam & Charles Black.

Sohn, Seock-Tae. (1991). *The Divine Election of Israel*. Michigan: William B. Eerdmans.

Verginia S. Daniel and Thomas M. Daniel. (1999). *Old Testament Biblical References Tuberculosis*. Clinical Infectious Diseases, 29(6): 1557-1558.

Wright, G. E. (1953). *The Old Testament Against Its Environment*. London: SCM Press.

유대교 미쉬나 토호롯의 율법 교육을 통한 코로나19의 극복 방안 _ 옥장흠

김영진 (2005), 토라. 서울: 한들출판사.

서홍교 (2003). 성서에서의 '율법'과 '은혜' 개념이 가지는 도덕 및 도덕교육적 함의. 도덕윤리과 교육연구 17, 50-67.

안명준 외 (2020). 전염병과 마주한 기독교, 경기 군포: 다함.

옥장흠 (2014). 탈무드를 보다, 경기 오산: 한신대학교출판부.

옥장흠 (2020). 유대교의 정결교육을 통한 영적인 삶의 회복. 가스펠투데이 2020. 8. 28.

윤성덕 (2019). 미쉬나 제6권 토호롯: 하나님께서 창조하신 인간은 어떤 권위를 가질까. 기독교사상, 727, 122-136.

최창모·최중화 (2018). 미쉬나: 개론적 소고. 한국중동학회 춘계학술대회 발표자료 2018. 4. 28. 한국외국어대학교.

Cruesemann, Frank. (1995). 토라1. 김상기 옮김. 천안: 한국신학연구소. (원저 1992년 출판)

Neusner, Jacob. (2006). "Introduction to Tractate Niddah." *The babylonian talmud: A translation and commentary*. v22d. Hendrickson Publishers. 1-2.

Neusner, Jacob. (1984). *Invitation to the Talmud*, New York: Harper Collins Publishers.

Neusner, Jacob. (1973). *Learn Mishnah*, Behraman House, Inc.

Neusner, Jacob. (1992). 토라의 길. 서휘석·이찬수 역. 서울: 민족사. (원저 2003년 출판)

Steinberg, Milton. (1996). 유대교의 기본. 이수현 역. 서울: 동인. (원저 1965년 출판)

의학적 관점으로 본 100년 만의 팬데믹 _ 이종훈

이종훈 외 (2020). 기독교와 마주한 전염병. 서울: 다함.

이종훈·이노균 (2015). 성경 속 의학 이야기. 서울: 새물결플러스.

Karlen, Arno. (2001). 전염병의 문화사. 권복규 역. 서울: 사이언스북스. (원저 1996년 출판)

Quammen, David. (2017). 인수공통 모든 전염병의 열쇠. 강병철 역. 서울: 꿈꿀자유. (원저 2013년 출판)

코로나19 시대, 통전적 인간 이해와 청지기 교육 _ 이규민

남충현·이규민 (2020). 죽음교양수업. 서울: 홍성사.

안명준·이규민 외 (2020). 교회통찰: 코로나, 언택트, 뉴노멀 시대 교회로 살아가기. 서울: 세움북스.

이규민 (2018). 다음 세대를 세우는 교사 영성. 교사미션 트립. 서울: 대한예수교장로회 총회교육부.

이규민 (2016). 포스트모던시대의 통전적 기독교교육. 서울: 한국장로교출판사.

이규민 (2016). 생명을 회복하는 교회교육, 다음세대에 생명을. 서울: 장로회신학대학 교 기독교교육연구원.

Anselm. (2013). *Cur Deus Homo*. New York: Kessinger Publishing Co..

Brierley. (2006). Michael et al. *Public Life And the Place of the Church*. Farnham, U.K: Ashgate Pub. Co..

Harari, Yuval. (2017). *Homo Deus*. 호모 데우스: 미래의 역사. 김명주 역. 서울: 김영사.

Hauerwas, Stanley · Willimon, William. (1996). *Where Resident Aliens Live: Exercises for Christian Practice*. New York: Abingdon Press.

Loder, James. (2020). *Educational Ministry in the Logic of the Spirit*. 이규민 역. 통전적 구원을 위한 기독교교육론: 변형과 해방을 위한 교육과 예배의 만남. 서울: 대한기독교서회.

Loder, James. (2009). *The Knight's Move*. 이규민 역. 성령의 관계적 논리와 기독교교 육인식론. 서울: 대한기독교서회.

McFague, Sallie. (1993). *The Body of God: An Ecological Theology*. New York: Augsburg Fortress Publishers.

Moe-Lobeda, Cynthia. (2004). *Public Church: For the Life of the World*. New York: Augsburg Fortress Publishers.

Money, Nicholas. (2020). *The Selfish Ape: Human Nature and Our Path to Extinction*. 김주희 역. 이기적 유인원: 끝없는 진화를 향한 인간의 욕심, 그 종착지 는 소멸. 서울: 한빛비즈.

Nouwen, Henry. (1986). *Reaching Out: The Three Movements of the Spiritual Life*. New York: Image Books.

Osmer, Richard. (1992). *Teaching for Faith*. Philadelphia: Westminster/John Knox Press.

Torrance, T. F. ed. (1980). "Notes on Terms and Concepts." *Christian Life*. Edinburgh: The Hadsel Press.

Yust, Karen-Marie. (2016). *Taught by God*. 이규민 역. 기독교교육과 영성: '참된 영성' 회복을 위한 기독교교육. 서울: 장로회신학대학교 기독교교육연구원.

Wyckoff, Campbell. (1961). *The Theory and Design of Christian Education Curriculum*. Philadelphia: The Westminster Press.

코로나19와 주일 성수와 예배의 문제 _ 박미경

강대중 · 김경애 외 (2020). 코로나19, 한국 교육의 잠을 깨우다. 서울: 지식공작소.

기독교윤리실천운동 (2020). 긴급좌담 포스트코로나19 시대의 교회: 위협과 기회 자료집. 서울: 기윤실.

김용섭 (2020). 언콘택트 Uncontact: 더 많은 연결을 위한 새로운 시대 진화 코드. 서울: 퍼블리온.

김정 (2014). 초대교회 예배사: 초대교회의 예배를 통해 오늘을 되돌아본다. 서울: 기독교문서선교회.

김호기 (2020). 코로나 이후의 한국 사회. 코로나19 이후의 한국교회 대토론회 자료집.

노영상 · 이상규 · 이승구 편 (2020). 전염병과 마주한 기독교. 서울: 다함.

마이클 프로스트, 크리스티아나 라이스 (2020). 일주일 내내 교회로 살아가기 기독교를 싫어하는 세상에서 그리스도의 몸으로 존재하는 기술. 송일 역. 서울: 새물결플러스.

목회데이터연구소 (2020). 위클리리포트 넘버즈 61호. 서울: 목회데이터연구소(pdf 버전).

박경수 · 이상억 · 김정형 편 (2020). 재난과 교회: 코로나19 그리고 그 이후를 위한 신학적 성찰. 서울: 장로회신학대학교출판부.

손원영 (2002). 기독교교육의 재개념화. 서울: 대한기독교서회.

신형섭 · 박재필 · 김성중 편 (2020). 재난과 교회: 코로나19 그리고 그 이후를 위한 목회적 · 교육적 성찰. 서울: 장로회신학대학교출판부.

이경상 (2020). 코로나19 이후의 미래: 카이스트 교수가 바라본 코로나 이후의 변화. 서울: 중원문화.

이도영 (2020). 코로나19 이후 시대와 한국교회의 과제: 한국교회, 공교회성과 공동체성 그리고 공공성을 회복하지 않으면 망한다. 서울: 새물결플러스.

월터 브루그만 (2020). 다시 춤추기 시작할 때까지: 코로나 시대 성경이 펼치는 예언자적 상상력. 신지철 역. 서울: Ivp.

존 레녹스 (2020). 코로나바이러스 세상, 하나님은 어디 계실까? 홍병룡 역. 서울: 아바서원.

존 파이퍼 (2020). 코로나바이러스와 그리스도. 조계광 역. 서울: 개혁된실천사.

주학선 (2018). 예배를 예배되게: 영감 있는 예배 가이드. 인천: 리터지하우스.

최윤식(2020). 빅체인지: 코로나19 이후 미래 시나리오. 파주: 김영사.

톰 라이트 (2020). 하나님과 팬데믹: 코로나와 포스트 코로나 시대에 대한 기독교적 성찰.
　　　이지혜 역. 파주: 비아토르.

팀 켈러 (2018). 팀 켈러, 고통에 답하다: 예수와 함께 통과하는 인생의 풀무불. 최종훈
　　　역. 서울: 두란노.

김기석 (2020). 코로나 시대, 하나님이 우리에게 원하시는 것. CBS잘잘법(잘 믿고
　　　잘 사는 법) Ep.39. 2020. 7. 10.
　　　https://www.youtube.com/watch?v=vGvGEybO2BE&t=291s 2020. 8. 30.
　　　접근.

김명실 (2020). '코로나19와 주일예배'를 바라보는 예배학자의 소고.
　　　http://cafe.daum.net/pyd5585/FkTW/32655?q=%EC%BD%94%EB%A1%
　　　9C%EB%82%9819%EC%99%80%20%EC%A3%BC%EC%9D%BC%EC%98
　　　%88%EB%B0%B0 2020. 8. 20. 접근.

김영무 (2020). "코로나19와 주일 온라인 예배." 코람데오닷컴. 주장과 논문. 2020.
　　　3. 9. http://www.kscoramdeo.com/news/articleView.html?idxno=16629
　　　2020. 8. 5. 접근.

김학철 (2020). 주일에 꼭 교회에 가야 하나요? CBS잘 믿고 잘 사는 법 Ep. 24. 2020.
　　　3. 20. https://www.youtube.com/watch?v=8jfMlXI7KN4 2020. 8. 20. 접근.

노컷뉴스 2020년 9월 2일. 코로나19 이후 개신교 이미지 '더 나빠졌다 63.3%'. 노컷
　　　뉴스 문화. https://www.nocutnews.co.kr/news/5405743 2020. 9. 4. 접근.

뉴스앤조이 2020년 9월 1일. 현실 감각에 문제? 비신자 82.7% '교회 코로나19에
　　　대응 못한다,' 개신교인 56.9%는 '대응 잘했다'. 뉴스앤조이, 코로나19와 개
　　　신교. http://www.newsnjoy.or.kr/news/articleView.html?idxno=301270
　　　2020. 9. 4. 접근.

박해정 (2020). 부활주일 온라인 성찬, 가능한가? 뉴스앤조이, 코로나19와 개신교.
　　　2020. 4. 9. http://www.newsnjoy.or.kr/news/article-
　　　View.html?idxno=300521 2020. 8. 29. 접근.

이형규 (2020). 코로나19와 기독교 예배. 미국연합감리교회 홈페이지, Share. 2020.
　　　3. 23. https://www.umnews.org/ko/news/covid-19-and-christian-wor-
　　　ship 2020. 8. 30. 접근.

이찬수 목사 설교 영상. 분당 우리교회 인터넷 방송. 2020년 8월 23일 & 8월 30일
　　　설교. http://www.woorichurch.org/wch/media_board/rea-
　　　d.asp?board_idx=101&sub _idx=1&seq=64073&page=1&search_se-

lect=&search_text=&lef=&sublef= 2020. 9. 5. 접근.

임종구 (2020). 코로나19와 주일예배에 대한 신학적 성찰. 기독신문 오피니언. 2020.
　　2. 28. http://www.kidok.com/news/articleView.html?idxno=205576
　　2020. 8. 6. 접근.

정성구 (2020). 정성구 칼럼 — 너무 성급한 공예배 중단. 본헤럴드 오피니언. 2020.
　　4. 26. http://www.bonhd.net/news/articleView.html?idxno=10098 2020.
　　8. 5. 접근.

최강석 (2020). 바이러스쇼크: 인류재앙의 실체, 알아야 살아남는다. 제2판. 서울: 매일
　　경제신문사.

최현식 (2020). 코로나 이후 3년 한국교회 대담한 도전. 서울: 생명의 말씀사.

Harari, Yuval Noah (2020). "The world after coronavirus." *Financial Times* 2020
　　년 3월 20일. https://www.ft.com/content/19d90308-6858-11ea-a3c9-
　　1fe6fedcca75 2020. 8. 15. 접근.

2부 ｜ 코로나19 시대, 교회교육의 과제와 새 패러다임

포스트 코로나 시대, 온라인 교회교육에 대한 이해 _ 김정희

울리히 벡 (1998). 정치의 재발견. 문순홍 역. 서울: 거름출판사. (원저 1939 출판)

유경동 (2020). 코로나19 시대의 웨슬리적 기독교윤리. 신학과세계, 98, 145-173.

이상만 (2020). 코로나19의 정치경제와 위기의 신자유주의 −변증법적 사유. 아시아
　　연구, 23(2), 1-45.

이은환 (2020). 코로나19 세대, 정신건강 안녕한가! 이슈&진단 414, 1-25.

이재완 (2020). 코로나 뉴노멀(New Normal) 시대, 지역사회복지의 변화와 방향.
　　2020 한국지역사회복지학회 춘계학술대회(김해대회) 발표논문집, 2020. 6,
　　3-28.

이재유 (2020). 코로나19 대응 관련 한국의 출입국 제한조치 및 국제법적 평가. 서울
　　국제법연구 27(1), 65-101.

홍민정·오문향 (2020). 코로나19 확산에 대한 국내 잠재 관광객의 감정 반응 연구:
　　의미론적 네트워크 분석의 활용. 관광연구 35(3), 47-65.

뉴스1 홈페이지 (2020. 2. 5). https://www.news1.kr/articles/?3834376.

뉴스핌 홈페이지 (2020. 8. 8).
　　http://www.newspim.com/news/view/20200808000159.

당당뉴스 홈페이지 (2020. 6. 10). http://www.dangdangnews.com/news/article-View.html?idxno=33769.

동아일보 홈페이지 (2020. 3. 29). http://www.donga.com/news/article/all/20200329/100401269/1.

연합뉴스 홈페이지 (2020. 1. 31). https://www.yna.co.kr/view/AKR20200131103151061?input=1195m.

연합뉴스 홈페이지 (2020. 7. 29). https://www.yonhapnewstv.co.kr/news/MYH20200720012800038?did=1825m.

충청타임즈 홈페이지(2020. 1. 30). http://www.cctimes.kr/news/articleView.html?idxno=600062.

한겨레 홈페이지 (2020. 2. 3). http://www.hani.co.kr/arti/society/schooling/926663.html.

한국경제 홈페이지(2020. 2. 29). https://www.hankyung.com/society/article/2020022947357.

한겨레 홈페이지(2020. 3. 26). http://www.hani.co.kr/arti/society/schooling/934219.html.

헤럴드경제 홈페이지 (2020. 4. 3). http://news.heraldcorp.com/view.php?ud=20200403000368.

KBS NEWS 홈페이지 (2020. 8. 6). http://news.kbs.co.kr/news/view.do?ncd=4511088&ref=A.

KBS NEWS 홈페이지 (2020. 6. 27). http://news.kbs.co.kr/news/view.do?ncd=4481105&ref=A.

MBC뉴스 홈페이지 (2020. 4. 12). https://imnews.imbc.com/replay/2020/nwdesk/ article/5724052_32524.html.

코로나19와 교회교육 커리큘럼: 미디어 리터러시 핵심 역량 _ 이원일

권성호·김효숙·정효정 (2012). 스마트 환경에서의 교육사역 역량에 관한 연구. 기독교교육정보, 35, 291-324.

김아미 (2008). [주제 1] 디지털 환경에서의 미디어 리터러시의 재개념화. 한국방송학회세미나 및 보고서, 7-19.

김아미 (2015). 미디어 리터러시 교육의 이해. 서울: 커뮤니케이션북스(주).

김정준 (2016). 미래세대와 영성교육. 미래시대·미래세대·미래교육. 서울: 도서출판

기독한교.

김효숙 (2013). 디지털 문화 역량으로서 미디어 리터러시 개발. 기독교교육논총. 제36집, 395-421.

김희자 (2000). 디지털환경에서의 기독교미디어교육의 방법론 연구. 기독교교육정보. 1, 157-187.

김효숙·권성호·성민경 (2013). 스마트 환경에서 관계적 역량 증진을 위한 교회 교사교육 프로그램 개발. 기독교교육논총, 제33집, 67-90.

박진우 (2020). 미디어 리터러시. 서울: 주식회사 부크크.

소경희 (2017). 교육과정의 이해. 서울: 교육과학사.

안정임·김양은·전경란·최진호 (2019). 미디어 리터러시 역량 인식의 전문가 집단 간 동질성과 차별성. 사이버커뮤니케이션학보, 36(1), 49-87.

안정임·서윤경·김성미 (2017). 국내 미디어 리터러시 연구 동향 분석. 한국방송학보, 31(5), 5-49.

이성아·이은철·남선우 (2020). 기독교대학의 핵심 역량 측정 도구 개발 사례 연구: K대학교를 중심으로. 기독교교육논총, 62집, 187-225.

이원일 (2017). 성인기독교교육의 내러티브. 서울: 한들출판사.

이원일 (2015). 기독교교육과정에서의 가상성. 기독교교육정보. 제46집, 223-250.

이원일 (2013). 기독교교육학과 커리큘럼 분석. 기독교교육논총. 33집, 175-200.

이원일 (2008). 해석학과 기독교교육현장. 서울: 한국장로교출판사.

이원일 (2004). 해석학적 상상력과 기독교교육과정. 서울: 한국장로교출판사.

원용진 (2019). 플랫폼 시대의 매체 문식성(미디어 리터러시). 새국어생활, 29(2), 29-45.

정재삼·장정훈 (1999). 수행 컨설턴트의 역량모형 개발을 위한 델파이 연구: 조직 문화 변화 해결책을 중심으로. 교육공학연구, 제15권 제3호, 99-127.

정현선·김아미·박유신·전경란·이지선·오자연 (2016). 핵심 역량 중심의 미디어 리터러시 교육내용 체계화 연구. 학습자중심교과교육연구, 제16권 제11호, 211-238.

Bondy, John K. (2009). Digital Natives, Christian Education, and Media Literacy: A Rapport. *Journal of Christian Education & Information Technology,* 15, 97-115.

Buckingham, David (2007). Digital Media Literacies: rethinking media education in the age of the Internet. *Research in Comparative and International*

Education, Volume 2, 2007.

Estes, Douglas (2009). _SimChurch: being the church in the virtual world._ Michigan: Zondervan, Grand Rapids.

Jolls, T. & Wilson, C. (2014). The core concepts: Fundamental to media literacy yesterday, today and tomorrow. _Journal of Media Literacy Educaton,_ 6(2), 68-78.

Potter, W. James. (2010). The State of Media Literacy. _Journal of Broadcasting & Electronic Media,_ 54(4), 675-696.

https://aml.ca/resources/eight-key-concepts-media-literacy/ (접속일: 2020. 8. 28.)

http://www.medialit.org/about-cml (접속일: 2020. 8. 21.)

https://www.ofcom.org.uk/__data/assets/pdf_file/0021/72255/strat_prior_statement.pdf (접속일: 2020. 8. 21.)

https://unesdoc.unesco.org/ark:/48223/pf0000192971/PDF/192971eng.pdf.multi (접속일: 2020. 8. 28.)

코로나19와 교회학교 교사의 역할 _ 남선우

남선우 (2020). 에듀테크 기반 플립러닝 교수학습 모형 개발 및 적용. 인문사회21, 11(3), 1677-1691.

소경희 (2017). 교육과정의 이해. 서울: 교육과학사.

신명희 외 (2018). 교육 심리학. 서울: 학지사.

Belshaw, D. (2011). What is digital literacy?. https://clalliance.org/wp-content/uploads/files/doug-belshaw-edd-thesis-final.pdf Archived 2020. 8. 20.

Branford, J., Derry, S., Berliner, D., Hammerness, K., & Beckett, K. L. (2005). Theories of learning and their roles in teaching. In L. Darling-Hammond & J. Bransford(Eds.), _Preparing teachers for a changing world: What teacher should learn and be able to do._ San Francisco: John Wiley & Sons.

Griggs, D. L. (1980). _Teaching teachers to teach: A basic manual for church teachers._ New York : Abingdon press.

Gilster, P. (1997). _Digital literacy._ New York : Wiley Computer Pub.

Palmer, P. J. (2010). 가르칠 수 있는 용기. 이종인, 이은정 역. 서울: 한문화. (원저 1998 출판)

김기태 (2017). 디지털시대, 교회와 미디어. 디지털시대의 교회와 커뮤니케이션. 한국
　　교회언론연구소, 서울: 한들출판사.

김정준 (2017). 21세기 한국사회와 노인목회의 새로운 과제와 방향. 기독교교육논총
　　50, 155-199.

김정준 (2020). 코로나19의 상황과 교회학교 운영의 새 방향. 코로나 뉴노멀 언택트시
　　대교회로 살아가기: 교회통찰. 안명준 외 45인. 서울: 세움북스.

노안영·강영신 (2006). 성격심리학. 서울: 학지사.

백상현 (2014). 이단 사이비, 신천지를 파헤치다. 서울: 국민일보기독교연구소.

송영구 (2005). 전염병의 역사는 '진행 중.' 대한내과학회지, 제68권 제2호, 127-128.

이상규 (2020). 중세 흑사병은 하나님의 징계였을까? 전염병과 마주한 기독교. 안명
　　준 외 17명. 서울: 다함.

이종훈 (2020). 의학적 관점에서 본 전염병. 전염병과 마주한 기독교. 안명준 외 17명.
　　서울: 다함.

탁지일 (2020). 이단 대책과 한국교회. 코로나, 뉴노멀, 언택트 시대, 교회로 살아가기:
　　교회통찰. 안명준 외 45인. 서울: 세움북스.

현대종교편집국 엮음 (2018). 올바른 신앙, 건강한 삶을 위한 이단 바로알기. 서울: 현대
　　종교.

홍윤철 (2020). 팬데믹. 서울: 포르체.

Berry, Thomas (2000). 경제에 대한 종교적 접근. 생태계의 위기와 기독교의 대응. 한
　　국기독교연구소 편, 김준우 역. 서울: 한국기독교연구소. (원저 1995 출판)

Bondi, John K. (2009). Digital Natives, Christian Education, and Media Literacy:
　　A Rapport. *Journal of Christian Education & Information Technology*. 15,
　　97-115.

Buckingham, D. (2004). 미디어 교육: 학습, 리터러시 그리고 현대문화. 기선정·김아미
　　역. 서울: jnbook. (원저 2003 출판)

Buckingham, D. (2007). Digital media literacies: Rethinking media education in
　　the age of the Internet. *Research in Comparative and International
　　Education*, 2(1), 43-55.

Clinebell, Howard (1995). 전인건강. 이종헌·오성춘 역. 서울: 성장상담연구소. (원
　　저 1992 출판)

Fox, Matthew (2008). 창조영성 길라잡이. 황종렬 역. 서울: 분도출판사. (원저 1983 출판)

Freud. S. (1983). 정신분석입문. 김성태 역. 서울: 삼성출판사. (원저 1935 출판)

Hall. Calvin S. (1994). 프로이트 심리학 입문. 지경자 역. 서울: 홍신문화사. (원저 1954 출판)

Harari, Yubal N. (2017). 호모 데우스: 미래의 역사. 김명주 역. 서울: 김영사. (원저 2015 출판)

Hobbes, R. (2010). *Digital and Media Literacy: A Plan of Action*. Washington D.C.: The Aspen Institute.

Kierkegaard, Søren A. (1985). 죽음에 이르는 병. 손재준 역. 서울: 삼성출판사. (원저 1850 출판)

Maslow, Abraham H. (1954). *Motivation and Personality* (2nd ed.). New York, Evanston, andLondon: Harper & Row, Publishers.

McFague, Sallie (2000). 지구(地球) 신학의 과제. 생태계의 위기와 기독교의 대응. 한국기독교연구소 편, 김준우 역. 서울: 한국기독교연구소. (원저 1991 출판)

Thayer, Nelson S. T. (1992). 영성과 목회. 백상열 역. 서울: 대한기독교서회. (원저 1985 출판)

"사망 하루 뒤 확진". 고령자 위중 현실로. mbc뉴스. 2020.8.26.

"아프리카돼지열병." 다음백과사전, https://100.daum.net/encyclope-dia/view/b14a2737a 2020.9.10.

"에볼라 출혈열," 다음백과사전, https://100.daum.net/encyclope-dia/view/35XXXH003803

'1년에 2500억톤 녹는 빙하, 골든타임 지났나?.' jtbc 뉴스, 2020.08.19

"코로나19는 독감 수준? 공포는 과장된 것?." jtbc[펙트체크], 2020.09.07.

"코로나 불면증' 세계 공중 보건 새 위협요소로." 연합뉴스TV. https://www.yonhapnewstv.co.kr/news/MYH20200904023200038?did=1947m 2020.9.4.

"한국인은 '걱정왕', 코로나 확진자 젤 적은데도 걱정은 14개국 중 1위." 중앙일보. https://news.v.daum.net/v/20200909230043246 2020.09.09.

코로나19가 가져온 기독교 학교의 뉴노멀 _ 장유정

고영복 (2000). 사회학사전. 사회문화연구소. Retrieved August 21, 2020, from

https://terms.naver.com/entry.nhn?docId=1071160&cid=40942&categoryId=32335.

김규회 (2012). 상식의 반전 101: 의심 많은 교양인을 위한. 서울: 끌리는책.

김효숙 (2013). 디지털 문화 역량으로서 미디어 리터러시 개발. 기독교교육논총, 36, 395-421.

박상진 (2017). 기독교적 수업이란?: 수업의 관계모델로서 성육신적 수업. 제8회 기독교학교 교사 컨퍼런스.

박상진 · 이종철 (2019). 당신이 기독교대안학교에 대해 알고 싶은 모든것. 서울: Bookk.

샘물중고등학교. 교육과정 및 교사소개: 교양교육과정. Retrieved August 25, 2020, from http://smca.or.kr/?page_id=3119.

Calvin, J. (1846). *The institutes of the Christian religion* (H. Beveridge Trans.). Edinburgh: Calvin Translation Society.

Drinkwater, S. (2018). We shape our technology; then technology shapes us. Deteveryone. Retrieved August 20, 2020, from https://medium.com /doteveryone/https-medium-com-doteveryoneuk-we-shape-our-tech-nology-then-technology-shapes-us-36d16251176e 2020-08-24

Ferguson, Jay (2020). Finding a way forward. Council on Educational Standards & Accountability(CESA). Retrieved August 20, 2020, from https://www.cesaschools.org/finding-a-way-forward/

Heidi A. Campbell, H. A. & Garner S. (2016). *Networked theology: negotiating faith in digital culture*. Grand Rapids: Baker Academic.

Hobbs, R. (2010). *Digital and media literacy: A plan of action*. Washington, DC: Aspen Institute.

Nowen, H. (2013). *Discernment: Reading the signs of daily life*. New York, NY: HarperOne.

Palmer, P. J. (2009). 가르침과 배움의 영성. 이종태 역. 서울: IVP. (원저 1993 출판)

Smith, David I. (2018). *On Christian teaching: Practicing faith in the classroom*. William B. Eerdmans Publishing Company: Grand Rapids, Michigan (e-book)

Smith, David I. · Sevensma, K. · Terpstra, M. and Mcmullen, S. C. (2020). *Digital life together: The challenge of technology for Christian schools*. Grand Rapids, MI: Eerdmans.

Van, B. H. W. (2006). 기독교적 교육과정 디딤돌. 이부형 역. 서울: IVP. (원저 2002

출판).

Van Dyk, J. (2012). 기독교적 가르침, 그게 뭔가요? 박상호 역. 교육과학사

코로나19가 만든 캠프의 새로운 패러다임 _ 김재우

www.coommi.org
www.Concordiasupply.com
https://csibridge.org/82

3부 ㅣ 코로나19 시대, 기독교교육의 과제와 새 전망

코로나19로 영성적 삶을 회복하는 기독교교육의 과제 _ 김난예

김난예 · 정원범 (2019). 공동체 영성의 향기. 논산: 대장간.

김영선 (2002). 조직신학 속의 영성. 서울: 대한기독교서회.

김형근 (2010). 본회퍼의 영성. 서울: 넷북스.

김홍기 (2001). 존 웨슬리의 경제윤리. 서울: 대한기독교서회.

이원규 (2003). 기독교의 위기와 희망. 서울: 대한기독교서회.

정승훈 (2000). 종교개혁과 칼뱅의 영성. 서울: 대한기독교서회.

정원범 (2004). 신학적 윤리와 현실. 서울: 쿰란출판사.

정원범 (2009). 영성수련과 영성목회. 서울: 한들출판사.

Aburdene, P. (2010). 메가트렌드 2010. 윤여중 역. 서울: 청림출판. (원저 2006 출판)

Augsburger, D. (2006). *Dissident discipleship: A spirituality of self-surrender, love of God, and love of neighbor*. Grand Rapids, Michigan: BrazosPress.

Campolo, T., & Darling, M. A. (2007). *The God of intimacy and action*. San Francisco: Jossy-Bass.

Clowney, E. P.(2005). 세속주의와 기독교 선교. 고려신학, 12, 133-177.

Collins, K. J. (2000). *Exploring Christian spirituality: An ecumenical reader*. Grand Rapids, Michigan: Baker Books.

Cox, H. (2010). 종교의 미래. 김창락 역. 서울: 문예출판사. (원저 2009 출판)

Damarest, D. (2004). 영혼을 생기나게 하는 영성. 김석원 역. 서울: 쉴만한물가. (원저 1999 출판)

Diener, P. W. (1997). *Religion and morality: An introduction*. Louisville, Kentucky:

Westminster John Knox Press.

Downey, M. (1997). *Understanding Christian spirituality*. New Jergy: Paulist Press.

Ellul, J. (1994). 뒤틀려진 기독교. 쟈크엘룰 번역위원회 역. 서울: 대장간. (원저 1984 출판)

Ellul, J. (1995). 우리 시대의 모습. 김재현 역. 서울: 대장간. (원저 1981 출판)

Faricy, R. (1999). 관상과 식별. 서울: 성서와 함께. (원저 1987 출판)

Frazee, R. (2003). 21세기 교회 연구: 공동체. 차성구 역. 서울: 좋은씨앗. (원저 2001 출판)

Gibbs, E., & Bolger, R. K. (2008). 이머징교회. 김도훈 역. 서울: 쿰란출판사. (원저 2005 출판)

Grün, A., & Dufner, M. (2008). 아래로부터의 영성. 전헌호 역. 왜관: 분도출판사. (원저 2004 출판)

Gundry, S. N., & Johnson, A. F. (1976). *Tensions in contemporary theology*. Grand Rapids, Michigan: Baker Book House.

Hinson, E. G. (1993). *Spirituality in the ecumenical perspective*. Louisville, Kentucky: Westminster/John Knox Press.

Jenkins, P. (2009). 신의 미래. 김신권, 최요한 역. 서울: 도마의 길. (원저 2007 출판)

Kelly, E. (2008). 파워풀타임스. 정상호 · 이옥정 역. 서울: 럭스미디어. (원저 2005 출판)

King, R. H. (2007). 토마스 머튼과 틱낫한: 참여하는 영성. 이현주 역. 서울: 도서출판 두레. (원저 2003 출판)

Leech, K. (2009). 사회적 하나님. 신현기 역. 서울: 청림출판. (원저 2003 출판)

Matthews, J. W. (2006). 디트리히터 본회퍼의 그리스도 중심적 영성. 공보영 역. 서울: SFC출판사. (원저 2005 출판)

McGrath, A. (1997). 복음주의와 기독교의 미래. 신상길 · 정성욱 역. 서울: 한국장로교 출판사. (원본 1995 출판)

McNeal, R. (2003). *The present future: Six tough questions for the church*. San Francisco: Jossey-Bass, A Wiley Print.

Merton, T. (1961). *Contemplative prayer*. New York: Doubleday.

Merton, T. (1961). *New seeds of contemplation*. New York: New Directions Publishing Corporation.

Nouwen, H. J. (1997). 발돋움하는 사람들. 이연희 역. 서울: 성요셉출판사. (원저
1986 출판)

Pink, D. (2009). 새로운 미래가 온다. 김명철 역. 서울: 한국경제신문. (원저 2006 출판)

Popcorn, F., & Marigold, L. (2010). 클릭! 미래 속으로. 김영신·조은정 역. 서울: 21세
기북스. (원저 1998 출판)

Sweet, L. (2005). 미래 크리스천. 김영래 역. 서울: 좋은씨앗. (원저 2001 출판)

Vanier, J. (2000). 희망의 공동체. 피현희 역. 서울: 두란노. (원저 1992 출판)

Vanier, J. (2005). 공동체와 성장. 성찬성 역. 서울: 성바오로. (원저 1989 출판)

Wagner, E. G. (2000). 하나님의 교회 vs 교회주식회사. 차성구 역. 서울: 좋은씨앗.
(원저 1999 출판)

http://en.wikipedia.org/wiki/Secularism.

코로나19 시기 이후의 기독교교육의 방향 _ 김성중

고용수 (1994). 관계이론에 기초한 만남의 기독교교육사상. 서울: 장로회신학대학교출
판부.

고용수 (2003). 현대 기독교교육사상. 서울: 장로회신학대학교출판부.

개역개정판 성경전서 (2010). 개역개정판 성경전서. 서울: 한국장로교출판사.

김성중 (2019). 기독교교육행정학의 이론과 실제. 서울: 민영사.

김정희 (2019). 반응적 공동체주의에 근거한 효 이해. 기독교교육논총, 제60집,
121-151.

남정현 (2020. 2. 27). 신천지 "교육생 7만여 명 명단 넘길 것"…"신천지 건물도 공개
하라" 주장. 뉴시스, https://newsis.com/view/?id=NISX20200227_
0000935142&cID=10701&pID=10700.

네이버사전 (2020). 디지털 리터러시. 네이버사전, https://ko.dict.naver.com/
#/entry/koko/8c5b9a1252f9431a96706350cacfeb9c.

대한예수교장로회총회교육부 편 (2001). 하나님의 나라: 부르심과 응답-교육과정 이
론지침서(I)/이론. 서울: 한국장로교출판사.

두산백과 (2020). 팬데믹 (Pandemic). Doopedia, https://terms.naver.com/en-
try.nhn?docId=1346271&cid=40942&categoryId=32745.

박미라 (2011). 다문화 기독교교육 관점에서 북한이탈주민 학생교육 -기독교 집단
상담을 중심으로. 기독교교육논총, 제27집, 243-270.

신승범 (2016). 부모, 신앙교육의 주체인가? 기독교교육논총, 제48집, 293-319.

이금만 (2002). 디아코니아 영성교육방법 연구. 기독교교육논총, 제8집, 215-240.

이인창 (2020.4.13). "온라인 예배 참석" 61%, "끝까지 시청" 86%. 기독교연합신문, http://www.igoodnews.net/news/articleView.html?idxno=63029.

임진희 (2020.5.15). 코로나 위기, 한중 협력으로 해답 찾아야. 프레시안, https://www.pressian.com/pages/articles/20200515154502214063?utm _source=naver&utm_medium=search.

최성훈 (2014). 섬김의 리더십으로 조명한 기독교교육의 원리. 기독교교육논총, 제40집 421-447.

최진기 (2018). 한권으로 정리하는 4차산업혁명. 서울: 이지퍼블리싱.

최한구 (1992). 마틴 부버의 생애와 사상. 서울: 대한기독교서회.

한지연 (2020.3.21). 유발 하라리 "한국, 코로나 대응 성공사례…전세계 연대해야." 머니투데이, https://news.mt.co.kr/mtview.php?no=2020032115510 322957.

홍윤철 (2020). 팬데믹. 서울: 포르체.

홍준헌 (2020.2.28). 신천지 "교인 명단…'마녀사냥' 우려에 어렵게 제공." 매일신문, https://news.imaeil.com/Society/2020022815195526759.

Harris, M. (1997). 회중형성과 변형을 위한 교육목회 커리큘럼. 고용수 역. 서울: 한국장로교출판사.

Howe, R. L. (2000). 대화의 기적. 김관석 역. 서울: 대한기독교교육협회.

Miller, R. C. (1950). *The clue to Christian education*. New York: Charles Scribner's Sons.

Osmer, R. (2007) 교육목회의 새로운 패러다임. 장신근 역. 서울: 대한기독교서회.

Sherrill, L. J. (1955). *The gift of power*. New York: Macmillan Co.

포스트 코로나 시대, 교육목회의 성찰과 패러다임 전환 _ 김영미

권호정 외 18인 (2016). 호모 컨버전스: 제4차 산업혁명과 미래사회. 파주: 아사아.

김도일 외 13인 (2017). 제4차 산업혁명시대의 교육목회. 서울: 기독한교.

김효숙 (2017). 초연결, 초지능 시대의 교육목회 플랫폼 디자인. 교육교회, 469, 10-18.

박봉수 (2004). 교육목회의 이해. 서울: 한국장로교출판사.

양금희 (2014). 미래세대에 생명력을 불어넣는 기독교교육. 서울: 장로회신학대학교 기독교교육연구원.

이도영 (2020). 코로나19 이후 시대와 한국교회의 과제. 서울: 새물결플러스.

이학준 (2011). 한국교회, 패러다임을 바꿔야산다. 서울: 새물결플러스.

장신근 (2007). 공적실천신학과 세계화시대의 기독교교육. 서울: 장로회신학대학교출판부.

최재붕 (2019). 포노 사피엔스 서울: 샘앤파커스.

최재천 외 6인 (2020). 코로나 사피엔스. 서울: 인플루엔셜.

최항섭 외 23인 (2008). 컨버전스 시대의 한국사회 메가트렌드 연구. 21세기 한국 메가트렌드 시리즈, 12, 27-28.

Joiner, Roiner. (2011). *Think Orange*. 김희수 역. 서울: 디모데. (원저 2011 출판)

질병관리본부. 코로나바이러스감염증-19 발생현황.
　　　http://www.cdc.go.kr/contents.es?mind=a20102050000,
　　　https://www.cdc.go.kr/board//board.es?mid=a20501000000&bid=0015
　　　&list_no=368348&act=view 2020. 09. 01. 인출.

목회데이터연구소. 주간리포트. http://www.mhdata.or.kr/bbs/board.php?
　　　bo_table=koreadata&wr_ id=112 2020. 09. 05. 인출.

cts25. '코로나19 이후의 한국교회' 대토론회.
　　　https://www.cts.tv/news/view?ncate=&dpid=265104 2020. 09. 05. 인출.

코로나19와 기독교 생태교육 _ 김도일 · 조은하

기독교환경 교육센터 살림(http://blog.daum.net/ecochrist).(2018). 설문조사. 기독교감리교회(김낙환 교육국 총무). 대한예수교장로회(통합, 김치성 교육자원부 총무). 대한예수교기독교장로회(기장, 김진아 교육원 부장).

김도일 (2012). 녹색 신앙 이야기. 유미호, 「생명을 살리는 교회 생태교육」에 대한 서평. 기독교사상.

김도일 (2018). 가정, 교회, 마을 교육공동체. 서울: 동연.

김산하 (2018). 생태적 마음으로 지금의 세상을 산다는 것. 작은 것이 아름답다, 261, 10-15.

박은종 (2019). 지역사회와 함께하는 마을 교육공동체 행복교육. 교육평론, 46-56.

유미호 (2019). 생명을 살리는 교회 환경 교육. 서울: 동연.

이케다 가요코(池田香代子) 편 (2018). 세계가 만일 100명의 마을이라면: 환경 편. 한성례 역. 서울: 국일미디어.

임호동 (2019). 환경과 감수성을 동시에, 생태교육. *Future eco & future*, 114, 94-95.

정윤경 (200). 지속가능한 개발을 위한 환경 교육은 지속가능한가? 교육철학 32, 181-198.

조은하 (2017). 사회통합과 기독교교육. 서울:기독한교.

조은하 (2018). 다음세대와 함께 누리는 초록빛 은총. 교회성장, 110-117.

주은정 (2018). 학교 안 자연 기반 생태교육을 통한 초등학생의 자연에 대한 인식 및 생태적 감수성 변화. 생물교육, 46, 141-153.

채혁수 (2019). Nature-based educational ministry with youth based on Maria Harris. *Journal of Christian education in Korea,* 57, 120-122.

최기호·박경미 (2018). 공동체 문화발전에 대한 간학문적 접근, 생태시민성 증진을 위한 융합예술 환경수업연구. 조형교육, 66, 329-356.

환경포커스 (2018). 환경 위기 시계 위험수준에 더 가까워져. 환경포커스, 78-79.

https://www.plt.org/educator-tips/top-ten-benefits-environmental-education/ 핵심어:eco education(생태교육). 2019년 1월 19일 13:00 접속.

https://www.theguardian.com/environment/핵심어:climate change. 2019년 1월 19일 10:50 접속.

https://www.plt.org/educator-tips/top-ten-benefits-environmental-education/ 핵심어:eco education(생태교육). 2019년 1월 19일 13:00 접속.

https://jinyoungkang.com/category 2019년 9월 24일 13:45 접속.

코로나 바이러스 위기와 인포데믹 극복을 위한 교회교육적 대안 _ 오성주

김인식 편역 (1998). 이미지와 글쓰기 – 롤랑 바르트의 이미지론. 서울 세계사.

장 보드리야르 (1993), 시물라시옹: 포스트모던 사회문화. 하태환 옮김. 서울: 민음사. (원저 1981 출판)

Costa, Rebecca, D. (2011). 지금, 경계선에서. 장세현 옮김. 서울: 쩜 앤 파커스 (원저 2010 출판)

Kernberg, Otto (1975). *Borderline conditions and pathological narcissism.* Oxford: Rowman & Littlefield Publisher.

Kernberg, Otto (1986). "Factors in the Treatment on Narcissistic Personality." In *Essential papers on narcissism.* ed. Andrew Morrison. 213-244. New York: New York University.

Palmer, Paker J. (2012). 비통한자들을 위한 정치학: 왜 민주주의에서 마음이 중요한가. 김찬호 옮김. 경기: 글항아리. (원저 2011 출판)

Scott Peck, M. (1991). 거짓의 사람들: 악의 심리학. 윤종석 옮김. 도서출판 두란노. (원저 1983 출판)

Seymour, Jack L. (2015). 예수님이 직접 가르쳐주신 교육학. 오성주 옮김. 서울: 신앙과 지성사. (원저 2014 출판)

Naver 검색. "코로나 가짜뉴스". 한국과학기술단체총연합회 월간지 <과학과 기술>에서 한국전기안전공사(2020. 7. 6. 17:46). 블로그 "코로나19로 인한 인포데믹과 가짜뉴스 팩트체크하기"에서 인용.

Naver 검색. 대한민국정부. "정책공감" (2020, 8. 21. 9:32).

코로나19 이후의 기독교교육의 지속 가능성 _ 손문

Ayres, J. R. (2020). Embracing vulnerability: Religious education, embodiment, and the ecological affections. *Religious Education,* 115(1), 15-26.

Devakumar, D., Shannon, G., Bhopal, S., & Abubakar, I. (2020). Racism and discrimination in COVID-19 responses. *Lancet,* 395(10231), 1194.

Groome, T. H. (2007). Advice to beginners-and to myself. *Religious Education,* 102(4), 362-366.

Hanna, R., Yangyang, X., & Victor, D. G. (2020). After COVID-19, green investment must deliver jobs to get political traction. *Nature,* 582(7811), 178-180.

Mercer, J. A. (2017). Environmental activism in the Philippines: A practical theological perspective. In G. J.-S. Kim, & H. P. Koster (Eds.), *Planetary solidarity: Global women's voices on Christian doctrine and climate justice,* 287-307, Minneapolis, MN: Fortress.

Scudellari, M. (2020). Coronavirus piece by piece. *Nature,* 581(7808), 252-255.

Seymour, J. L. (2014). *Teaching the way of Jesus: Educating Christians for faithful living*. Nashville, TN: Abingdon.

Tollefson, J. (2020). Why deforestation and extinctions make pandemics more likely. *Nature,* 584(7820): 175-176.

저 자 소 개

|김난예|

현재

　　한국침례신학대학교 기독교교육학과 교수

학력

　　장로회신학대학교(B.A)

　　장로회신학대학교 일반대학원(M.A)

　　한국침례신학대학교 대학원(M.Div.)

　　충남대학교 대학원 교육학과(Ed.D.)

저서 및 논문

　　『고령사회의 기독교노인교육』(공저, 책임편집, 2019)

　　『공동체 영성의 향기』(2019)

　　『아이들의 발달과 신앙교육』(2014)

　　『기독교 아동교육』(공저, 2008)

　　『신앙과 심리』(2004)

　　"AI시대 여성의 공감적 감성함양을 위한 기독교교육의 과제"(2020)

　　"아나뱁티스트 공동체의 예수 따라 살기"(2019)

　　"부르더호프 공동체의 신앙과 삶이 현대에 주는 메시지"(2018)

　　"인공지능 시대에서의 영적 민감성"(2017)

　　"기독교교육방법에서 밥상공동체의 교육적 가치"(2016) 외 다수 저서와 논문.

|김도일|

현재

　　장로회신학대학교 기독교교육학 교수

학력

　　Presbyterian School of Christian Education(Ed.D.)

저서 및 논문

　　『온전성을 추구하는 기독교교육』(2011)

　　『역사, 오늘로 걸어나오다』(공저, 책임편집, 2012)

　　『조화로운 통일을 위한 기독교교육』(2013)

『더불어 건강하고 행복한 생태계를 만들어가는 가정-교회-마을 교육공동체』(2018)
『더불어 함께하는 평화교육』(공저, 책임편집, 2020) 외 다수 저서와 논문.

|김성중|

현재

    장로회신학대학교 교육행정/글로컬현장교육원 교수

    기독교교육리더십연구소 소장

    더작은재단 자문교수

    대한민국교육봉사단 이사

    코리아바이블로드선교회 이사

학력

    연세대학교 신학과(Th.B.)

    장로회신학대학교 신학대학원(M.Div.)

    장로회신학대학교 일반대학원(M.A.)

    미국 보스턴대학교(Th.M.)

    미국 플로리다대학교(Ed.D.)

저서 및 논문

    『비전을 심어주는 청소년 사역 매뉴얼』(2007)

    『비전으로 인생을 연주하라』(2009)

    『출애굽기 그 다음이 뭐였더라?』(공저, 2011)

    『기독교교육행정학의 이론과 실제』(2015)

    『너는 커서 어떤 나무가 될래?』(2016)

    『2016년 대림절 묵상집 "주님을 기다리며"』(공저, 2016)

    『교회교육 현장으로 나가다』(공저, 2016)

    『이 시대에 필요한 기도 트렌드』(2017)

    『제4차 산업혁명 시대의 교육목회』(공저, 2017)

    『청소년 사역자』(공저, 2019)

    『사춘기 자녀 웃으며 키우기』(2020)

    "청소년 발달 이론에 근거한 청소년 설교 연구"(2018)

    "카테키시스에 근거한 군대 안의 청년사병들을 위한 세례교육 연구"(2018)

    "청년들을 위한 체계적인 교육목회 연구"(2018)

    "Development of pastoral administrative leadership scale based on the theories of educational leadership"(2019)

"국가인권정책기본계획, 차별금지법의 위험요소와 기독교교육적 대응방안 연구"(2019)

"신앙-학업 관계유형을 위한 이론과 신앙-학업 "통합유형"의 실제 연구"(2019) 외 다수 논문

|김영미|

현재

한남대학교 탈메이지교양대학 겸임교수

반석전원교회 교육목사

학력

대전신학대학교 & 대학원 신학과(Th.B. & M.Div.)

장로회신학대학교 일반대학원(M.A.)

한남대학교 일반대학원(Ph.D.)

저서 및 논문

『제4차 산업혁명시대의 교육목회』(공저, 2017)

『고령사회의 기독교 노인교육』(공저, 2019)

"서서평의 통전적 선교를 통한 한국의 다문화 신앙공동체교육에 대한 연구"(2019)

"포스터의 신앙공동체 이론을 통한 다문화 기독교교육 모델연구-성인초기 기독청년을 대상으로"(2016)

"포스터의 다문화 신앙공동체 교육이론의 한국교회 적용연구"(2015)

|김재우|

현재

백석대학교 기독교학부 교수

학력

Southwestern Baptist Theological Seminary(Ph.D.)

Southwestern Baptist Theological Seminary(M.A.C.E.)

침례신학대학원(M.Div.)

저서 및 논문

『고령사회의 기독교 노인교육』(공저, 2019)

"Teachers' Roles in Curriculum Design for Christian Education"(2019)

"초등 고학년 학생들이 성경의 내용을 이해하는데 영향을 주는 요소에 관한 연구"
(2018)
"중학생의 성경 이해도에 관한 연구 – 세 종류의 한국어 성경번역본을 중심으로"
(2017)

|김정준|

현재
성공회대학교 신학연구원 연구교수
수정교회 담임목사

학력
연세대학교 신학과(Th.B.)
연세대학교 연합신학대학원(Th.M.)
서울기독대학교 일반대학원(Ph.D.)
성공회대학교 일반대학원(Ph.D. Cand.)

저서 및 논문
『융 심리학과 영성교육』(2008)
『한류로 신학하기: 한류와 K-Christianity』(공저, 2013)
『인공지능시대의 기독교 신앙: 과학과 종교 세미나 자료집』(공저, 2017)
『100세 시대를 살아가는 한국감리교회의 노년목회』(공저, 2018).
『고령사회와 기독교 노인교육』(공저, 2019)
"기독교영성교육 연구방법론에 관한 고찰"(2011)
"이슬람 테러리즘과 한국교회 영성교육의 과제: IS테러리즘을 중심으로"(2016)
"21세기 한국사회와 노인목회의 새로운 과제와 방향"(2017)
"Christian Spiritual Education: A Holistic Approach"(2018)
"제4차 산업혁명과 교육목회의 새 전망: 인공지능을 중심으로"(2018)
"제4차 산업혁명 시대 기독교교육의 인간상 고찰"(2019) 외 다수 저서와 논문

|김정희|

현재
목원대학교 신학대학 신학과 기독교교육학 교수

학력
독일 Rheinische Friedrich Wilhelms-Universität-Bonn (Dr.theol.)

저서 및 논문

『기독교 노인교육』(2008)

『포스트모더니즘 시대의 기독교교육 학습공동체』(공저, 2014)

『루터, 겨울에 설교하다』(공저, 2014)

"노인부양의 공적 책임에 대한 기독교적 이해"(2017)

"노인 고독사, 어떻게 대응할 것인가? - 사회통합적 효의 관점에서"(2018)

"고령사회 진입에 따른 한국교회의 대응방안 연구"(2018) 외 다수 저서와 논문

|남선우|

현재

대한예수교장로회 열림교회 목사

학력

경희대학교 대학원 교육학과(Ph.D. & M.A.)

총신대학교 신학대학원(M.Div. equ.)

논문

"에듀테크 기반 플립러닝 교수학습 모형 개발 및 적용"(2020)

"영적 리더십 함양을 위한 기독교 대학 교직원 연수 교육과정 개발 연구"(2020)

"기독교교육방법으로서의 디자인씽킹에 기초한 수업사례 연구"(2020)

"청소년을 위한 교육 설교 구조 제안"(2016)

"스마트 PBL에 의한 교회교육 프로그램 개발 및 적용"(2014)

|박미경|

현재

호서대 연합신학전문대학원 강사

엔젤스헤이븐 모자가족자활쉼터 휜돌회 인권지킴이단장

학력

연세대학교 연합신학대학원(Th.M.)

Boston University School of Theology(M.Div.)

Garrett-Evangelical Theological Seminary(Ph.D.)

저서 및 논문

『주님을 기다리며』(공저, 2016)

"기독교 경제윤리에 기초한 한국 교회 목회자 사례비 운영의 방안: M교단을 중심으

로"(2019)

"신약성서에 나타난 예수의 밥상머리교육: 기독교교육적 접근"(2019)

"일상의 먹거리를 통한 기독교영성교육 연구"(2017) 외 다수 논문

|박신배|

현재

　　KC대학교 신학과 교수

학력

　　그리스도대학교 신학과(Th.B.)

　　연세대학교 연합신학대학원(Th.M.)

　　연세대학교 일반대학원(Ph.D.)

저서 및 논문

　　『구약신학의 새로운 모색: 한국적 구약신학하기』(2016)

　　『구약의 개혁신학』(2006)

　　『구약이야기』(2020)

　　"북이스라엘 전승과 초기 신명기 역사"(2006)

　　"제의 중앙화의 역사성과 신학"(2009)

　　"김찬국의 구약 역사신학: 구약역사서를 중심으로"(2019) 외 다수 저서와 논문

|손문|

현재

　　연세대학교 교육대학원 강사

학력

　　연세대학교 신학과(Th.B.)

　　연세대학교 대학원(Th.M. & Ph.D.)

저서 및 논문

　　There is a Crack in Everything - Education and Religion in a Secular Age (공저, 2019)

　　『한국교회건축에는 공공성이 있는가』(공저, 2017)

　　『미래시대 미래세대 미래교육 』(공저, 2016)

　　"Creating Change in the Ecology of Religious Education for Overcoming Racism"(2020)

　　"국내 외국인학교의 종교교육과 학습활동에 관한 연구"(2019)

"Convergence Education of Medicine and Theology in a Secular Age"(2018)
외 다수 저서와 논문

|오성주|
현재
　　감리교신학대학교 기독교교육학과 교수
학력
　　감리교신학대학교(Th.B.)
　　게렛신학대학원(M.C.E.)
　　시카고신학대학원(Ph.D.)
저서 및 논문
　　『편견문화교육』(2002)
　　『기독교교육사』(2008)
　　『교육신학적 인간이해』(2013)
　　『예수님이 직접 가르쳐준 교육』(역서, 2015)
　　"오늘날 과학시대와 기독교교육의 역할과 과제"(2018)
　　"21세기 위기사회 속에서의 영성과 기독교교육"(2016)
　　"성 아우구스티누스(St. Augusine)의 조명적 지성과 영성의 교육적 관계"(2017) 외
　　　다수 저서와 논문

|옥장흠|
현재
　　한신대학교 평화교양대학 교수
　　한신대학교 평생교육원장
학력
　　한신대학교 대학원(M.A.)
　　원광대학교 대학원(Ed.D.)
　　성공회대학교 신학전문대학원(Th.D.)
저서 및 논문
　　『21세기 교육의 대안 탈무드를 보다』(2014)
　　『유대인의 영적인 지도성: 강력한 공동체를 만들기 위한 실제적 접근(번역서, 2016)
　　『유대인의 자녀양육법』(번역서, 2016)

"유대교 탈무드 네찌킨(Neziqin)의 기독교교육 적용방안"(2018)

"유대교 속죄일(Yom Kippur)의 기독교교육 적용방안에 관한 연구"(2017)

"목회자의 영적 리더십이 신앙의 성숙과 조직몰입에 미치는 영향"(2016) 외 다수 저서
와 논문

|이규민|

현재

장로회신학대학교 기독교교육과 교수 및 대학원장

학력

고려대학교 영어영문학과(B.A.)

장로회신학대학교 신학대학원(M.Div.)

Princeton Theological Seminary(Th.M. & Ph.D.)

저서 및 논문

『포스트모던시대의 통전적 기독교교육』(2016)

『영유아기, 아동기를 위한 영성교육』(2009)

『기독교대학의 정체성과 제도』(2002)

"개인 및 공동체 변화를 위한 카발라와 에니어그램의 상호보완성: 기독교교육을 위한
함의와 통찰"(2016)

"융의 종교심리학에 나타난 종교의 역할과 치유적 기능: 종교이해의 타당성과 기독교
교육적 함의를 중심으로"(2015)

"The Possible Contribution of Niels Bohr's Complementarity Principle to
Pannenberg and Its Implications for Christian Education"(2015) 외 다수 저
서와 논문

|이원일|

현재

영남신학대학교 기독교교육학과 교수

영남신학대학교 입학관리처장, 대학원장, 교무처장 역임

학력

동아대학교 산업공학과(B.E.)

장로회신학대학교 신학대학원(M.Div.)

연세대학교 연합신학대학원(Th.M.)

연세대학교 일반대학원(Ph.D.)

저서 및 논문

    『해석학적 상상력과 기독교교육과정』(2004)

    『해석학과 기독교교육현장』(2008)

    『성인기독교교육의 재개념화』(2014)

    『성인기독교교육의 내러티브』(2017) 외 다수 저서와 논문

|이종훈|

현재

    닥터홀 기념 성모안과 원장

    가톨릭 의대 안과 외래 교수

    성경의학연구소장

학력

    부산대학교 의과대학 졸업

    가톨릭의대 안과 전문의 과정 수료

저서 및 논문

    의대를 꿈꾸는 대한민국의 천재들(한언, 2020)

    성경 속 의학 이야기(새물결플러스, 2015)

    전염병과 마주한 기독교 (다함, 2020, 공저)

    "Acrygel(R)과 Acrysof(R)의 비공축과 경사도 비교"(2000)

    "Medpor(R) 안와 충전물 감염 1례"(2001)

    "Medpor(R) 안와 삽입물의 임상성적 및 합병증"(2001)

|장유정|

현재

    백석대학교 기독교학부/기독교대학실천원 교수

학력

    이화여자대학교 불어교육과(B.A.)

    The Southern Baptist Theological Seminary(M.Div. & Ph.D.)

저서 및 논문

    "Integration of Faith and Learning: So How Should We Teach?"(2016)

    "An Analysis of the Integration of Faith and Learning Implemented by

Christian Elementary School Teachers"(2013)
"다문화교육에 대한 기독교적 이해"(2015)

|조은하|

현재

목원대학교 신학대학 기독교교육학 교수

학력

연세대학교 신학과(Th.B.)

연세대학교 본 대학원(Th.M. & Ph.D.)

저서 및 논문

『통전적 영성과 기독교교육』(2010)

『사회통합과 기독교교육』(2017)

『역사, 오늘로 걸어나오다』(공저, 2012)

『더불어 함께 하는 평화교육』(공저, 2020)

『참스승』(공저, 2014)

"기독교청소년교육에 대한 창조적 성찰"(2013)

"최용신의 농촌계몽운동에 대한 기독교교육적 성찰"(2014)

"생명존중 사회 형성을 위한 기독교교육의 역할"(2016) 외 다수 저서와 논문